茨威格传记
作品集

约瑟夫·富歇
一个政治性人物的肖像

JOSEPH FOUCHÉ

THE PORTRAIT OF A POLITICIAN

[奥地利] 斯蒂芬·茨威格 ——— 著
王文娟 ——— 译

华中科技大学出版社
http://press.hust.edu.cn
中国·武汉

图书在版编目（CIP）数据

约瑟夫·富歇：一个政治性人物的肖像/（奥）斯蒂芬·茨威格著；王文娟译.
——武汉：华中科技大学出版社，2024.6
（茨威格传记作品集）
ISBN 978-7-5772-0682-0

Ⅰ.①约… Ⅱ.①斯… ②王… Ⅲ.①富歇（Fouche，Joseph 1759—1820）—传记
Ⅳ.① K835.657=41

中国国家版本馆 CIP 数据核字(2024) 第 090812 号

约瑟夫·富歇：一个政治性人物的肖像　　　　　　　　[奥]斯蒂芬·茨威格　著
Yuesefu Fuxie: Yi Ge Zhengzhixing Renwu de Xiaoxiang　　王文娟　译

策划编辑：亢博剑　田金麟
责任编辑：田金麟
责任校对：林凤瑶
责任监印：朱　玢
装帧设计：璞茜设计

出版发行：华中科技大学出版社（中国·武汉）　　电　话：（027）81321913
　　　　　武汉市东湖新技术开发区华工科技园　　邮　编：430223

印　　刷：湖北新华印务有限公司
开　　本：880mm×1230mm 1/32
印　　张：9
字　　数：191 千字
版　　次：2024 年 6 月第 1 版第 1 次印刷
定　　价：39.80 元

本书若有印装质量问题，请向出版社营销中心调换
全国免费服务热线：400-6679-118 竭诚为您服务
版权所有　侵权必究

约瑟夫·富歇(1759-1820)

致敬阿图尔·施尼茨勒

前言

约瑟夫·富歇，是当时最有权势的人物之一，也是世界历史上最为独特的人物之一；同时代的人对他唯恨无爱，后世对他的评价也有失公平。拿破仑在圣赫勒拿岛上，罗伯斯庇尔在雅各宾俱乐部里，卡诺①、巴拉斯②和塔列朗③在他们的回忆录中，法国的历史学家们，不管是保王党、共和党还是波拿巴派，只要谈到他的名字，各种恶毒言语便会喷射而出。"天生的背叛者""卑微下贱的阴谋家""黏滑的冷血动物""职业倒戈人""与生俱来的探子""卑鄙无耻的小人"，所有恶毒的侮辱人的字眼都曾用在他的身上。拉马丁④、米什莱⑤、路易·勃朗⑥，没有

---

① 拉扎尔·卡诺（1753—1823），法国大革命的元老级人物，国民公会议员，声望颇高，被法国民众称为"胜利的组织者"，也是一名数学家。（译注）
② 保罗·巴拉斯（1755—1829），法国大革命时期督政府中最有权势的人物，为五个督政官之首。（译注）
③ 夏尔·塔列朗（1754—1838），法国大革命时期的政治家、外交家。（译注）
④ 阿尔封斯·拉马丁（1790—1869），19世纪法国浪漫主义抒情诗人、作家、政治家。（译注）
⑤ 儒勒·米什莱（1798—1874），法国著名历史学家，被称为"法国史学之父"。（译注）
⑥ 路易·勃朗（1811—1882），法国历史学家、政治家、社会主义学者。（译注）

人试图认真地对他的人格或者他一直秉承的人格缺陷——毫无底线和原则的根源进行分析和阐述。他的个人形象第一次生动鲜活地出现在路易·马德林①那部不朽的传记作品中,这也是我个人最喜欢的关于富歇的传记作品,且本书关于富歇的事实多数来源于此。这个人,在世界历史上最为波澜壮阔的时期,在每一次转折中,领导过每一个党派;在每一次颠覆中,都独自存活下来;在心理决斗中,战胜了拿破仑和罗伯斯庇尔。但在绝大多数情况下,他都被人们心照不宣地放在后排的位置,淹没在这些闪闪发光的人物背后,从没有在政治舞台的中央获得过一席之地。

他的形象偶尔会出现在有关拿破仑的戏剧或者歌剧中,通常会千篇一律地表现为一个诡计多端的警务大臣,一个夏洛克·福尔摩斯前辈式的人物,这种草率的人物塑造总是将一个不露声色的角色混淆成次要的角色。

只有一个极富想象力的作家用自己的伟大看出了这个独特人物的伟大,给了他应有的笔墨,这个人就是巴尔扎克。他以洞悉一切、犀利敏锐的天才视角,既看到了舞台的呈现,也看到了幕后的一切。他认为富歇是大革命时期和拿破仑时代最有趣的人物。他习惯于将所有的激情,无论是英雄史诗般的还是卑微低下的,都融合在他感情的化学公式里,变为等价的元素;像伏脱冷②这样不折不扣的罪犯和路易·朗

---

① 路易·马德林(1871—1956),法国历史学家,主要研究法国大革命和法兰西第一帝国时期的历史,著有《富歇传(1759—1820)》。(译注)
② 伏脱冷,巴尔扎克作品《高老头》中的人物。(译注)

贝尔①这样道德高尚的天才，他皆以同样的激情表示钦佩，完全不考虑对方是"好人"还是"坏人"，而是看重他们的意志影响力和激情强度。所以，他自然会被富歇所吸引，会将这个大革命时期和帝制时代最遭人鄙夷和唾弃、遭人埋没的人物从暗处发掘出来。

他曾说，富歇是拿破仑拥有的仆人中"唯一真正的大臣"，是"我所看过的能力最为出众的人"。他称富歇属于"八面玲珑、心机颇深的一类人，他们在某个时刻采取的行动让人琢磨不透，只有在事后很久才能够被人理解"。这与那些伦理家们单纯对富歇表示出的蔑视截然不同。

在《一桩神秘案件》一书中，巴尔扎克再一次用一整页描述了这个"性格阴郁、城府极深、非同凡响、几乎无人能懂的男人"。他这样写道："富歇，某种程度上让拿破仑感到近乎恐惧的非凡天才，他的才能不是一下子就显现出来的。作为国民公会默默无闻的一名议员，当时的富歇最出类拔萃，也最遭人曲解，他在日益炽热的革命烈火中百炼成钢；在督政府时期，他迅速达到能够通过洞悉过去而预见未来的高度，于是在雾月政变中，他证实了自己的能力，如同一个二流演员通过某个灵光乍现，成了一流演员。这个面无血色、在披着修道院经历的外衣下成长起来的人，知晓了自己所属的山岳派和他后来选择加入的保王派的秘密，慢慢地、悄悄地揣摩政治舞台上的人、事和各种利益纠葛。他看穿了波拿巴的内心所想，给了这个科西嘉人有用的

---

① 路易·朗贝尔，巴尔扎克的作品《路易·朗贝尔》中的人物。（译注）

建议和宝贵的信息。这时,无论是他的老同事还是新同事,都没有想到他在行政管理方面的天分:所有预见都准确无误,而且眼光敏锐到让人难以置信。"

巴尔扎克如是说。正是他这段热情洋溢的描述第一次引起了我对富歇的注意。而且由于巴尔扎克说富歇"甚至比拿破仑拥有更大权力控制他人",使我这么多年来会时不时地关注一下富歇。但无论是生前还是死后,富歇都深谙隐匿之道。他不想让你观察到他的脸色和窥探他手里的牌。富歇始终躲在各类纷乱复杂的事件和各种喧闹吵嚷的党派中,躲在无人知晓的某个角落暗自行动,神不知鬼不觉,如同钟表的主发条。在极少数的情况下,我们才能捕捉住他难以捉摸的身影。而更为诡异的是他被人捕捉到的身影竟然是不同的,甚至看起来不像是同一个人的,因此让人很难搞清他们到底是不是同一个人。一个拥有同样的皮肤和同样头发的人,在1790年是修道院的教师,1792年成了教堂的劫掠者;1793年是一名共产主义者,5年后变成了百万富翁,10年后,又摇身一变成了奥特朗托公爵。但是我发觉他的变换越是放肆大胆,我对这个现代最纯粹的马基雅维利[①]主义者的人格(抑或是无性格)越是感兴趣;他巧妙隐匿起来的政治生涯,让我觉得越发刺激,他的形象也就越发独特,越发具有魔力。于是,纯粹出于对科学的兴趣,我突发奇想要写约瑟夫·富歇的故事,并为目前尚未探究但又十分必

[①] 尼可罗·马基雅维利(1469—1527),意大利政治家和历史学家,其为达目的而不择手段的政治言论被称为马基雅维利主义。(译注)

要的生物学分支——权术家生物学尽一点绵薄之力，毕竟权术家是人类社会中最少为人理解但又极其危险的一类人。

我知道，为一个完全反道德的人物，即便是像约瑟夫·富歇这样十分独特和重要的人物写传记，也是与我们这个时代的愿望完全背道而驰的。我们这个时代的人们要的是英雄人物的传记，因为我们的时代缺乏具有创新精神的政治领袖，需要从历史中寻找能够鼓舞人心的英雄。我从来没有贬低英雄人物传记的重要性，它们具有让人们心胸开阔、干劲十足、精神振奋的强大威力。从普鲁塔克[①]开始，这些传记就成为每一代人特别是年轻人成长过程中必不可少的。但是，只是从人物传记来了解政治是令人担忧的，它们隐含了篡改、歪曲历史的危险性，因为政治领袖般的人物能否总是决定人类的命运就是令人怀疑的。毫无疑问，一个英雄人物只是通过他存在的事实就能控制人类精神生活几十年甚至几百年，但也只是精神生活。在具体的真正的现实生活中，在政治权力的范围内，那些出类拔萃、拥有理想的人，往往很少起决定作用；看起来无足轻重、毫不起眼，但灵活机动、在背后搞小动作的探子式人物却发挥关键作用。为了防止人们政治迷信，这一点必须警惕。如同我们通过教训看到的，1914年和1918年，对世界历史有深远影响的关于战争与和平的重大决议，不是由那些才智超群、富于责任感的人做出的，而是由那些性格有缺陷、毫无同理心

[①] 普鲁塔克（约46—120），古希腊哲学家、历史学家，为古希腊罗马时期的很多名人著书立传。（译注）

的幕后之人做出的。这些年来，人们每天都游走在道德与法律边缘，玩着无异于犯罪的政治游戏——那些世界人民将自己的孩子和他们的未来满怀忠诚托付的游戏，胜利者并不是拥有深厚道德修养和坚定信念的人，而是那些手脚麻利、巧舌如簧、铁石心肠的职业政治赌徒们。

假如政治确实像拿破仑在一个多世纪前宣称的那样，是"la fatalité modern"①，是人为操控的新的厄运，那么出于自卫，我们也必须找出是哪些人操纵了这个厄运，破解他们攫取权力的危险的秘密。希望这本约瑟夫·富歇的传记能对这种政治人物的类型学分析有所裨益。

1929 年秋于萨尔茨堡

---

① 法语，"现代的厄运"。（译注）

1	发迹 1759—1793	001
2	"里昂刽子手" 1793	035
3	与罗伯斯庇尔的斗争 1794	059
4	督政府和执政府的部长 1799—1802	095
5	皇帝的大臣 1804—1811	139
6	与皇帝的斗争 1810	171
7	被迫出山 1810—1815	193
8	与拿破仑的最后一战 1815,百日王朝	213
9	下野与沦亡 1815—1820	253

1

发 迹
1759—1793

　　1759年5月31日,约瑟夫·富歇出生在海港城市南特的一个小镇上。他的父母从事海上劳作和海上贸易。他的绝大部分祖先也是靠海为生。人们自然而然地认为,约瑟夫也会像他的父辈那样成为海员或者筑船工。但是,很快人们就发现,这个身材瘦小、面色苍白、腼腆无语、手无缚鸡之力,甚至毫无存在感的年轻人,没有任何迹象表明他可能从事既艰苦、在当时看起来又挺有英雄气息的职业。只是离开岸边一两海里,他就已经开始晕船了;和小伙伴们进行愉快的游戏或者奔跑不到一刻钟,他就已经筋疲力尽了。

　　1770年,在法国那个令人无望的春天,他的父母正在发愁拿这个孱弱的孩子怎么办;而这时,市民阶级正在迅速崛起,却也为没有上升的路径而苦恼。在法院,在行政部门,无论市民阶级怎么折腾,所有的劳动成果都是那些贵族的;要想在法院谋得一个职位,你要么拥有盾形纹章①,

---

① 代表贵族身份。(译注)

要么拥有大量土地；即使在军队，市民阶级混到头发花白，也不过能得到个比下士稍高的军衔。在这个管理混乱、腐败透顶的君主制下，第三等级[1]的前途渺茫。因此，我们丝毫不会感到意外，在20年后，人们开始用暴力手段来争取权利，而不是低三下四地向政府请愿然后又被一次次拒绝。

但教堂是个例外。这个延续了千年的古老权力机构，要比封建王朝睿智得多，它更加民主和宽容。每一个有才能的人在这里都能找到自己的位置，甚至可以让一个地位卑微的人达到他想也不敢想的高位。小约瑟夫马上发现了自己可以在奥拉托利会中大展拳脚，而奥拉托利会也很高兴能吸纳他为新的成员。等他长大，奥拉托利会也乐意聘请他做数学和物理教师，甚至督学。自从耶稣会被驱逐出天主教会，奥拉托利会就掌控了法国天主教会的教育机构。在他们的庇佑下，20岁的约瑟夫·富歇获得了一个尊贵的职位。当然，职位不高，也没有多大的升职空间；但是，至少他可以待在学校里，既可以提高自我，又可以传道授业。

如果他参加了神职人员的誓约仪式，便有可能一路飞升。他可能会成为受人尊敬的神父，然后升为主教，甚至成为红衣主教。但是，在他职业生涯的最开始，约瑟夫·富歇就体现出了他性格中最为典型的一面，拒绝从一而终，无论对人还是对事。他穿着修士服，剃光了

---

[1] 法国大革命前夕，法国社会分成三个等级（国王不属于任何等级）：第一等级是教士即神职人员；第二等级是贵族；第三等级为包括资产阶级、农民、城市无产者在内的市民阶层，以及下层人民。前两个等级是特权阶层和统治阶级，第三等级为被统治阶级。（译注）

头顶的毛发，过着和其他修道士一样的生活。在他做奥拉托利会成员近10年的日子里，他从内到外，和一个神父没有任何分别。但是，他最终没有成为神父，因为他并没有宣誓。在他的一生中，无论境遇发生了怎样的变数，他都会留有余地，让自己能够有机会做出改变。他只是暂时栖身于教会，并没有打算为此奉献一生。就像他后来投身革命，加入国民公会、督政府、执政府、第一帝国和复辟王朝，甚至对神，他都没有全情投入，更不用说对普通人。约瑟夫·富歇是不会承诺终生只侍一主的。

在20岁到30岁这段时间，这个古板的保持着半修道士生活状态的人，每日奔波于修道院或安静地坐在斋堂里。约瑟夫·富歇在尼奥尔、索米尔、旺多姆、巴黎授课。但是他很少关注周围环境的变化。他周转于不同的城市之间，作为一名安静、乏味、不引人注目的修道院教师，他总是躲在教堂的高墙之内，远离那个喧嚣忙碌的世界。他要向20个、30个或者40个学生传授拉丁语、数学和物理知识，还要把那些面黄肌瘦、身披黑袍的男孩们聚集起来，并时刻盯紧他们在宿舍的一举一动。他穿着破旧的道袍，过着禁食、工资微薄、不受干扰又乏善可陈的修道士生活。那默默无闻、枯燥无味的10年，仿佛一切都停滞了，脱离了时空，远离了一切欲望。

然而，10年的修道院教师生涯，对约瑟夫·富歇将来成为权术家颇有裨益。毕竟，他在那里学会了如何沉默和自我隐藏的最佳艺术，学会了如何把控自己的心理。在他的一生中，这个男人在面对所有革命浪潮时都能保持面无表情：他从来没有显露过愤怒、兴奋或者慷慨激昂；他面对哪怕最可怕或者最平常的事情，都能以同样漠不关心的口吻评论；他能够以同样无动于衷和淡定的步伐穿梭于皇室宫殿和最喧闹、最受欢迎的政治集会之间。所有的这一切，都是因为他在进入世俗世界之前，通过那些坐在修道院斋堂、那些受约束的日子里获得了无与伦比的自我控制的能力；是因为通过阅读罗耀拉①的《神操》，他懂得了如何克制自己的欲望；也是因为他在与尊者讨论神职人员的责任时，学会了如何控制自己的语调。我们不能理所当然地认为，法国大革命时期出现的三位出色的权术家——塔列朗、西耶斯②、富歇都出自教会学校是一个巧合。他们在进入政治舞台之前，就已经深谙人情世故。虽然三个人的个性截然不同，但在关键时刻，教会的古老传统在他们的身上表现出惊人的相似性。在富歇身上，这种传统表现得更加铁血：斯巴达式③的自律，从内心对奢华和铺张浪费的极度反感，以及隐藏私生活和个人情感的超常能力。约瑟夫·富歇在修道院高墙内的日子不是虚度的，教书的同时他也受益良多。

修道院远离尘世、严守清规戒律的生活，使这个思想活跃、善变的人慢慢成长为把控人类的心理学大师。毫无疑问，激烈的法国革命风暴经历了很长时间才波及神职人员的圈子。1788年，革命猛烈得足以翻越修道院寂静的院墙了。在奥拉托利会中，关于人权问题争论

---

① 罗耀拉（1491—1556），西班牙神父、天主教耶稣会创始人，主张扩大天主教势力，反对宗教改革。（译注）
② 埃马纽埃尔·西耶斯（1748—1836），法国大革命时期政治家，主张自由平等，是第三等级代表人物，雅各宾俱乐部创始人之一。（译注）
③ 斯巴达人以吃苦耐劳、生活简朴、沉默寡言而著称。（译注）

的激烈程度不亚于共济会俱乐部。因好奇心的驱使，这些修道士的注意力转向了喧嚣的市民阶级的世界。而我们这位物理兼数学教师的注意力则被当时奇妙伟大的发明所吸引，包括蒙特戈菲尔兄弟发明的第一个热气球，以及对未来产生深远影响的电力和医药方面的发明和发现。与此同时，阿拉斯这座城市成了修士们和世界知识分子联结的中心。这里出现了一个叫做洛撒蒂的组织，一个神父和信徒可以其乐融融的组织。在组织里，也没有什么特别的事情发生。只不过是一些没有名气的市民大声地朗读诗歌或者做个演讲，士兵和居民互相称兄道弟。约瑟夫·富歇混迹其中，而且颇受欢迎，因为他偶尔能满足一下这些新伙伴们对物理新知识的渴求。他也会坐在那里静静聆听工程兵团的上尉拉扎尔·卡诺朗诵自己创作的讽刺诗；或者聆听一个面色苍白、薄嘴唇，叫马克西米连·德·罗伯斯庇尔的人做的辞藻华丽的颂扬洛撒蒂的演讲（那时，这个未来的无套裤汉[①]还没有去掉他名字中的"德"[②]）。很多省份还沉浸在18世纪哲学化的空谈中。罗伯斯庇尔依旧在写诗而不是写血淋淋的死刑判决书；马拉[③]，这位瑞士医生，还在写一部无病呻吟、缠绵悱恻的小说，而不是言辞激烈的共产主义宣言。而在另外省份的小波拿巴中尉，正在模仿《少年维特之烦恼》写着一部中篇小说。暴风雨即将来临，但依旧隐藏在云朵之下，并未显现出来。

[①] 法国大革命时期对革命群众的称呼。（译注）
[②] 法语"de"，汉语译为"德"，用在人名里，代表此人来源于哪个家族，是出身或曾经出身贵族的象征。（译注）
[③] 让·保尔·马拉（1743—1793），法国大革命时期著名政治家，极左派的代表人物。雅各宾俱乐部的重要成员，被吉伦特派刺杀身亡。（译注）

但这时，一个命运的捉弄不偏不倚地发生了。剃了僧侣式头发的富歇和那个面色苍白、神经兮兮又雄心万丈的律师德·罗伯斯庇尔产生了深厚的交情。他们甚至差点发展成了妹夫和大舅子的关系。夏洛特·罗伯斯庇尔，马克西米连的妹妹，想让这个奥拉托利会的成员解除他的僧侣身份，还一度传出他们即将订婚的八卦。对于这件事为什么后来不了了之，人们已经无从得知。但是，或许人们能从中发现后来产生在罗伯斯庇尔和富歇之间强烈敌意的根源在哪里。他们之间的敌对，最终影响了历史，导致了事关大局的斗争。但是在阿拉斯的那些日子里，他们还对雅各宾主义一无所知，他们之间也没有任何恨意。相反，当马克西米连·罗伯斯庇尔作为阿图瓦的代表被派往巴黎参加三级会议、在凡尔赛宫起草法国新宪法的时候，还是约瑟夫·富歇借钱给这个穷困潦倒的律师，做了一套新衣服，并借给他了差旅费。实际上，以后也常常如此，富歇总是替别人搭台阶，助人一臂之力，助他们载入史册。但也是富歇，在关键时刻背叛以前的朋友，将朋友拉下马来，这也是他的显著特征。

不久，罗伯斯庇尔前去参加三级会议，而正是这次三级会议动摇了法国的社会基础。同时，在阿拉斯的奥拉托利会内部也发生了一次小动荡。政治的风潮开始吹入斋堂，约瑟夫·富歇敏锐地察觉到每一丝风吹草动，他张开风帆，尽可能地让这股风潮推动着自己前行。在他的建议下，教会派了一个代表团去三级会议表达教士们对第三等级的同情。但我们这位通常很谨慎的主人公，这次却表现得有点不成熟了。他的上级不同意这个做法，因此作为惩罚，他们将富歇发配到南特的一个修女学校去教书（尽管他们没有真正的权力去惩罚），南特正是富歇童年时代学习科学知识和入门处世哲学的地方。

现在的他已经是一个阅历丰富的男人了。他的思想已经成熟，现在已经无心给这些乳臭未干的孩子教授乘法表、几何学和物理学。超乎寻常的政治敏感告诉他，一场社会政治风暴正席卷全国。他也深知这个世界的政治法则。他，要成为一名政治家。于是，富歇脱掉修士的长袍，任由头顶的头发疯长。他不再给教会学校的孩子们上课，而是给那些他认为有价值的南特市民做政治演说。一个俱乐部很快建立起来（政治家的生涯往往就是从这样一些所谓的"话吧"开始的）。富歇在几个星期内，成为南特"宪法之友"协会的主席。他小心翼翼地宣传社会进步，只是做一个温和的自由派。因为他深知，作为政治晴雨表的这个悠闲的小镇，是反对极端主义的。在南特，信用至关重要，这里的人们只关心商业的繁荣，对激进主义毫无兴致。而且，自从海港居民将大量的财富投入殖民地后，他们对类似废除奴隶制这种胆大的设想格外抵触。约瑟夫·富歇迅速向委员会提交了言辞激烈的备忘录，反对暂缓奴隶贸易，这让他受到了来自布里索[①]的斥责，但同时在南特资产阶级和其他人群中获得了声望。为了增强他在资产阶级（这些都是未来有选票的人）中的政治地位，他娶了一个富裕商人的女儿，一个长相丑陋但嫁妆丰厚的女人。他决意要成为彻底的资产阶级，因为他已经预见到第三等级的资产阶级将要成为这个国家的统治阶级。

[①] 雅克·皮埃尔·布里索（1754—1793），法国大革命时期吉伦特派领袖。（译注）

他制定的初步目标马上就实现了。这位修士教师很快就参加了国民公会候选人的竞选。那么，每一个候选人的具体职责是什么呢？他要向选举人做出这样或那样的承诺。因此，富歇承诺要保护商业贸易，捍卫私有财产的权利，尊重法律。由于南特的革命右派的力量要远大于左派，所以富歇更多的是斥责那些扰乱治安的行为，比较少谴责旧制度的弊端。1792年，富歇如愿以偿入选国民公会。从此，代表议员身份的三色帽章代替了他那隐藏着的僧侣式的剃发。

约瑟夫·富歇当选议员的时候，已经32岁了。他的容貌和清秀毫无关系。他瘦弱得像个幽灵。他的脸庞狭长，脸颊上一点肉都没有，瘦骨嶙峋的，让人看了会心生不快；他的鼻子尖尖的，薄薄的嘴唇总是紧闭着；眼睛总是肿肿的，像极了死鱼的眼睛；灰绿色的眼珠总是暗淡无光，像个玻璃珠子。他的脸，甚至他的整个人看起来都是死气沉沉的，就像透过煤气灯看人的脸，苍白无力，灰中带青。他的眼睛毫无生气，活动起来也让人感觉没任何精力；声音喑哑，头发稀疏，扎起来就像一个老鼠尾巴一样细弱。他的眉毛淡红，看起来就像没有一样；面色青灰，感觉他的身上缺乏一种健康的颜色。尽管他吃苦耐劳，工作起来像拼命三郎，但总是给人一种长期忍受病痛的折磨或者久病初愈的感觉。

每一个见到他的人都会有同样的印象，他的血管里似乎没有新鲜的血液。确实，他没有人类这个物种该有的热血本质，他就是一个冷血动物。他没有肆意奔放的激情，不好色，不赌博，不酗酒，也不喜欢运动，又很吝啬。他将自己全部的热情都投在了那些发霉的文件中。他从不发脾气或者显示自己紧张。如果说薄薄的嘴唇可以显示出他有何心理活动，也不过是嘴角可能会有一丝不易察觉的微笑。这种微笑有时是彬彬有礼的，有时是轻蔑的。他苍白的面容上就像戴了一张面具，从来不会泄露内中的焦虑慌张，包括他那双总是隐藏在发肿的眼皮下的双眼，也不会透露他的任何意图或者思想上的变动。这种近乎冷血的镇静正是富歇的力量所在。神经控制不住他，感官不会让他陷入迷惘，蜂拥而来的激情也会在他那坚不可摧的大脑前消失无踪。就算发散自己精力的时候，他也会时刻保持警醒，去观察别人是否犯了错误。他会看着别人释放激情，耐心等着他们的能量耗尽，或者等着他们难以控制自己，从而暴露弱点的时候。一旦这种时机来临，富歇就会毫不留情地出手，达到自己的目的。他这种超乎寻常的耐心令人感到恐惧。他有足够的耐心，在等待的同时，还能很好地隐藏自己的内心，所以也就能欺骗哪怕是最老辣的对手。他能够不动声色地扮演恭顺的角色，就算是受到最为恶毒的羞辱和冒犯，他也能做到保持微笑和平静，连眼睛都不眨一下。没有威胁和震怒能够动摇他的冷血本质。罗伯斯庇尔和拿破仑对他的打击就像水花拍打在岩石上一样，根本是徒劳的。他在三代革命浪潮包围和起伏的过程中，保持岿然不动和独具一格的冷静。

这种近似冷血的镇静正是富歇的天赋所在。身体无法阻碍和动摇他，他也从来不为任何政治思潮所控制。血液、感官、灵魂，以及那些可以轻易动摇和蛊惑有血有肉的正常人的因素，从来就不是这个隐秘赌徒身上的一部分。他将自己的激情牢牢锁在头脑之中。事实上，这个枯燥乏味、爱坐办公室的人最热衷的是冒险和施展阴谋诡计，但他用一种更睿智的方式去满足和享受这种热爱。没有什么能比做着看似枯燥无味、无所事事的办公室工作更能隐藏这些阴谋诡计了，他坐在自己的办公室里，隐藏在办公文案之后，布下天罗地网，然后，出其不意地给敌人致命一击，这就是他的策略。如果人们仔细研读历史就会发现，在大革命的火光和拿破仑的光芒辐射下，富歇无处不在。他貌似是个不太重要或者次要的人物，但实际上，他的权势无处不在。他躲在三代大革命英豪的身后，却又比他们活得更久。帕特罗克洛斯已经阵亡，赫克托耳和阿喀琉斯也早已湮灭在长满荒草的坟冢之中，只有足智多谋的奥德修斯尚在人间。他的才智超越了他的天赋，他的冷静战胜了他的激情。

在9月21日的上午，新当选的国民公会代表举行了入场式。这个仪式，比起三年前第一次召开立法议会时，少了仪式感和尊严感。那时，在大厅里还留有国王的一席之地，一张象征尊严的用绣着水仙花的锦缎包裹着的王座放在中央。当路易十六，这位天选之子踏入议会大厅，所有人都毕恭毕敬地站立起来，发出热烈的掌声。但是现在，国王的城堡，巴士底狱和杜伊勒里宫被群众和革命者攻占，法国也不再有国王，这时有的只是一个身材臃肿的叫做路易·卡佩的男人，被当作一个毫无权势的普通市民关在塔庙里，由狱卒和法官看守着。他正百无聊赖地等待着对自己的宣判。750名公会代表掌控着属于他的国家，他们将曾是他的家的地方当作了议事场所。在主席位置后面的墙上用斗大的字写着宪章，即新的法典；另一面墙上则装饰着预示不祥的象征——古罗马执法吏手中所持的束棒和充满杀气的斧头。

宫殿的走廊被普通民众围得水泄不通，他们正用热切的目光扫视着他们的代表们。750名国民公会代表迈着庄严的步伐，缓缓步入王宫。这是一个由不同等级、不同职业的人们构成的奇特组合：没有官司可打的出庭律师和知名的哲学家肩并肩，还有背弃教会的神父、只领半薪的士兵、破产的冒险家、成功的数学家和写爱情诗的诗人等。因为大革命，法国社会震荡，混乱不堪，现在是肃清这一切的时候了。

议会席位的分配表明，议会召开的意图就是让一切归于有序。在皇宫的露天剧场上聚集着来自不同派别、政见相左的政治家和演说家们。态度委婉的温和派，开明、谨慎、冷静，被对手嘲讽为沼泽，因此被称为沼泽派①。那些激进的、毫无耐性的甚至有些狂躁的革命分子，坐在国会席位中的最高处，他们位置的后几排和走廊相连，因此被称为山岳派。这样的座位安排，好像预示着他们的背后有广大群众、市民和无产阶级的支持。

山岳派和沼泽派，这两个派别互相制衡、相持不下。革命在他们争执的过程中起起伏伏。对资产阶级和温和派来说，终结了国王和贵族的权力，并将权力移交到第三等级手中，就意味着共和国建成了。他们希望遏制依旧汹涌澎湃的革命浪潮，他们更乐于捍卫自己的既得利益。孔多塞②、罗兰③，以及吉伦特派就是他们的领导者，代表着知

---

① 因为他们在国会席位中坐在比较低的位置，对比"山岳派"，像低洼处的沼泽。（译注）
② 马奎斯·孔多塞（1743—1794），法国资产阶级启蒙思想家、政治家、吉伦特派领袖。（译注）
③ 让·罗兰（1734—1793），吉伦特派领袖，1793年被雅各宾派追捕，被迫自杀。他的妻子罗兰夫人也是这一时期著名政治家，被处死。（译注）

识分子和中产阶级的利益。但是山岳派就不同了，他们想要在熊熊燃烧的革命烈火中再添一把柴，掀起更大的革命浪潮，直至大革命将过去所有的一切涤荡无存。马拉、丹东①、罗伯斯庇尔是他们的领导者，代表无产阶级的利益。他们赞成"la révolution intégrale"②，直至将革命推向无神论和共产主义的顶点。推翻君主制后，他们希望下一步推翻这个国家所有的旧势力，即推翻金钱和上帝。革命的天平不停地从一方倾斜向另一方。如果吉伦特派处于上风，那么革命将受到暂时挫败，从自由的初衷逐渐倒退为保守的反动。如果激进派占了上风，他们会将一切带入无政府的漩涡之中。没有人被议会开幕那一个小时的庄严肃穆所迷惑，每个人都知道，这里将要上演一场殊死搏斗。在这个关口，一个人选择坐在国会的哪个位置已经表明了他是温和派还是激进派，要么坐在下面的沼泽，要么坐在上面的山岳。

在 750 个庄严步入已经废黜了国王的议会大厅的议员中，约瑟夫·富歇，作为南特的代表，也戴着象征人民代表的三色绶带缓缓地走进来了。他头顶被剃光的位置早已经被疯长的头发覆盖了。他抛弃了代表修士身份的长袍，看起来已经和他人无异，将自己成功包装成了一名普通的资产阶级。

约瑟夫·富歇准备在哪里就座呢？是坐在激进的山岳派中还是下面的温和派中呢？他会毫不迟疑地做出选择的。纵观他的一生，他只

---

① 乔治·雅克·丹东（1759—1794），法国大革命领袖人物之一，雅各宾派重要领导人。（译注）
② 法语，"全面、彻底的革命"。（译注）

会选择那个最有势力、最强大、人数最多的政党。在步入大厅的时候，他就已经在暗暗查点各派的人数了。目前，吉伦特派的人数是最多的。因此，他走向沼泽派所在的席位，那里坐着孔多塞、罗兰和塞尔旺[①]。他们掌控着各部门的大权，包括人事任免和发放俸禄等，坐在他们中间要比和山岳派坐在一起安全多了。

但是，当他不经意地向坐着激进派的高高的位置上望去的时候，感到了一丝寒意。他的老朋友，马克西米连·罗伯斯庇尔，那个来自阿拉斯的律师，正将伙伴们聚集在自己的周围。这个没有怜悯之心、经常为自己的顽固不化沾沾自喜、并对优柔寡断的人和弱者从不手下留情的人，正在用不屑一顾的眼神看着富歇这个机会主义者。在富歇坐在下面的那一刻，他们的情谊彻底终结了。从此，富歇感到自己的一举一动都被这个永恒的控诉家、顽固的清教徒用冷酷和严厉的目光监视着。富歇明白，他务必时刻小心。

他必须时刻谨慎小心。实际上，没有人比他更谨慎了。在最初几个月的发言记录中，根本看不到约瑟夫·富歇的名字。国民公会的绝大部分代表都是迫不及待地想崭露头角。他们寻找一切时机挤上台，发表意见，长篇大论，口若悬河。他们互相攻击，树立政敌。但是，这个来自南特的代表没有站在台前。当朋友和其他选民问他为何如此低调，他回答说自己嗓子不好，无法在台前发言。寡言少语给他带来了莫大的好处。每个人都在迫不及待地表现自己，拼命想出人头地的

[①] 约瑟夫·塞尔旺（1741—1808），法国将军，吉伦特派。（译注）

时候，富歇表面上的沉默寡言和谦逊，反倒给别人留下了好印象。

然而，看似谦逊的背后却充满了算计。这个曾经的物理教师，正在计算着政治能量的平行四边形。他观察着各种革命事件的结果，在各种政治势力仍在摇摆不定的时候，他也在为加入哪个阵营而犹豫不决。他不会轻易下注，除非天平的指针彻底倾斜至某一方。他必须看到局势明朗，才会做出最终决定。他绝不会过早决定，也绝不能过早地束缚自己。革命是继续高歌猛进还是就此作罢，还不明朗。作为航海家的后代，他深知只有风向合适时才能扬帆出海的道理。

此外，在阿拉斯，富歇还躲在修道院高墙内的时候，就已经发现在革命浪潮中，一个备受拥戴的人是如何昙花一现的。上一秒钟，人们还对着他高喊"万岁"，下一秒钟就变成了"把他钉死在十字架上"。而且，在三级会议和立法议会期间曾经站在舞台中央的人几乎都被遗忘或者厌弃了。米拉波[①]的遗体，昨天还在先贤祠受人景仰，今天就被一群人鄙夷地从里面拖了出来。拉法耶特[②]在几个星期前还在凯歌声中被称为国父，现在已经被污蔑为叛徒。屈斯蒂纳[③]和佩蒂翁[④]最近还受到万人欢呼，如今却想尽一切办法找个地方藏起来。不，不，约

[①] 奥诺莱·米拉波（1749—1791），法国政治家，主张君主立宪。大革命初期的核心人物，任国民公会主席，与王室有频繁往来。1791年死后，被葬入先贤祠。1792年，他与王室勾结的证据被曝光，遗体被迁出先贤祠。（译注）
[②] 吉尔贝·迪莫捷·拉法耶特（1757—1834），法国政治家、军事家，大革命时期的君主立宪派代表。曾参加过美国独立战争，起草《人权宣言》。（译注）
[③] 亚当·菲利普·屈斯蒂纳（1749—1793），法国大革命前后优秀将领，"七年战争"中功勋卓著。（译注）
[④] 热罗姆·佩蒂翁(1756—1794)，法国大革命时期的巴黎市长和国民公会主席,吉伦特派。（译注）

瑟夫自己绝对不能这么快走到台前,不能让大家这么快看到自己,要把这样的机会先留给别人。根据既往的经验,他知道赢得革命胜利果实的不会是那些最开始发动革命的人,而是将革命进行到最后、有机会拿到战利品的人。

因此,我们这位精明的朋友便小心翼翼地坐在角落里。他尽可能坐在靠近多数派的席位里,又要避免暴露自己想要攫取权力的野心。比起在讲坛前口若悬河或在报刊上大放厥词,他更乐意去竞选各个委员会的委员。如此,他不仅可以参与整个事件的处理过程,还能一声不吭地影响事件的最后处理结果,既不被别人注意,又不树敌。不仅如此,坚忍不拔的精神意志和高效的工作能力让他很受欢迎,低调的为人处世又让他远离了旁人的嫉妒。他坐在自己的办公室里以逸待劳,冷眼旁观如猛虎的山岳派和似黑豹的吉伦特派争斗,直到把对方撕成碎片。韦尼奥[①]、孔多塞、德穆兰[②]、丹东、马拉、罗伯斯庇尔,这些出类拔萃、热情洋溢的领导人斗得你死我活,两败俱伤。富歇隔岸观火,耐心等待,他知道只有这些人的热情消耗殆尽,才是审慎隐忍的人出场给他们致命一击的时刻。当每一场喧嚣过后,胜负已分,富歇才会在最后做出他的选择。

约瑟夫·富歇的人生哲学就是躲在暗处。他想要真正的权力,但不坐那个显要的位置;他想要掌控一切,但不做承担责任的那个人。他把自己深藏在某个引人注目的领导人后面,将其推到台前。然后,

---

① 皮埃尔·韦尼奥(1753—1793),法国大革命时期吉伦特派代表人物。(译注)
② 卡米尔·德穆兰(1760—1794),法国政治家,记者。他是罗伯斯庇尔童年好友,也与丹东关系密切,后与丹东一同被处死。(译注)

当这个领导人过于冒进时，富歇就会在紧要关头和他划清界限。富歇就是喜欢扮演这样的角色。这个在政治舞台上出色的权谋家，在无数的政治场景中，无论是在共和党人，还是在国王面前，抑或是皇帝面前，都变换着不同的伪装，但都以无比精湛的演技装扮着这样的角色。

他经常有机会走到台前，担任主角；当然，也时常被挑大梁的角色所诱惑。但是他太精明了，从不被这种诱惑所动。他深知自己丑陋的面容不适合出现在徽章上，也不适合抛头露面；就算他戴上月桂冠，也不会显示出英雄气质。他也知道自己细若游丝的声音只适合窃窃私语、私下里捣鬼，并不能像那些天生的演讲家一样感染群众。他知道自己只有在伏案工作、把自己关在房间里和躲在阴暗处时，才是最强大有力的。那时，他可以偷偷调查和刺探情报，暗中观察，出谋划策；他可以把握各种线索，只要愿意，他还可以随时把这些线索搞得乱七八糟的，让自己看起来高深莫测、无懈可击。

富歇获取权力的最终秘诀：他渴求权力，甚至是最高权力，但是并不在乎权力的外衣和形式，而是只要他觉得已经有获得这种权力的意识就可以了。富歇对权力野心勃勃，却不在乎所谓的名声。他有野心，但并不虚荣。他一向头脑清醒，从不感情用事。他想要的只是实际的权力，而别人得到的可能只是权力虚幻的表象。执法吏的束棒、国王的权杖、皇帝的冠冕，不管这个人是真正的强者还是懦夫，只要他想要，都可以随意拿去，富歇通通不在乎。那些光辉荣耀、万人欢呼的时刻就让他们去享受吧！富歇更乐于洞察一切，控制同僚，操纵形式上的领袖人物。而他，不需要暴露自己，便可以得心应手地游走于各种赌局——伟大的政治赌局中。当其他人被他们的信念、言论和行为束缚时,他这个躲在暗处、鬼鬼祟祟的家伙,却可以无拘无束。世事流转,变化莫测,他却能保持屹立不倒。吉伦特派倒台了,他却悄然无事;雅各宾派的领导人悉数被处死,他也没事;督政府,执政府,帝国,王国,接着又是帝国,然后帝国毁灭,富歇一直在那里,毫发无损。这一切都要归功于他的深藏不露、毫无底线和从无信念。

但在大革命的进程中也有这样的时刻,也就这么一次,容不得富歇犹豫不决。1793年1月16日,国民公会的每一位成员必须投出决定性的一票。革命的时针指向了接近中午的时候,半天的时间即将过去,国王的权力在一点一点地消退。但国王路易十六依旧还活着,虽然他被关在塔庙里,但毕竟还活着。温和派希望他趁乱逃走;激进派暗中盼望他在革命风暴中被冲进王宫的群众打死,但这一切都没有发生。他受尽屈辱,被剥夺了自由、权力和称号。但只要活着,他还是国王,路易十四的孙子,继承着王室血统。尽管人们轻蔑地称他路易·卡佩,但他的存在仍然是对年轻的共和国的威胁。因此,1793年1月15日,国民公会讨论对他的惩罚问题,一个关乎他是生还是死的问题。对于像富歇这样的墙头草、胆小鬼、谨小慎微之辈,希望能够秘密投票,这样就不用公开发表意见,暴露自己的想法,但这是徒劳的。罗伯斯庇尔冷酷地坚持,每一个法兰西民族的代表必须在大会上公开表明自己的态度,对路易十六是活还是死,必须投出"是"或者"否"。这样一来,人们和他们的后代就知道哪些人是右派,哪些人是左派;哪些人推动了革命发展,哪些人阻碍了革命的进程。

在 1 月 15 日，富歇的态度还是很明朗的。他属于吉伦特派，而且支持他的（几乎都是温和派）选民也倾向于投票宽大处理路易十六。他询问了自己的朋友，尤其是孔多塞，发现他们都一致认为应该避免采取"处死路易十六"这样无法挽回的处置方式。既然绝大多数人反对处死路易十六，富歇自然也选择站在这一边。15 日晚上，富歇阅读了自己写的如何支持对国王宽大处理的演讲草稿。坐在温和派的阵营中，当然要承诺站在温和派的立场上。既然多数人反对采取激进的方式，富歇这个从来没有信仰的人自然也反对激进行为。

但是，从 15 日夜间到 16 日清晨的这一夜动荡不安，警笛长鸣。激进派忙得不亦乐乎。他们启动了一个能够自如驾驭的强有力的民众暴动的机器。在郊区，到处是警报声；在城市，鼓声震天。民众被召集起来，这些无组织的暴乱队伍，总是能被那些藏在幕后的恐怖分子召集起来，迫使政府做出政治上的决定。由啤酒酿造商桑泰尔控制的暴乱队伍，只要他手指轻轻一摁，马上就能在几个小时之内行动起来。人们都知道那些城郊的鼓动者、做小商贩的妇女和冒险家们在攻占巴士底狱的风暴中和恐怖的九月屠杀中，扮演了极其重要的角色。而且，每到需要突破法律的界限，巨大的民众的浪涛就被翻腾起来，它席卷一切，包括那些被它从深处召集出来的一切也被冲刷得一干二净。

临近中午的时候，大批的民众已经聚集在骑术学校和杜伊勒里宫：挥动着长矛、衣着随便的男子，高声叫嚷、穿着鲜红羊毛开衫的女人，还有国民卫队的士兵和形形色色的民众。暴乱的鼓动者们也混迹其中，忙得不可开交：美国人傅里叶，西班牙人古兹曼，圣女贞德歇斯底里的模仿者泰卢瓦涅·德·梅古里。当有议员到来，要是被怀疑持宽大处理国王的意见，污言秽语就像垃圾车一样从这些人口中倾泻而出，喷向议员；他们挥舞着拳头，威胁议员，各种谩骂声充斥在空气中。恐怖分子动用了一切威胁和恐吓的手段，确保将国王送上断头台。

怯懦者被无处不在的威胁和恐吓吓破了胆。那些昨天为了避免和欧洲发生战争而决意反对判处国王死刑的人，今天在令人胆寒的群众的暴怒面前变得惴惴不安、犹豫不决了。最终，公开点名投票在深夜才开始进行。讽刺的是，第一个被叫到名字投票的人就是吉伦特派的领袖——韦尼奥。这个能说会道的家伙，在他演讲的时候声音通常都会弹到墙上反射回来。如今，作为共和党人的领袖，却生怕自己一旦表达想让国王活着的意愿，就不能再做共和党人了。这个平素冲动急躁、慷慨激昂的大人物，迈着缓慢沉重的步伐走到讲台前，垂头丧气地用低沉的声音说出两个字"la mort"[①]。

这两个字如同响锣震天，在大厅里回荡不息。吉伦特派的首要人物退却了，其余的绝大部分吉伦特派成员坚持己见。700名议员中有300人投票宽恕国王，尽管他们知道，在这个关口，秉承温和的意见比伪装的坚决要多付出千百倍的勇气。一时间，两派的力量相持不下，只有几票可以最终敲定事情的结局。终于，轮到约瑟夫·富歇投票了。这个南特的代表，昨天还信誓旦旦向他的朋友保证，他要做一个感人肺腑的演讲支持路易十六；10个小时之前他貌似还是坚定者中最坚决的人。而

---

① 法语，死亡，死神之意，这里是处死的意思。（译注）

此时此刻，富歇，这个曾经的数学教师，一个优秀的精算师，已经偷偷地计算过票数了。他发觉，如果选择宽恕国王，他就会站错队伍，那是一个对他没有任何吸引力的队伍——少数派。因此，他悄无声息却又快速地走到讲台前，苍白的嘴唇翕动着，嘟囔出两个字："la mort"。

若干天后，奥特朗托公爵，也就是富歇，将用长篇大论或是千言万语去解释自己没有说过这两个字——两个能给他扣上弑君帽子的字。但他是当众说出这两个字的，而且是记录在《箴言报》中的，不可能从历史中清除。而且这在富歇的个人历史中也是值得纪念的，因为这是他第一次公开背叛，他狠狠地在孔多塞和多努①背后扎了一刀，他愚弄和欺骗了他们。但实际上，尽管他们都很优秀，也没必要因遭遇背叛而感到羞耻。比他们更强有力的人，例如罗伯斯庇尔、卡诺、拉法耶特、巴拉斯，甚至拿破仑，这些曾经闪耀一时的大人物，都遭遇了和吉伦特派一样的事情。在他们面临困境时，同样也被昔日盟友——富歇所背弃。

而且，在这样的紧要关头，人们第一次发现了约瑟夫·富歇性格中另一个鲜明特质——厚颜无耻。当他背叛了原来的党派，站到新队伍的时候，他并没有谨小慎微或者偷偷摸摸的，对这件事也并未讳言。光天化日之下，他嘴角透出一丝冷笑，堂而皇之、理所当然地走进曾经是敌方的阵营，并将他们的言论和观点视为真谛。对于前盟友怎么

---

① 皮埃尔·多努（1761—1840），法国大革命和第一帝国时期的政治家、作家和历史学家，反对处死国王。（译注）

看待他、议论他，富歇毫不关心，他也丝毫不在乎公众的评价，他唯一在意的就是站在获胜的那一方。他的转变极其迅速，角色变化也极端玩世不恭；他的厚颜无耻令人震惊，同时也不得不让人由衷佩服。24小时内，1小时内，甚至1分钟内，他都可以迅速拔掉原来的信仰之旗，然后洋洋得意地插上另一面旗帜。他没有坚定不移地追求理想，而是紧跟时势。时势变化越快，他的脚步也就跟得越紧。

他知道一两天后，当南特的选民在《箴言报》上看到他的投票会非常愤怒。如果不能说服他们，那就要尝试先发制人。他没有坐等人们的愤怒发作，便已经采取措施发动进攻了。这里显示出的胆大、狂妄，让他看起来好像还挺伟大的。在投票的第二天，富歇就找人印制了一份宣言，慷慨激昂地声明自己这样投票是被内心的信念所驱使，想以此掩盖他这样做的原因是害怕在国民公会失去支持。他根本不给这些选民任何思考的时间，而是用猛攻去压制他们、恐吓他们。

为了争取最有价值的无产阶级的支持，这个昨天还是温和派的人写出了言语极为狂野粗暴的演说稿件，即便是马拉或其他最狂热的雅各宾派的成员也写不出。他写道："暴君的罪行昭然若揭，群众的怒火已经填满胸膛。如果法律之剑不迅速地将暴君的头颅砍下，那么强盗和刽子手仍然可以横行于世，整个社会将会继续陷入巨大的混乱之中……这是我们的时代，是反对一切君主的时代。"他极力鼓吹处死路易十六势在必行。可以想见，就在前一天，他的口袋中可能也藏着一份反对处死国王的宣言。

事实上，我们这位精明能干的精算师这次又算对了。作为一个投机分子,他深知懦弱的威力;他也深知当群情激愤,胆气是所有计算中最关键的因素。事实证明他是对的。那些保守的市民低下头颅,战战兢兢地接受了这份突如其来、狂妄大胆的宣言。尽管充满困惑,他们还是匆忙同意了违背自己内心真实想法的决定。没有人敢对此置喙。自此以后,约瑟夫·富歇掌握了强有力的杠杆,帮助他日后安然度过最严重危机的杠杆——蔑视人类。

从1月16日起,直到有进一步变化为止,约瑟夫·富歇这条变色龙选择了鲜红色的色调。也就一晚上的工夫,他这个温和派摇身一变成了极端激进主义分子和极端恐怖主义者。他一下子就跃进了对手的阵营,成为最激进最左一派的成员。不甘心落在别人的后面,这个冷酷无情、头脑清醒的家伙,迅速地使用恐怖主义最为血腥的言辞,他攻击谩骂流亡者和修士,张牙舞爪地极力鼓动追捕、叫嚣屠杀。他本可以与罗伯斯庇尔重修旧好,和这个同样来自阿拉斯的朋友并肩战斗。但是,意志坚定、正直倔强的罗伯斯庇尔对叛徒疾恶如仇。而且,这个聒噪的变节者激进的态度比他之前不冷不热的样子更让罗伯斯庇尔感到怀疑。

富歇天生嗅觉灵敏,他预见最关键的时刻马上就要来临了,也感到自己一直处于罗伯斯庇尔的监视之下是十分危险的。暴风雨就要来临了。即将发生在革命领袖——丹东和罗伯斯庇尔、埃贝尔[①]和德穆兰之间的惨烈斗争已初露端倪,富歇也该准备在这些激进主义者中站

[①] 雅克·勒内·埃贝尔(1757—1794),法国大革命时期雅各宾派左翼领导人、新闻工作者,思想激进,推行恐怖统治。(译注)

队了。当然，他会在保证自身安全和利益最大化的情况下，才做出自己的最终选择。他知道，在紧要关头，一个出色的权术家最好的处理方式就是回避。所以，他决定在斗争激烈的时候离开国民公会的议事大厅，直到问题解决再回来。他幸运地获得了一个体面的借口得以脱身，国民公会派出了200名代表去各省份维持秩序。富歇对终日坐在火山口的日子已极度厌倦，便想方设法弄到了一个地方代表的名额。他终于获得了喘息的机会，就让他们互相厮杀、拼个你死我活吧！让这些激情似火的人为野心家们打天下吧！世界变幻莫测，可能是几个月，也可能是几个星期，一切都改变了。可能当他再次回归的时候，一切都尘埃落定。这样，他又可以悄悄地、安全地拥护胜利的一方，加入他永远选择的那一方——多数派。

法国大革命中，很少有人关注各省份的状况。人们更关注巴黎事态的发展，因为巴黎就像一座时钟的表盘，发生的一切是显而易见的，但是支撑它运行的钟摆和重力都在各省份和军队。巴黎是发言人、倡议者、鼓动者，但作为法国整体行动的大革命，它真正的持续的推动力实际发生在各省份。

国民公会很快发现，乡村的革命步伐并没有和首都保持一致。小镇、村庄和山区的人们并不能像大城市的人那样，脑子转得快。他们接受新思想更加缓慢、更加谨慎，而且更多的是按照自己的思维习惯去解读这些新思想。在国民公会，经过不到一个小时辩论形成的法律，只能一点一滴过滤、渗透到各省份，而且已经被保王派的政府官员、神职人员和旧制度的拥护者歪曲和淡化了。因此，农村的革命步伐总是远落在巴黎之后。当吉伦特派控制国民公会的时候，农村在效忠君主制；当雅各宾派在巴黎取得胜利的时候，地方各省还在支持吉伦特派。从革命总部发出的慷慨激昂的公告在这里全无效应，因为印刷的文本才缓慢地传到奥弗涅和旺代。

这就是为什么国民公会要向地方各省派遣发言人。这些人的现场说教可以推动一下法国的革命形势，也能保持对地方革命潮流甚至是反革命潮流的控制和监视。国民公会对这两百个代表实行了几乎完全地放权。戴着三色绶带和红色帽章的人具有相当于独裁者的权力。他可以征税，做出判决，招募军队，免除将军。在地方省份，没有任何人的权力可以超过他。他尊贵的个人身份代表着国民公会的意志，他就像古罗马的总督一样显赫，将元老院的意志带到任何一片罗马人征服的领土上——他们中的每个人都独断专行，做出的任何决定都不容置疑，不许申诉。

这些被选中的特派员们，享受的权力很大，但承担的责任也同样大。在他们负责的省份，他就是国王、皇帝和总督。但断头台上铡刀刃口的寒光也在他们的脖子后面闪动着。治安委员会密切关注着每一声抱怨，对这些特派员的账目也查得十分严格。如果被证实过于仁慈，那么他就会受到极其严厉的处罚；但如果过于残暴，他也会遭遇同样残暴的对待。如果总部执行的是恐怖政策，那么地方各省也必须是恐怖盛行。但如果中央的政策是趋于温和的，那么实施恐怖主义就变成了错误。表面上特派员是各自省份的主宰，但实际上他们只不过是治安委员会的奴隶，屈从于时势的变化。所以他们要眼观六路、耳听八方，时刻关注着巴黎的一举一动；只有这样，在决定别人生死的同时，也能保住自己的老命，这可不是一个容易干的差事。每一个特派员都意识到，如同革命的将军打仗时遇到敌人，要想不掉脑袋，只能成功。

约瑟夫·富歇被派到地方任总督的时候，激进分子风头正劲。自然而然，当富歇被派到下卢瓦尔省，包括后来的讷韦尔、穆兰市，他都表现得格外激进。他猛烈抨击温和派，铺天盖地地发布通告，用语言恐吓威胁富人、畏首畏尾之人和缺乏革命热情的人。他用充满仁义道德而实际上是强迫的手段，从乡镇抽调整个团的志愿兵，送他们去前线迎击敌人。在组织能力和把控形势方面，他不逊于任何一个同僚；但在言辞大胆、激烈方面，他远胜这些同僚。

这里必须记住一点，约瑟夫·富歇和他伟大的革命同伴罗伯斯庇尔、丹东不同，在教会和私有财产问题方面，他可不再油腔滑调了。丹东还满怀敬意地宣布私有财产神圣不可侵犯，富歇处理这个问题时，却坚决奉行激进主义。他是社会主义者，也就是今天所说的布尔什维克。现代社会的第一个共产主义宣言，不是卡尔·马克思所起草的那个著名的宣言，也不是格奥尔格·毕希纳写的《黑森信使》，而是貌似社会主义学者和历史学家都避而不谈的一篇文告，来自里昂城的《指令》。这篇文告虽然是科洛·德布瓦和富歇联合签署的，但毫无疑问是富歇单独起草的。这篇激情澎湃、大革命期间最令人咋舌的文告，提出的要求要超越它所在时代100年之久，无疑是值得拿出来公之于众的。尽管它已经失去了历史价值，多年后奥特朗托公爵也拼命抵赖他作为普通公民约瑟夫·富歇曾提出过这样的要求。不管怎样，如果我们不考虑这些因素，抛开后来发生的事情，在当时写出这样的东西，已经给这个作者——富歇打上了大革命时期第一个社会主义者和共产主义者的烙印。这个法国大革命时期最大胆的声音不是来自马拉，也不是来自肖梅特①，而是由约瑟夫·富歇发出的。文件的原文比任何描述更能明显地将富歇偏爱隐藏于昏暗之中的特性显露出来。

《指令》一开始就宣布，一切放肆大胆的行径都是正确无误的："只要是为革命做的事情都是被允许的。对于共和党人来说，唯一的危险就是落后于共和的法律：有人超越了法律，走到了法律的前面，就算他貌似超越了目标，但远没有达到真正的目标。只要世界上还有一个不幸的人，自由的脚步就将继续向前推进。"

在类似最高纲领主义者言论②的序曲之后，富歇用下列语言来定义革命精神："革命是为了人民。这是很容易理解的，我们所说的人民，并不是指那些靠着财富享受特权的阶级，不是那个霸占了所有人生乐趣和社会资源财富的阶级。我们所说的人民是法国最普通的市民阶层，他们是社会最底层、最贫穷的。他们将自己的子女送上前线保卫国家，用自己辛勤的劳动养活了这个社会。如果革命只是为了确保区区几百个人的快乐，而让 2400 万民众持续痛苦下去，那么革命无论在政治上还是道义上，都是恶魔。如果人们的幸福存在巨大的差距，还依旧大

---

① 皮埃尔·肖梅特（1763—1794），法国大革命时期雅各宾派左翼代表人物，思想激进，主张恐怖政治。（译注）
② 最高纲领派，曾属于俄国社会革命党的一个派别，1906 年后成为独立政党。纲领是土地和工厂社会化，策略是实行个人恐怖手段。它于 1919 年被瓦解。（译注）

谈平等的话，革命将会是对人类最荒唐可笑的侮辱。"在绪言之后，富歇继续大谈特谈他钟爱的理论：富人，是"mauvais riche"①，永远不会成为真正的革命者，永远不会成为纯粹的、正直的共和党人。所以，只是单纯的资产阶级革命，如果没有消除贫富差距，那么将不可避免地蜕化为新的暴政，"因为富人总是认为自己是用不同的面团捏成的。"②

因此富歇倡导人们激发最大的革命热情，进行最完全彻底的革命。他在文告中写道："不要搞错了。要想做一个真正的共和党人，每个公民自身都要进行一场同改变法国面貌的革命一样的革命。暴政下的奴隶与自由国家的居民之间绝对没有共同之处。所以，后者的行为习惯、信念、情感都必须是全新的。你们被压迫，那么就必须粉碎压迫者；你们曾是宗教迷信的奴隶，那么自此以后你们只信仰自由。如果没有革命的热情，不在乎人民的幸福却怀有其他的快乐和心事；只关心自己的利益，只考虑自己从一块土地、地位和天分中得到什么样的好处，有那么一瞬间忘记了集体利益；听到暴政、奴隶制度和财富时，没有血脉偾张；为人民的敌人流泪，却对专制主义的受害者和为自由而战的烈士无动于衷，所有有这样行为的人如果敢称自己是共和党人，那就是违背天理和良心的谎话。让他们赶紧离开这片自由的土地，否则他们的真实面目将被识破，他们肮脏的血液将会污染这片土地。共

---

① 法语，指"为富不仁的人"。（译注）
② 即富人永远认为自己是与众不同的。（译注）

和国是属于自由人的,它决意要将其他的人全部清除出去。它只接受那些为它而生,为它而战,为它而死的人为它的儿女。"在《指令》的第三节,革命的声明变成了彻底的共产主义宣言,"每个人,只要他的所有超过了他的所需,就应该贡献给这项额外的税款。捐献的税款必须和这个伟大国家的所需成正比。你们应该首先以慷慨的和真正革命的方式决定,每个人到底应该捐献多少钱给公共事业。在这里,我们不需要考虑数学的精确性,也不需要像按照说明填报普通税表那样犹豫不决。我们必须采取符合特殊情况的特殊措施。因此,放开手脚行动起来吧!将满足每个人所需之外的东西都拿走吧!因为一切多余的财物都是对人民权利显而易见的无端的伤害。一个人如果拥有了超过他所需的东西,又没有其他的用处,他就会滥用。所以,只需要留给他必需的东西,剩下所有的一切,在战争期间,只属于共和国和那些物质缺乏的人们。"

在宣言中,富歇明确声明,被拿走的剩余财富不仅仅包括金钱。"所有超过个人所需的东西,只要对捍卫国家有用,都要立刻宣布为国家所有。因此,有些人积攒了数量惊人的床单、衬衫、桌布和鞋子,所有的这些东西都要成为革命征用的对象。"他直言不讳,要求人们把金银,那令真正的共和党人蔑视的、"使人卑劣、下贱、腐败的金属",上缴国库。只有这样,"它们才能烙上共和国的印记,经过烈焰的净化,为公共事业服务。只要有了钢与铁,共和国就会胜利!"最后,富歇用激进的、残酷无情的倡议结束了宣言:"我们将要采取严厉的手段去维护赋予我们的权威。在别的情况下可能被称为懈怠、懦弱或者疏忽大意的行为，我们一概都将其视为背叛革命而进行惩罚。折中主义和踟躇不前的时代一去不复返了。协助我们严厉打击这些行为吧！如果你不这样做，那么打击就会降临在你的身上。自由还是毁灭，在它们之间做出选择，都好好想想吧！"

　　这篇文章让人们可以想象富歇在任地方总督时是如何实践的。在下卢瓦尔省、讷韦尔和穆兰市，富歇敢于向法国最强大的两股势力——私有制和教会发起进攻。这是罗伯斯庇尔和丹东都不敢轻易触碰的。他通过建立"仁爱委员会"，采取迅速且果断的措施"égalisation des fortunes"①，让那些富人"自愿"捐献财产。为了不让大家对"自愿"产生误解，他温和而善意地警告说："富人有义务利用他们的权势，也就是他们的剩余品，使自由的政权看起来更加讨人喜欢。否则，共和国有权剥夺他们的财产。"同时为了不让众人对"剩余品"产生误解，他说道："共和国除了铁、面包和四十埃居②的薪水，什么都不需要。"他将马匹从马厩中牵出，把面粉从袋子里倒出，让掌管土地的执法人员用生命担保能够征讨足够的税款。他命令只能烘焙一种面包——"pain de l'unité"③，一种我们刚刚经历过的战时面包，禁止烘焙任何花式面包。每星期，他都要征募五千名新兵，装备以马匹、靴子、军装和火枪。他强迫工厂生产，让每个人被迫屈从于他的钢铁意志。财源滚滚来，物资充足，各种服务迅速到位。在统治了两个月后，

---

① 法语，"平分财富"。（译注）
② 法国当时的一种银币。（译注）
③ 法语，"平等面包"。（译注）

他得意洋洋地给国民公会写信说:"富人在这里感到羞愧。"倘若如实报告这里的情况,他应该这样说:"富人在这里瑟瑟发抖。"

约瑟夫·富歇作为激进主义者和共产主义者的同时,还是反对基督教会最为激烈的急先锋。谁曾想,他后来成了腰缠万贯的奥特朗托公爵,而且在一位国王的庇佑下,他的第二次婚礼还是在教堂举行的。在一封充满火药味的信中,他写道,必须用共和的信仰和道义取代古老的迷信。他采取雷霆般的政策对教堂和礼拜堂进行攻击。他颁布这样的法令:"教士和牧师在教堂外禁止穿神职人员的服装,否则将会受到监禁的惩罚。"他又说:"现在是时候让这个高傲自大的阶级回到教会最初的纯洁了,也是让他们回到市民阶层的时候了。"约瑟夫·富歇不再满足于只做领地上的三军统帅、最高法官,以及行政上的独裁者,他还要篡夺宗教的最高权力。他取消了教士必须独身的教义,规定他们必须在一个月内结婚或者收养孩子。他在市场为人办理结婚和离婚;踏上已被拆除了十字架和其他圣像的讲道台,宣扬无神论,极力否认灵魂不灭和上帝的存在。基督徒的葬礼仪式被取消,唯一能获得安慰的是公墓的墓门上刻着"死亡就是长眠"这句话。在讷韦尔,这位新任"教皇"为他的女儿举行了一场世俗的洗礼。他的女儿是以涅夫勒省命名的。国民自卫军吹笛击鼓作为前奏,富歇在公众面前为女儿举行洗礼和起名仪式,并没有找教堂帮忙。在穆兰,他骑马走在队伍最前面,穿越全城。他手持铁锤,将十字架、耶稣受难十字架和各种圣像——这些可耻的狂热主义的东西击得粉碎。教士们的法冠和圣坛的盖布堆在一起被烧掉,火光冲天。市民们围在一起,为这无神论的火刑而欢呼雀跃。但只是反对这些死的东西，毁掉这些毫无招架之力的石像和十字架，是无法满足富歇的。对他来说，这只是胜利了一半。当大主教佛朗索瓦·洛朗在富歇的鼓动下，脱去了斗篷风帽，而代之以红色的帽子，30个教士紧随其后争相效仿，这才算是富歇的真正胜利。而且这胜利如燎原之势蔓延至整个法国。他现在可以得意洋洋地向那些缺乏热忱的无神论同僚们炫耀：他粉碎了宗教狂热。在他的管辖区域内，已经彻底清除了基督教。

乍一看，人们很容易把他的这些做法看作是狂热分子的狂热行为。但在所谓狂热的面纱背后，约瑟夫·富歇实际上还是那个精于算计的现实主义者。他知道自己有义务向国民公会展示自己的工作，同时，他也知道，爱国的语句和书信贬值的速度不亚于纸币的贬值速度。一个官员要想赢得赞赏还是需要真金白银跟随左右。因此，他把招募的军队送往前线作战的同时，也向巴黎运送了自己从教会横征暴敛而来的财物。一箱接着一箱被装满的金圣体匣、打碎后熔掉的银烛台、贵重的耶稣受难十字架，还有大量从宗教圣物上抠下来的珠宝，接连不断地被运往国民公会。他知道这些可变现的财宝才是共和国的首需。他是第一个将这些具有说服力的财物送到各位代表前的人。代表们对他显示出的巨大能量感到惊讶，也不得不报以赞赏的掌声。这样做的结果就是，富歇从此成为国民公会代表口中的铁腕人物，大家都认为他是最强有力和最勇猛的共和党人。

当富歇完成使命回到国民公会的时候，他已不再是1792年那个默默无闻的小议员了。他招募了一万名装备精良的士兵，从管辖的省份搜刮了数量巨大的真金白银；没有动用"民族剃刀"①，他就做到了这一切。国民公会对他的尽忠职守和干劲十足大加赞赏。肖梅特，雅各宾派中的极端主义者，写了一首赞歌歌颂富歇的事迹："公民富歇出色完成了我说到的这些。他让老人得到了尊重，弱者得到了照顾，不幸的人得到了关注，宗教狂热被摧毁，联邦制度被彻底打败，钢铁制造兴旺起来，嫌疑犯悉数被捕，各种罪行受到惩罚，腐败分子被起诉和监禁。总而言之，他所有的工作都代表了人民的利益。"富歇小心翼翼、犹豫不决地坐在温和派的席位后不到一年，就已经成了一名激进分子里的最激进者。现在，里昂发生了起义，共和国需要一个精力充沛、毫不畏惧和无所顾忌的人去摆平这一切，还有谁比他更适合去贯彻这次革命或者任何一次革命所能颁布的最为恐怖的法令呢？国民公会用它一贯做作浮夸的语言说道："您所奉献的一切，将会成为您未来所做贡献的担保②。在 Ville Affranchie③（里昂），您要重新点燃市民逐渐熄灭的精神火炬，完成革命，终止贵族挑起的战争，摧毁他们想重新建立的制度，让这些废墟砸倒他们，直至把他们砸得粉碎。"

就这样，约瑟夫·富歇以复仇者和终结者的姿态，作为"mitrailleur de Lyon"④走进了历史舞台。

---

① 指断头铡。（译注）
② 意思是说，为将来的贡献打下基础。（译注）
③ 法语，"解放之城"。（译注）
④ 法语，"里昂刽子手"。（译注）

2

"里昂刽子手"
1793

在法国大革命的史书上，最为血腥的一页莫过于里昂起义，且很少被人翻开。在法国几乎全部是小资产阶级和农民的时候，还没有哪个城市，即使巴黎也不例外，像这个法国的丝织业的故乡和第一个工业中心那样，社会对立如此尖锐。1792年革命主要还是资产阶级革命，但在里昂，工人已经创立了一个无产阶级组织，与属于保王派和资本家的资产阶级截然分开。里昂由此成了各种争斗的温床，无论是反动的斗争还是革命的斗争，都采取了最血腥、最狂热的方式，也不足为奇了。

雅各宾派的追随者、工人和失业者们都聚集在一种怪人身边。他们总是在时代巨变的时候涌现出来，每一个人秉承着纯粹的理想主义信念。而且他们用这种信念和理想主义制造了比最残暴的现实主义者和最野蛮的恐怖分子还多的灾祸和血腥。人们经常看到，在革命者和改革者中，这样的怪人虔诚、狂热。他们总想改变世界，但也造成了他们最痛恨的杀戮和灾祸。当时，管辖里昂的就是这样一个怪人，他的名字叫沙利耶，曾经是一个神父，也做过商人。对他来说，革命现在变成了最早期的基督教,那种真正、纯粹的基督教。他怀着自我牺牲和迷信的狂热投身革命。这位让·雅克·卢梭的虔诚拥趸认为,只要人类达到理性和平等,太平盛世就得以实现;他炽热的人类之爱也会在世界的火光中显现,因为一个崭新的、永不消逝的人道主义曙光会在火光中诞生。他的狂热令人感动,一个突出的事例就是民众攻陷巴士底狱后,他捧着一块从巴士底狱地牢中取出的砖石,从巴黎步行回到里昂,并为它建了一座祭坛。他将马拉——这个嗜血成性的檄文作者,当作上帝一样崇拜,或者把马拉看成了另一个先知。他神秘兮兮甚至有些孩子气的演讲,受到马拉的启发和影响,深深激励了工人们,他们本能地感受到他对民众充满了同情心。但另一方面,这个城市中的反动势力坚信,他纯净的狂热之情,对人类全心全意的感情,比起那些最为聒噪、搅得四邻不安的雅各宾派要危险多。爱他的人很爱他,恨的人又很恨他。因此,当第一次骚乱在里昂刚有苗头,反动分子就把他当作主谋,将这个有点神经质,甚至荒唐可笑的热心人投进了监狱,包括罪名都是用一封伪造的书信罗织的。为了警告其他的激进分子,并向国民公会示威,反动分子将他判处死刑。

为了拯救沙利耶,愤怒的国民公会派出一个又一个信使到里昂,各种威胁狂轰滥炸般飞向里昂当地政府。但是,里昂市政府仿佛铁了心要杀沙利耶。不久前,一副断头铡被送到这里,他们很不情愿地接受了这个"恐怖"刑具,然后把它孤零零地扔在某个角落任其腐朽生锈。而现在,他们认为有必要给这些恐怖分子上一课了,决意在一个革命者身上首次使用这个专业的革命人道主义刑具。由于这个刑具之前并没有人使用过,沙利耶的处决过程演变成了一个极为残忍和恐怖的事件。这把钝斧砍了三次也没有砍下他的头。惊恐万状的人们看着他们的领袖被捆绑着,血流如注,身体扭动着,但还活着,遭受着令人憎恶的非人折磨。直到刽子手出于同情,拿了一把刀砍下他的头颅,这折磨才算结束了。

但是,这个可怜的沙利耶的头颅很快就成为革命者复仇的守护神和反动势力的戈耳工①之头。

国民公会得到关于这一罪行的消息后大为震惊。一座法国的小城竟然敢公然对抗国民议会!必须要把这些不知死活的挑战者们淹死在他们自己的血泊之中。但里昂市政府心里很清楚自己将要面临的后果是什么,他们从违抗国民公会转向公开宣称反叛。他们招募军队,修筑防御工事,公然抗击共和国的军队。现在,武力必须在里昂和巴黎之间、反动和革命之间做出决定了。

从纯粹理性的角度分析,在这个关头内战,对年轻的共和国来说,无异于自杀。讷韦尔的处境更是危机四伏,更为绝望无助。英国人占领了土伦港,控制了舰队和军械库,威胁敦刻尔克;普鲁士人和奥地利人正沿着莱茵河和阿登高地向前推进;叛乱烈火在整个旺代燃烧。战争和叛乱从法兰西共和国的一个边境推到另一个边境。但这也正是国民公会最具英雄气概的时候,根据本能,雅各宾派认为无畏是战胜危险的最好方式。在沙利耶死后,雅各宾派拒绝和杀害他的刽子手签

---

① 古希腊神话中的蛇发女妖,指美杜莎三姐妹。(译注)

订任何协议,刽子手应该就地毁灭,没有商量的余地。七条战线之外再加一条战线也好于向敌人摇尾乞怜、表示求和。这是破釜沉舟的勇气,它使共和国获得了战争的胜利。这就像后来俄国革命中,布尔什维克同时遭到来自四面八方的威胁,外有英国的军队和世界各国雇佣军的进攻,内有弗兰格尔、邓尼金、高尔察克领导的白军的攻击,而布尔什维克最终取得革命胜利一样,正是置之死地而后生的勇气和狂暴愤怒的激情在危急关头挽救了法国大革命。吓破胆的里昂资产阶级别无他法,只能将希望寄托于保王党人,并将自己的军队交予国王的一个将军领导。无产阶级的军队从农田和郊区聚拢而来,10月9日,这座叛乱之城,法国的第二省会城市,已经被共和国的军队所攻破。这大概是法国大革命最值得自豪的一天了。当国民公会主席站立起来庄严宣布里昂已经缴械投降时,各位代表欢呼雀跃,互相拥抱。在那一刻,仿佛昔日纷争都已冰释前嫌。共和国被拯救了,法国和世界各国见证了法国军队不可抗拒的力量、英勇的斗志和巨大的推动力。但是胜利的骄傲马上就变成了得意忘形,胜利者将他们的胜利迅速演变成了"恐怖统治"[①]。必须要向战败者复仇:"必须要树立一个榜样。法兰西共和国,年轻的革命,必须要对那些反叛者和挑战三色旗的人做出最最严厉的惩罚。"国民公会,这个全世界人道主义的捍卫者,颁布了一道损坏其形象的法令。哈里发们在亚历山大城、巴巴罗萨大帝[②]在米兰

[①] 即雅各宾派专政。(译注)
[②] 即神圣罗马皇帝腓特烈一世,又被称为"红胡子皇帝"。(译注)

城进行的血腥屠杀为这道法令提供了范本。10月12日,国民公会主席打开了那份可怕的几乎被历史遗忘的摧毁里昂的法令。

"1. 根据治安委员会的建议,国民公会任命一个由五人组成的特别委员会,立刻对参与里昂叛乱的反革命分子进行军事惩罚。

"2. 里昂的所有居民放下武装。他们的武器要立刻派发给共和国卫队,部分武器要交给曾被富人和反革命势力统治的爱国者。

"3. 摧毁里昂城。富人的住宅要全部毁掉,只有穷人的住宅、那些被屠杀和流放的爱国者的房屋,以及用于工业生产、慈善事业和教育事业的建筑可以保留。

"4. 里昂从法兰西共和国的城市名单中清除。从此以后,剩下的房屋将整体以 Ville Affranchie 命名。

"5. 在里昂的废墟上建立纪念柱,用如下语言昭告后世子孙保王党人所犯下的罪行和所遭受的惩罚'里昂反对自由,里昂将不复存在!'"

没人胆敢反对这道将法国第二大城市——里昂夷为平地的疯狂决议。自从断头铡被抬出来,随时"伺候"那些哪怕只是轻声说出宽大和同情的言辞的人后,勇气在国民公会中早已荡然无存了。国民公会被自己的恐怖主义所震慑,代表们一致通过了这项极具破坏力的动议。库东[①],罗伯斯庇尔的得力助手,被任命去执行政策。

[①] 乔治·库东(1755—1794),法国大革命时期雅各宾派的重要人物之一,罗伯斯庇尔的忠实追随者,圣茹斯特在治安委员会的亲密伙伴。热月政变后,三人皆被捕,死于断头铡下。(译注)

库东，作为早于富歇一步来到里昂的人，很快意识到这个提案有多么愚蠢和致命。它纵容恐怖主义伤及无辜，摧毁法国这个保存着著名教堂和众多文化建筑遗迹的最大工业城市。因此从一开始，他就决定要破坏这个提案。当然，他不能公开进行。他通过用极其夸张的言辞去赞美和表达他多么赞同这个议案，来掩盖他真实的想法和决定。他说："公民同志们，读了国民公会在葡月[①]第 21 天（10 月 12 日）颁布的法令，我倍感钦佩。是的，彻底摧毁这座城市是至关重要的。谁胆敢反叛国家，它就是前车之鉴。在国民公会颁布的这些伟大且强有力的法令中，只有一项被我们忽视了——彻底摧毁城市法令。但是，请你们放心，公民同志们，也请国民公会放心，法令的原则就是我们的原则；我们的武器为它而动，最大限度地保证它的执行。"然而，这个以颂歌形式来表达自己对任命欣然接受的人，只是做做样子，并没有真心想要执行他所说的话。库东幼年时曾患小儿麻痹症，双腿瘫痪，但他身残志坚，不屈不挠。他让人将自己抬到里昂的城市广场，用银锤在需要拆毁的房屋前象征性地敲一下，然后宣称对所有罪犯处以极刑。他的装腔作势让狂热、性情急躁之流暂时得到安抚。而实际上，他以人手不足为借口对拆毁工作消极怠工，只派了一些妇孺拿着铲子，对着那些已被定罪的房屋象征性地刨了几下。被处死的人也没有几个。

当里昂的居民发现声色俱厉的言辞之后是温和的行动，稍稍松了

[①] 法国共和历的第一个月。法国共和历是法兰西第一共和国时期的历法，每年从秋季开始，十二个月依次为葡月、雾月、霜月、雪月、雨月、风月、芽月、花月、牧月、获月、热月、果月。（编者注）

一口气。但这让恐怖分子们寝食难安了，当他们意识到库东有可能不会采取严厉措施，便在国民公会吵得沸沸扬扬。沙利耶的头颅作为圣物被送往国民公会，并在巴黎圣母院示众，以激励民众。反对库东的声音越来越多。很多人认为他过于消极、懒散和懦弱。总之，他不适合做推行复仇措施的标杆。他们需要一个无所畏惧的特使，一个忠诚的革命者，一个在血腥面前毫不恐惧、采取极端措施时毫不手软的铁血的人。国民公会不得不对这些叫嚣让步，他们召回了库东，将一个最坚决果断的家伙派往里昂，他就是科洛·德布瓦。他一定会诚心诚意地对付里昂市民的，因为（传说）早年他在做演员的时候，曾经被里昂市民嘘下台。国民公会同时还派遣了一个法官助理兼行刑者到这个不幸的城市，他就是所有地方总督中的极端分子、雅各宾派中最臭名昭著的恐怖分子：约瑟夫·富歇。

约瑟夫·富歇，这个突然被召来杀伐决断的男人，真的是他的恐怖主义伙伴们口中的刽子手和嗜血者吗？从他的演讲看，确实是的。有哪位总督能比他更加努力奋发、更激进、更革命呢？他冷酷无情地横征暴敛、劫掠教堂、没收私有财产、镇压反抗。但是，正如他的性格，他的恐怖政策只是限于言辞、命令、威胁、恐吓，在他管辖讷韦尔和克拉姆西的日子里，并没有流一滴血。当断头铡在巴黎像个切菜刀和活页夹似的咔嗒咔嗒响个不停，当卡里埃①在南特将成百上千的

---

① 让·巴蒂斯特·卡里埃（1756—1794），法国大革命时期的激进分子，国民公会议员，因在南特的屠杀暴行而臭名昭著。（译注）

犯罪嫌疑人淹死在卢瓦河中,当砍杀声、枪炮声在全国各地回荡不息,出于自己的"良心",富歇在他的管辖区内并没有因政治问题而处决一个人。在这种事情上,他一向是以自己的心理学知识作为指导。他深知绝大多数人的弱点——懦弱,所以恐怖主义的威胁已经足够。后来当反动势力羽翼丰满,各省反对和控诉曾经的雅各宾派统治者的时候,也控诉约瑟夫·富歇早前做总督时,对他们进行恐怖和死亡威胁,但没法控告他真正执行过死刑。因此,人们看到,作为刽子手派往里昂的富歇,并不是一个嗜血者。他冷静得近乎冷酷,他是一个精于算计的人,与其说像老虎不如说更像狐狸,不需要血腥味去刺激神经。他表面暴跳如雷、大呼小叫,内心却波澜不惊。他不是因为喜欢杀人而杀人,也不是因为痴迷独裁者生杀予夺的权力而滥杀无辜。出于本能和审慎(而不是人道主义),他尊敬别人的生命,只要他的生命不受威胁;只有当他的利益和生命面临威胁时,他才会出手夺走他人的利益和生命。

这几乎是所有革命的秘密,也是革命领导者的悲剧。无论他们是否为嗜血者(他们中很多人确实不是),但情势逼迫他们手沾鲜血。德穆兰在案前书写命令,愤然下令将吉伦特派放逐。但是不久以后,当他坐在法庭,听到被他放逐的22人被判处死刑的时候,他面如死灰,双腿颤抖,绝望地冲出法庭。他因为有人将被判处死刑而感到万分恐惧。罗伯斯庇尔签署了成百上千条制造灾难的法令,但是在制宪议会上他也反对过死刑,并把发动战争视为犯罪。丹东,尽管是革命法庭的缔造者,也痛苦地发出灵魂的呐喊:"宁可死在断头铡下,也不愿把别人送上断头铡。"就算是马拉，在《人民之友报》①上宣称要砍下30万个人的头颅，也会极力挽救每一个即将走上刑场的人。他们尽管后来被称为嗜血野兽、杀人狂魔、闻到尸体的味道都会陶醉，但他们内心也像列宁和其他俄国革命的领导者一样，憎恶行刑者的工作。他们一如既往，只是想用死亡威胁牵制政治上的敌人。但是他们播种的祸根和宽恕凶手的做法最终结出了恶果。

因此法国大革命的错误不在沉浸于血腥屠杀，而是沉浸于血腥言辞。他们愚蠢透顶，为了激发群众的革命热情和证明自己的激进主义，便不断制造出野蛮血腥的措辞，不断地说要将叛徒送上绞刑架。当民众真的被这些诳言乱语所蛊惑，真的要求立即实施曾被高声叫喊出的所谓"紧急措施"时，这些革命领导者却没有勇气反对了。他们必须要让断头铡忙碌起来，以此验证他们的嗜血言论。他们必须拼命践行自己的言辞，争相攀比谁更残暴无德，因为谁也不甘心在赢得民众青睐的竞赛中落于下风。根据万有引力定律，每一次处决的后面还要跟着下一次。开始只是逞一时口舌之快的文字游戏，如今却演变成杀人竞赛。不是出于激情，也不是决意一定要让那么多人牺牲，而是由于这些政治家们的优柔寡断，以及缺乏勇气抵制民众的要求。说到底，就是懦弱。唉，人们经常被这样教导，历史不仅是一部人类勇气的历史，也是一部人类懦弱史。政治也不是政治家们宣称的那样是舆论的导向，而是所谓政治领袖们自己创造出来并且奴性十足屈从的邪魔，外道。

---

① 法国大革命时期由马拉创办的报纸。（译注）

战争就是这样发生的：过分地玩弄危险词句，过度挑动国民的革命热情。同样，这也是政治罪名的主要因素。没有一种罪恶或暴行能像懦弱一样导致血流漂橹。当时在里昂，约瑟夫·富歇变成了屠夫，并不是迫于共和主义激情的压力（因为他根本没有任何激情），而是因为他单纯地害怕被看作是温和派而遭人厌弃。决定一个人在历史上名声的不是他的言论，而是他的行为。富歇被称为"里昂刽子手"，尽管他反对这个称号。日后，即便是公爵的斗篷也没能掩盖他双手沾满的血迹。

科洛·德布瓦于11月7日到达里昂，约瑟夫·富歇是在10日到达的。他们迅速投入工作。在悲剧发生之前，这位昔日的演员和曾为教士的同僚上演了一幕简短的滑稽戏，这大概是法国大革命期间最具挑衅最放肆无礼的一幕了。他们在光天化日之下举行了一场黑弥撒。借口是沙利耶，他们为这个自由的殉道者办了一场葬礼，实际是一场无神论者的狂欢。上午八点钟，活动开始。所有教堂被迫扯下代表虔诚信仰的最后一点标志：所有耶稣受难十字架被拆掉，祭台布和祭服被扯下来。接着，浩浩荡荡的游行队伍集结起来走向沃土广场。四个来自巴黎的雅各宾派的人抬着一副悬挂三色旗的担架，上面放着鲜花环绕的沙利耶的半身像，旁边的小坛子里放着他的骨灰；还有一只鸽子装在笼子里，也放在旁边，据说这只鸽子是这个殉道者在狱中的安慰。旗手的后面是总督，他们阔步走在这个新奇的宗教仪式队伍中，向里昂民众庄严证明，殉国的沙利耶，"le dieu sauveur mort pour eux"①的

---

① 法语，"为他们而死的救世主"。（译注）

神性。这个仪式本身就已经令人不快了，再加上一些乌七八糟的东西，更加令人恶心：一群人在队伍里纵情欢闹，他们大喊大叫、又唱又跳，很多人的手里还挥舞着从教堂抢来的圣杯、圣袍和圣像等物品。而且，队伍的中央还有人牵着一头驴，主教的法冠不偏不倚地扣在驴的双耳之间，驴尾巴上还绑着耶稣受难十字架和圣经。令人尊崇的圣物和基督教的经典就这样被拖曳在尘土里。

终于号角吹响，游行队伍停了下来。巨大的广场上，放置着用绿色植物装扮的祭坛，沙利耶的半身像和骨灰罐供奉其间，代表们对着这位新的圣者虔诚地鞠躬致敬。当身经百战的雄辩家科洛·德布瓦完成致辞，轮到富歇发表演说了。国民公会中，他是沉默艺术的王者，无人能敌；现在，他终于开口说话了。他用极尽奢华的辞藻高声赞颂"这尊石膏像"："沙利耶啊，沙利耶，你已经离我们远去。你这个自由的殉道者，被这些奸人所害！只有让他们鲜血流尽，才能安慰你正义、愤怒不安的亡灵。沙利耶啊，沙利耶，我们向所有圣像起誓，一定要向折磨你的人复仇，让贵族们的鲜血变成祭奠你的缕缕熏香。"出席活动的第三位代表并没有这位将来的贵族、后来的奥特朗托公爵的口才，他恭敬地亲吻了沙利耶半身像的前额，对着广场声色俱厉地高喊道："杀死贵族！"

仪式结束后，一个巨大的柴堆燃起。约瑟夫·富歇，前不久还顶着剃发的家伙，庄重地站在两个同僚旁边，注视着驴尾巴上的圣经被撕扯下来，扔进火中，伴着圣衣、弥撒书、圣餐的华夫饼和木制的圣像燃起的火光，也烧起来了。因为亵渎神灵的功劳，作为奖赏，这头四个蹄子的灰毛兄弟，还喝到了圣杯盛的水。这场荒谬可笑的闹剧终于落下帷幕，四个雅各宾派的人再一次将放置着沙利耶半身像的担架抬起并送回教堂，放在祭台之上，取代了那尊已经被砸碎了的耶稣受难十字架。

第二天，为了永远纪念这次活动，他们还专门铸造了纪念章。不幸的是，这些纪念章没有保存下来。很有可能是日后的奥特朗托公爵将它们全部搜集起来，然后毁掉了。就像他为了掩盖自己还是雅各宾派极端主义分子和狂热的无神论者时的英雄事迹，拼命搜集记载这些事迹的书籍一样。他的记忆力很好。但别人也会记得或被提醒记起他在里昂做的这场黑弥撒，这对日后成为一位笃信基督教的国王的"son excellence monseigneur le sénateur minister"①来说，是极为不快和难堪的。

即便约瑟夫·富歇在里昂第一天的作为令人作呕，但这只是他排演的一场假面舞会和一场相对无害的闹剧，没有人流血牺牲。但第二天，总督们就紧闭大门，把自己关在一间偏僻的房间中，派全副武装的卫兵把守，将一切不速之客拒之门外。卫兵象征着这些领导在商讨着没有宽大，没有恳求，也没有仁慈的事情。他们成立了革命法庭。无冕之王富歇和科洛发给国民公会的信中透露出他们正在筹划类似"圣巴托洛缪之夜"②的可怕事件："我们以共和党人无比坚毅的责任意识完成了自己的使命，且不会甘心止步于此。人们把我们抬高到

---

① 法语，"元老院议员和大臣阁下"。（译注）
② 即1572年8月24日黎明前几小时，法国天主教徒对国内新教徒胡格诺派展开屠杀行动。（译注）

如此的位置，我们不能降低身份去满足那些或多或少做错了事情的人的卑微的利益。我们远离所有人，是因为没有时间可以浪费，也不能随意给他人好处。我们眼中只有共和国和法令，它们指引着我们树立伟大的榜样，给人们以显著的教训。我们听到的只有民众的呼喊，他们要求迅速地以严厉的方式为爱国者所流的鲜血复仇，以防止人们再次哀悼新的血流成河。我们坚信在这个令人恶心的城市里，最清白无辜的人便是被杀害人民的凶手所欺压和控制的人。我们时刻警惕那些流着所谓悔恨眼泪的人，什么也无法动摇我们的严肃态度。我们必须让你们确信，市民朋友们，宽恕是十分致命的弱点，如同在犯罪分子的希望即将彻底破灭的时刻，又让它重新燃起一样。对个人的宽恕就等于宽恕了和他同一类的人，这就导致了法令是全然无效的。拆除的过程太慢了，毫无耐心的共和党人迫切需要更快更有效的方式。没有什么能比地雷的爆炸和熊熊烈火更能体现人民的威力。人民的意志不会像暴君的意志那样受到挫败，它一定要有雷霆霹雳的效果。"

按照既定方案，这场暴风雨在12月4日席卷而来，它的回响使整个法国瑟瑟发抖。那天清晨，60个年轻人从监狱里被拉出来，两两捆绑在一起。因为富歇提到断头铡干活太慢了，这些人便被押解到了罗讷河对岸的布罗托平原上。匆匆忙忙挖出的两条平行壕沟，正等着接收他们的尸体，同时昭示着这些受害者的命运。离他们十步之遥的一门门加农炮暗示着处决方式。这些手无寸铁的可怜人拥挤在一起，捆绑在一块儿。他们哭喊，颤抖，暴怒，进行着徒劳的垂死挣扎。一声令下，铅弹上膛的大炮在近得如同谋杀的距离射向这群慌乱的人。但第一轮齐射并没有将他们全部杀死。一些人被炸掉了一只胳膊或是一条腿，还有的人被炸开了腹部，但他们依旧活着。极少数人很幸运，没有被炮弹射中，毫发无伤。就在鲜血汇成溪流缓缓流向壕沟的时候，第二声令下，全副武装的骑兵手持军刀和手枪冲向这些还活着的人，又砍又杀；对着那些绝望无助地呻吟着、抽动着、在烈火中呼喊的人开枪射击，直至最后一丝喧嚣停止。作为这项恐怖工作的褒奖，这些屠夫可以从还温热的 60 具尸体上扯下衣服和鞋子，然后将这些一丝不挂的尸体推入早已挖好的壕沟，掩埋起来。

这是日后成为笃信基督教的国王的大臣的约瑟夫·富歇，制造的第一次臭名昭著的枪炮屠杀事件。第二天上午，他还用一份十分浮夸的声明来炫耀这个事件："人民代表将一如既往地坚决完成人民交付的任务。人民已经将复仇的霹雳交到了代表们的手中。在没有把敌人撕成碎片之前，他们是绝对不会善罢甘休的。他们有足够的勇气和力量奋力穿越反叛者的大屠杀，踩着废墟去争取民族的幸福和世界的重生。"为了证明这可悲的"勇气"，当天在布罗托平原，炮击屠杀再次上演。这一次被炮火击中的人数更多，200 个人被血腥屠杀。这一次采取了几乎相同的方式：受害者们被反绑双手，被从加农炮中射出的铅弹横扫、杀掉。不过，这一次也有细微的不同。在现场，最后的扫尾工作是由步兵一轮一轮开枪射击完成的。而且刽子手们省去了任务中最繁重的一部分。干吗要在相对容易的屠杀行动中给自己加上这么繁琐的环节，去挖什么壕沟呢？有什么必要给这些败类掩埋尸体？所以，刽子手们从被害人的身上扯下他们所需要的鞋子、衣服，然后把这些一丝不挂的尸体直接扔进了罗讷河。河水会把这些尸体带走，直至消失不见的。

即便像这样的恐怖行径，约瑟夫·富歇也能用欢欣鼓舞的言辞遮掩。为了展示罗讷河被这些赤裸的残缺不全的腐烂的尸体阻塞是政治行为，为了说明罗讷河水承载这些沉默的目击者是共和党人冷酷复仇行动的良好例证，富歇说道："就让这些流着鲜血的尸首，沿着罗讷河的两岸漂流，到河口，到令人羞愧的土伦城下，让胆小如鼠又凶狠残暴的英国人见识一下，什么是恐怖主义，什么是无坚不摧的人民的威力。"但在里昂城内就没有这个必要了，因为处决一个接着一个，大屠杀一场接着一场。富歇"眼含热泪笑着"迎接攻克土伦的战役，并"将200个反叛者送进炮口"作为庆祝方式。在请求宽恕的诉求面前，他装聋作哑。两个妇女向血腥的审判法庭苦苦哀求，请求释放她们的丈夫，结果被富歇下令捆绑了，押到断头铡前示众。自此以后，再也没有人被允许走到代表们的寓所前请求宽恕。枪声越是猛烈，总督的怒吼声越是响亮："我们敢于宣布，让如此多的不洁净的鲜血横流，是出于人道主义的原因，也是我们的职责所在……我们从不违背人民的意愿。我们必须表达人民的感受，绝不能将他们交付到我们手中的武器放置一旁，除非人民命令我们这样做。直到那时为止，我们将绝不停歇，以迅雷不及掩耳之势狠狠打击敌人。"在未来几个星期发生的1600起处决，证明了富歇所言非虚，他终于说了一次真话。

在组织大屠杀和洋洋自得地撰写报告的同时，约瑟夫·富歇也没有忘记他们在里昂执行的另一项灾难性任务。上任的第一天，他们就向巴黎抱怨,他们的前任执行拆毁工作的进展太慢,"不过,现在即将用炸药来加快拆除速度。工兵们也将在今天开始工作,在一两日内,贝勒古尔广场的建筑物将全部被炸毁。"这些著名的建筑物建于路易十四统治时期,由芒萨尔①设计,因为是里昂城里最瑰丽的建筑,所以首先遭难。建筑里的居民被粗暴地驱逐,几百个失业男女通过几个星期的愚蠢行为很快就将这些壮美的建筑艺术弄成了一堆破烂。这座不幸的城市充斥着叹息和呻吟,回响着加农炮的喧嚣和墙壁坍塌的声音。"comité de justice"②负责杀人,"comité de démolition"③负责摧毁建筑,"comité des substances"④负责毫不留情地征缴食物和布料等一切有价值的东西。从屋顶到地窖,每一幢房屋都被翻了个遍,所有隐藏起来的人和秘密埋藏的财宝都被翻了出来。所有的恐怖政策都是由这两个代表,富歇和科洛,躲在一个别人看不见也摸不着、由武装着刺刀的卫兵把守的地方制定的。最壮美的建筑被摧毁,人满为患的监狱经常被清空,又重新补充新的犯人,循环往复;商店里的货架空空如也;布罗托平原被成百上千人的鲜血浸透。此时,终于有几个胆大的市民,虽然知道可能会因自己的鲁莽行为掉脑袋,还是鼓起勇气快马加鞭地赶到巴黎,向国民公会请求网开一面,不要把里昂夷为平地。不得不说,这封请愿书用词是相当谨慎的,实际上都有些低三下四,甚至谄媚了。

---

① 朱尔斯·阿杜安·芒萨尔(1646—1708),法国著名建筑师,凡尔赛宫的设计者之一。(译注)
② 法语,"司法委员会"。(译注)
③ 法语,"拆除委员会"。(译注)
④ 法语,"物资委员会"。(译注)

在开头部分，请愿者赞扬摧毁里昂的法令，是"在罗马元老院的天才授意下写成的"。但他们还是要为"真心忏悔和罪行轻微的人请求宽大处理，我们斗胆建言，他们真的是遭到误解的清白无辜的人。"

两位总督事先得到了被控告的消息，于是作为两人中能言善辩的，科洛·德布瓦匆忙前往巴黎，以便抢得先机应对发难。到达巴黎的第二天，在国民公会和雅各宾派成员面前，他非但不为他和同僚的野蛮行径找任何借口，反而明目张胆地将他们干的这些坏事吹捧为人道主义行为。"为了让人们免于看到一次又一次的令人恐惧的处决场面，代表们决定将被定罪的反叛者一次性处死。这样的决定，是发自内心的真情流露，所以也会得到任何被委派类似任务的人的认同。"如同在国民公会表达这样的观点，他在雅各宾派成员面前则以更大的热情大谈特谈这种所谓的"人道主义"行径。他说："我们一次性用大炮轰死200人，结果被告知是犯罪！难道没人知道这样的做法也是出自同理心吗？如果将20个罪犯砍头，那么最后一个被处决的犯人就等于死了20次。而我们的做法却使200个反叛者同时走向毁灭。"尽管他的言论听起来很荒谬，但这些陈词滥调产生了预期的效果。国民公会和雅各宾派接受了科洛的解释，并向总督们授予了关于进一步处决的特许令。同一天，巴黎庆祝沙利耶的骨灰移葬先贤祠。在此之前，只有让·雅克·卢梭和马拉才有此殊荣。而且，沙利耶的情妇，像马拉的情妇一样，得到了一笔养老金。至此，烈士被奉为民族的圣人，而富歇和科洛·德布瓦的血腥屠杀被认可为合理的复仇行为。

尽管如此，两个复仇者还是有点不安。国民公会内部的形势有些棘手了，丹东和罗伯斯庇尔之间、温和派和恐怖派之间冲突不断，势力消长摇摆不定，权宜之计便是更加谨慎。于是，两人决定分开行动。科洛留在巴黎，观察各委员会和国民公会的动向，利用他言辞激烈、攻势凶猛的演说事先将所有可能的攻击压制下去。富歇在里昂继续能量百倍地进行大屠杀。自此之后，他实际负担了联合总督职位的所有责任。这里要划一下重点，因为不久以后，他便将所有实施暴力行为的责任推卸给更加心直口快的盟友。但事实是，在他独掌大权期间，屠杀仍在毫无节制地进行。45人，60人，上百人在一天内被处决；不仅人满为患的监狱不断被清空，拆毁工作也同时在鹤嘴锄和熊熊火光的协助下有条不紊地进行着。约瑟夫·富歇仍在卖力地用熟悉的口气极力夸耀自己的"赫赫战功"："法院通过的这些判决可能会让犯罪分子惊恐万状，但同时也让人民的心理得到了慰藉。他们听取并赞同了判决。不要认为我们会赦免任何犯罪分子，这样的事，一次都没有发生过。"

突然间富歇改变了腔调！发生了什么事？他的感知敏锐，从远方已经感觉到，国民公会的风向变了。因为他继续行刑的号角声响起后再也没有收到预想中的回音。他的雅各宾派朋友们，他的无神论伙伴们，埃贝尔、肖梅特、龙桑①，突然间都沉默不语了。他们静默了，是因为被罗伯斯庇尔那双冷酷无情的大手扼住了咽喉。这个猛虎般的男

---

① 夏尔·菲利普·龙桑（1751—1794），法兰西第一共和国时期的法国革命军将军，大革命时期激进主义代表，埃贝尔的追随者。（译注）

人，总是巧妙地在激进主义和温和主义之间周旋，像只钟摆，一会向右，一会向左。他用自己强有力的臂膀牢牢把控形势。但这一次，他从暗中突然跳出，直接扑向了极端激进分子。在他的授意下，卡里埃，这个在南特将一大批人淹死在河中的人，就像富歇在里昂用炮大规模地杀死一大批人一样，被要求前往国民公会述职。在罗伯斯庇尔的指挥下，他的心腹和工具人圣茹斯特①在斯特拉斯堡将极端激进的厄洛吉乌斯·施奈德送上了断头台。他公开将类似富歇在里昂举行的无神论的游行典礼称为愚蠢行为，并禁止在巴黎举办。胆小驯服的议员们，一如往常地看着他的眼色行事。

富歇再一次被旧日的恐惧占据心头，他已经被多数派隔离在外了！既然恐怖主义已经不再流行了，为什么还要做一个恐怖分子呢？他最好跟随温和派，跟随丹东和德穆兰，他们正在要求建立"宽容的法庭"。他也要赶快根据新一季的风向，调整自己的风帆。2月6日，他命令停止枪杀犯人。断头铡可能还要继续工作（尽管最近他还抱怨断头铡干活的速度太慢），但减慢速度，每天也就砍三两个人的脑袋，这数量比起他在布罗托平原搞的大规模枪杀简直太寒酸了。他把能量转移到了新的阵地，开始对付昔日同样持激进思想的伙伴，对付那些举办了他的典礼和执行他法令的人。他从狂暴的扫罗②摇身一变成了人道的

---

① 路易·德·圣茹斯特（1767—1794），法国大革命时期雅各宾派代表人物，罗伯斯庇尔的忠实追随者，治安委员会中最年轻的成员。（译注）
②《圣经》中的人物，曾疯狂迫害过基督徒，后受到上帝感化，皈依基督教，并改名为"保罗"。（译注）

保罗。他的立场是不会有错的,他现在将沙利耶的支持者称为一群无政府主义者和暴乱分子。随即,他又解散了一二十个革命委员会。这样做的效果是显著的:一时间,曾被他的枪杀吓得惊慌失措的里昂普通市民们,现在又把他当作了救世主。但是城市里革命的铁杆粉丝,向巴黎提交了一封言辞激烈的信,斥责国民公会派去的这位卓越非凡的代表——富歇,意志不坚定,叛变革命,迫害爱国者。

  阵前倒戈,在光天化日之下投靠敌人,逃去胜利者的阵营,这就是富歇认准的秘诀。他就是靠着这个秘诀死里逃生。实际上,目前他有两条退路。如果在巴黎由于过于宽容受到指控,他就可以指着里昂成百上千的被杀者和摇摇欲坠的建筑废墟说事儿。反之,如果被指控为屠夫、刽子手,他又可以把雅各宾派指责他过于温和的言论作为证据。根据局势风向,他从一个口袋拿出证据说明自己铁面无私;然后,也可以从另一个口袋拿出证据说明自己富于人道精神。无论是作为里昂的刽子手,还是救世主,他都能拿出证据来。不久,凭着这魔法师般的艺术技巧,他成功将里昂屠杀的所有责任推给了昔日的盟友——更加坦白直率的科洛·德布瓦。然而,当时罗伯斯庇尔依旧统治着巴黎,他绝对不能原谅富歇取代了自己派去里昂的心腹库东。罗伯斯庇尔可不是那么好骗的。他在国民公会时,就一直警惕着富歇,非常熟悉富歇的善变和诡计多端。而且罗伯斯庇尔有着铁的手腕,只要抓住证据,他就一定会处理。芽月12日,罗伯斯庇尔敦促治安委员会召回富歇,要他对里昂的所作所为接受质询。这个执行了三个月血腥法令的人终于要自食其果了。

他为什么要上法庭？到底犯了什么罪？是作为卡里埃以及其他刽子手的同僚，在三个月内屠杀了2000多个法国人吗？根本不是。今天，人们才真正认识到，富歇像变色龙一样，在最后关头令人震惊、厚颜无耻的转变，是多么"明智"。被召回述职是因为他镇压了激进组织"société Populaire"①，迫害了里昂的雅各宾派。历史就是这样讽刺，"里昂刽子手"，双手沾满了2000多个受害者鲜血的杀人犯，竟然是因为人类最崇高的罪名被指控——过于人道！

---

① 法语，"人民协会"。（译注）

3

与罗伯斯庇尔的斗争
1794

　　4月3日,约瑟夫·富歇知道了治安委员会将要把他召回巴黎,以说明他在里昂的所作所为。5日,富歇起身前往巴黎这座大城市。为他送行的是16下咔嚓声,那是断头铡最后一次执行总督的命令而发出的声音。同一天,最后两个死刑也匆忙执行了。这两个大屠杀的漏网之鱼(用当时俏皮的说法),应该把自己的脑袋主动放进篮子里,他们就是里昂的行刑者和他的助手。就是他们两个奉反动派的命令,将沙利耶和他的朋友们砍了脑袋;之后,又沉着地在革命派的命令下,砍了数百个反动派的脑袋。现在,轮到他们把自己的脖子送到刀口之下。人们用尽方法,也无法从记录中查出他俩到底犯了什么罪,可能是因为害怕他们有机会在富歇的继任者和后人面前对里昂城的事情胡说八道吧!毕竟死人是不会说话的。

　　四轮马车疾驰在路上,富歇在途中思前想后。他可以自我安慰,现在还没有输掉什么,他在国民公会还有很多举足轻重的朋友;尤其是,他还可以仰仗罗伯斯庇尔的死对头——丹东。也许他还是有能力去扼制这个可怕对手的。他还不知道革命的紧急关头，事情发展的速度可要比从里昂到巴黎那滚动的车轮快多了。他还不知道就在前两天，他的密友肖梅特已经被投进了监狱；昨天，丹东那雄狮般的头颅已经被置于断头铡下；同一天，右派的精神领袖孔多塞，躲在郊外，忍饥挨饿，第二天就喝下了毒药以逃避判决。他们三个人都死于与他势不两立的罗伯斯庇尔之手。直至8日晚上到达巴黎后，他才知道危机重重，自己正在奔向某人的魔爪。我们可以想象，在返回巴黎的第一个晚上，总督约瑟夫·富歇注定夜不能寐。

第二天一早，他前往国民公会，急切地等待会议的开始。不过，令人奇怪的是，会议大厅里的人稀稀落落的，有一半甚至超过一半的位置是空着的。毫无疑问，相当多的代表缺席了这次会议，或者因为某种原因不能参加这个会议。但是右侧通常是吉伦特派领袖们就座的地方，这时也空出了一大片位置。这些著名的雄辩家都去哪里了？22个最为勇敢、大胆的，例如韦尼奥和布里索这些人，或者已经在断头台上灰飞烟灭，或者自戕，或者在逃亡途中被野狼撕成了碎片。73个试图为他们辩护的朋友也被排除在多数派之外。这样，罗伯斯庇尔一下子就清除了右派阵营中上百个对手。但是，他同时也精力充沛地将自己的阵营——山岳派的人变得越来越少。丹东、德穆兰、沙博①、埃贝尔、法布尔·代格朗蒂纳②和其他几十人，这些昔日的盟友，也

---

① 弗朗索瓦·沙博（1756—1794），法国大革命时期国民公会议员，以残忍著称。（译注）
② 法布尔·代格朗蒂纳（1750—1794），法国诗人、剧作家、革命家，与丹东同时被处死。（译注）

因为违背他的意愿或者反抗他教条主义的虚荣心而被杀害，被送进了坟场。

这个其貌不扬的家伙将他们全部消灭了。这个身材瘦小、面色蜡黄、前额低平、有点秃顶、有双看起来苍白无力的近视眼的人，那毫不起眼的身躯总是被那些前任伟岸魁梧的身躯所掩盖。但是，时间这把镰刀为他清除了一切。现在米拉波、马拉、丹东、德穆兰、韦尼奥、孔多塞，这些年轻的共和党中的护民官、鼓动者、领导者、作家、演说家、思想家，都已经死了，罗伯斯庇尔将这些身份集于一身。他还兼任了大祭司长①、独裁者和祝贺凯旋的人。富歇忐忑不安望着对手。罗伯斯庇尔被那些奴颜婢膝的代表们刻意逢迎，被美德的长袍包裹着；他冷漠地接受别人的奉承，一副不可接近、坚不可摧的样子。他眯起近视眼不可一世地扫视着大厅，确信没有人敢反对他的意愿。

然而有一个人不怕，因为他没有什么可以失去的了。他就是约瑟夫·富歇，他要求发言，为自己在里昂的行为辩护。

富歇要求在国民公会为自己辩解，就是对治安委员会的挑战。因为是治安委员会召他回来述职，而不是国民公会。他申请去形式高一级的权威机构——国家的代表大会述职，意图显而易见。国民公会主席允许约瑟夫·富歇发言。当然，富歇也绝不是寂寂无闻之辈。他的名字经常在会议大厅被提到。他的业绩，他的报告，他的事迹还不曾被忘记。富歇走上讲台，读了一份相当冗长、详尽的报告。大会上没

---

① 古罗马时期管理宗教事务的最高首领。基督教形成后，演变为教皇。（译注）

有人打断他的陈述,也没有人表示赞同或者不赞同。当他结束报告,无一人鼓掌。整个国民公会都变得胆怯了。在这一年中,断头铡日夜不停斩获人头,已经将人民代表们的精神阉割了。他们曾经自由表达自己的信仰,坦率、毫无保留地进行观点和信念的争论,现在都不轻易表态了。自从刽子手像波吕斐摩斯①一样,随意地从队伍里拉出受害者,有时从左派阵营,有时从右派阵营;自从杀人机器像个跟踪狂似的追踪着每一句不经意说出的话,沉默就是明智的选择。每个人都试图躲在他人身后,每个人在做出任何行动之前都要瞻前顾后。恐惧就像灰色的浓烟一样笼罩着他们的面容。让人感到耻辱的,特别是让一群人感到耻辱的,就是对隐形之物的恐惧。

所以这一次他们也不发表意见,决意不介入治安委员会这个隐形法庭的事务。关于富歇的辩解,国民公会既没有接受,也没有拒绝,而是直接推给了治安委员会。这就意味着推给了富歇一开始就千方百计想避开的地方。富歇首战失利。

恐惧占据了富歇的内心。他在没搞清虚实的情况下,走得太远,行动过于草率了,必须迅速撤退,寻找安全之所。这时候,举手投降肯定要比单枪匹马对抗这个独裁者要明智。他决定俯首忏悔,当天晚上,富歇便去拜访罗伯斯庇尔,要和他好好谈谈。准确地说,是乞求宽恕。

这次会见没有目击证人。除了结果,我们一无所知。但是,人们

---

① 古希腊神话中吃人的独眼巨人。(译注)

可以从巴拉斯回忆录记载的一次类似的令人胆战心惊的会晤中，想象这次会见。富歇肯定在踏上通往罗伯斯庇尔住处的楼梯前，受到房东和房东太太的盘问。罗伯斯庇尔住在圣奥雷诺大街一处狭小的房子里，以展示自己的美德和清贫。房东将他视为上帝，像保护约柜①一样保护着他。毫无疑问，和接见巴拉斯一样，罗伯斯庇尔也是在那间空荡荡的小屋里接见了富歇。小屋内，罗伯斯庇尔只挂了自己的画像作为装饰，显示了他的自命不凡。同样，他也没让富歇坐下，把富歇搞得像一个可耻的入侵者一样。富歇站在那里，像一个被告席上的犯人。罗伯斯庇尔热爱美德、追求美德已经到了近乎偏执的程度，他唯我独尊，对与他意见不合的人没有丝毫的怜悯和宽容之心。他偏执、狂热，坚定地追求理性和美德、就像萨伏那洛拉②。对手的妥协和无条件的投降，他一贯拒绝。即便是出于政治考虑应该做出的刻不容缓的让步，睚眦必报、教条和自傲的特性也会阻碍他做出让步行为。人们不知道他们会见时都说了什么，但对富歇的接见肯定是非常不愉快的。罗伯斯庇尔必定是盛气凌人，铁面无私。与其说是会见，不如说是一场冷酷无情、劈头盖脸的训斥和死亡威胁。富歇落荒而逃。当受尽屈辱和蔑视，身体颤抖、满怀愤怒和恐惧地走在圣奥雷诺大街时，他知道保住自己脑袋的唯一办法就是先把独裁者的脑袋送上断头铡。一场战争

---

① 又称"法柜"，古代以色列人的圣物，用来放置上帝与以色列人订立的契约，故得名。（译注）
② 吉洛拉谟·萨伏那洛拉（1452—1498），意大利宗教改革家，他强烈抨击教皇和教会的腐败，主张不惜一切手段对付腐败行为，遭到教皇驱逐，后被处以火刑。（译注）

已经打响。富歇和罗伯斯庇尔之间的决斗开始了。

　　罗伯斯庇尔和富歇之间的这场决斗，可谓是法国大革命历史上最剑拔弩张的事件；从心理学的角度看，也是最为激动人心的插曲之一。两个人都精于算计，都是经验老到的政治家。但无论是挑战者还是应对者，两人都犯了同样的错误。作为决斗者，他们在关键时刻，都被以前的经验所误导，都低估了对手。富歇眼中，罗伯斯庇尔仍然是那个谨慎、乏味，有点幼稚的乡村律师，在阿拉斯俱乐部还时不时开着一些微不足道的玩笑引众人发笑；他写着格雷库尔风格的充斥着甜言蜜语的爱情短诗，1789年又在国民公会因为那些冗长的演讲让大家感到厌烦。但罗伯斯庇尔通过勤奋和坚持不懈的努力，以及工作历练，已经从一个煽动者成长为了政治家，从灵活多变的阴谋家成了有着敏锐洞察力的政客，从一个喋喋不休的雄辩士成了出色的演说家。对于这些，富歇没有意识到，或者说意识得太晚了。任何可以让人伟大的因素中，责任总是让人迅速成长的那个。整日被一群贪婪的财富投机者和无所事事的空谈家包围，罗伯斯庇尔的思想和信念日益成熟起来，他觉得自己肩负重要使命，他要凭一己之力拯救共和国。为了全人类，他有责任去实现自己关于共和国、革命、道德准则和神性的设想。罗伯斯庇尔性格中最大的优点是对理想的坚持，这也是他最致命的弱点。因为，一心沉醉于树立廉洁的榜样和被顽固的教条主义所蒙蔽，罗伯斯庇尔会将意见分歧视为背叛。他自认为是冷酷残忍的异端审判官，将与其意见不同的人都视为异教徒，并将他们送入中世纪的火刑柱——现代断头铡下。毫无疑问，1794年的罗伯斯庇尔有着伟大、纯洁的思想，但这种思想不是活在他的身上，而是僵化在他的身上。因为这种思想是僵化的，所以它就不能离开他，他也不能摆脱它的束缚，这是所有教条主义者的最终命运。缺乏沟通的温暖和富于感染力的仁爱，使他失去了源源不断的生机活力。他的力量来自固执己见，威力源自冷酷无情，独断专行也完全成为他人生的实质和追求。他只能将自我价值固化在革命上，否则他的价值将会破碎不堪。

这样的人不能忍受别人的不同，不能容忍不同意见，不能允许一个对手的存在。他更不能允许在他统治的范围内，有任何一个公开反对他的人活着。罗伯斯庇尔只能容忍那些对他言听计从、做他精神奴隶的人，例如库东和圣茹斯特。可惜的是，毕竟还有一些人不仅和他意见相左，还斗胆将不同意见付诸实施；质疑他的一贯正确，违背他的意愿。约瑟夫·富歇就是这么干的。富歇从来没有征询过罗伯斯庇尔的意见，从不在这位昔日友人面前卑躬屈膝。他在国民公会坐在与山岳派敌对的阵营中，逾越这个独裁者所倡导的中庸谨慎的社会主义界限，大肆宣传共产主义和无神论。然而，罗伯斯庇尔并没有理会看起来微不足道的富歇。这个南特的代表，只是一个修道院的教师，至今还穿着多年前罗伯斯庇尔在阿拉斯第一次见到他时的修士服。这个人曾经向夏洛特·罗伯斯庇尔求婚。这个渺小低贱的野心家，背叛了上帝、未婚妻和他的信仰。罗伯斯庇尔瞧不起富歇，就像顽固派看不起圆滑派，死忠派看不起骑墙派。罗伯斯庇尔对富歇的怀疑如同宗教派永远不信任世俗派一样。但迄今为止，他憎恨的不只是富歇这个人，而是这一类人，富歇只是其中很渺小的一分子。干吗要费心去对付一个随时都可以不费吹灰之力便可将其碾成齑粉的阴谋家？直至目前，罗伯斯庇尔也只是密切观察他，但没有认真打击他。

现在，两人都发现过于轻视彼此了。富歇意识到在他离开巴黎的这段时间，罗伯斯庇尔实际上已经权力通天了。他掌控着所有的政府机关，控制着军队、警察、法庭、各类委员会、国民公会和雅各宾派。看起来，自己根本没什么希望可以挑战他。但是，罗伯斯庇尔迫使富歇进行战斗。富歇懂得如何平衡人生。对他来说，此刻便是你死我活，逼到绝境反倒给了他力量和勇气。离万丈深渊只有几步之遥，就像一只遭到追捕的雄鹿被逼到无路可逃，他要绝地反扑。

首先发起敌对行动的是罗伯斯庇尔。起初，他只想给富歇这个放肆的家伙一个教训和警告，并轻蔑地踢上一脚。契机马上出现了，5月6日，罗伯斯庇尔发表了著名的演说，号召共和国所有的神职人员"承认一个最高人物的存在，灵魂不灭是宇宙的引导力量"。罗伯斯庇尔从来没有做过比这更精彩、更热情洋溢的演讲。有人说，演讲稿是让·雅克·卢梭在郊外的住处写成的。演讲中，罗伯斯庇尔从教条主义者变成了才华横溢的诗人，从思想混沌的理想主义者变成了思想家。他一方面将信仰和无信仰分开，另一方面将信仰和迷信分开，创立了一种新的宗教。这种宗教既高于现有的圣像崇拜的基督教，也高于空想的唯物主义和无神论；它追求中庸主义，如同罗伯斯庇尔一贯坚持的理性和处理精神问题的原则一样。这就是他这篇演讲的核心。尽管演讲堆砌浮夸华丽的辞藻，但也充满了道德理性和引人向上的殷切期望。但即便是在理想主义的时空，他也无法摆脱政治的束缚。即便在超时空的范围里,他也要带入自己的暴怒怨恨,发起个人攻击。他满怀怨恨地提到那些被他送进断头铡的死者,嘲笑自己政治政策的牺牲品丹东和肖梅特,说他们是道德沦丧和不信上帝的最好例子,应该遭人唾弃。接着,他发动致命一击,对准了在他的愤怒之下幸存下来的无神论的信徒,约瑟夫·富歇。"告诉我们,是谁指使你向人们宣称上帝是不存在的?告诉我们,是谁对这些学说深信不疑?你说服人们,是一种盲目的力量决定他们的命运,并以同样的方式攻击罪恶和美德;你告诉人们,灵魂根本算不上什么,它只是人们死后在墓门口的轻轻的一口气。你这样做,到底能得到什么好处?……悲哀的诡辩家,是谁给你的权力,将理性的权杖从纯洁的人手中夺走,交到罪恶手中?给自然蒙上一块棺材罩布,让不幸变得更加绝望,让罪恶得以逃脱,使道德沦丧,让人类低下卑劣?……这种小人,眼中只有卑鄙无耻,别人对他只有恐惧憎恶,所以他只能相信大自然除了毁灭,并不能给他带来美好的馈赠。"

罗伯斯庇尔的精彩演讲赢得了雷霆般的掌声。国民公会的代表们认为他的演讲摆脱了日常琐碎的争斗不休,所以一致同意举办罗伯斯庇尔建议的节日庆典,即致敬最高之神的庆典。只有约瑟夫·富歇紧咬嘴唇,沉默不语。对手取得如此胜利,他也只能选择沉默,深知自己现在还没有能力和这个技术精湛的演说家对抗。他面色苍白,一言不发,接受了罗伯斯庇尔的公开斥责,但早已暗下决心要报仇雪恨。

连着几天,几个星期,都没有听到关于富歇的任何音讯。罗伯斯庇尔认为对手已经被自己干掉,给这个厚颜无耻的家伙来上轻蔑的一踢就足够让他受的了。但如果不见富歇的任何动静,那说明他正在处心积虑做准备,就像鼹鼠一样,坚忍不拔地在做地下工作。他正忙于拜访治安委员会的委员们,和各位代表结交,正试图争取每一个人的好感和赞同。特别是,他在极力争取雅各宾派的支持,因为他们很容易被他的巧舌如簧和温柔话语所打动,也对他在里昂的所作所为印象深刻。没人清楚他到底打着什么鬼主意。他看起来依旧那么不起眼,但实际上,他正忙前忙后,精心编织着一张大网。

他所做的一切突然间明朗了。在牧月举办的无记名投票中,出乎所有人特别是罗伯斯庇尔的意外,富歇竟然被选举为雅各宾俱乐部的主席!

罗伯斯庇尔震惊了,没人能想到富歇会做出如此胆大的行为,他终于意识到富歇是个老奸巨猾、胆大妄为的对手。两年来,没有人被他公开指责后,还胆敢对抗的。他一个冷眼扫过去,敌人就立即垮掉:丹东逃到了自己的乡间别墅;吉伦特派四散逃往各省;留在巴黎的那些都龟缩在家,不敢出门。而这个狂妄无礼的家伙,在国民公会被他公开斥责为害群之马后,竟然找到了避难所!那是神圣中的神圣、革命的圣殿——雅各宾俱乐部啊!他竟然在那里窃取了一个爱国者所能得到的最高尊严。这里有必要强调一下,在最近的一年,雅各宾俱乐部俨然成了革命的道德高地。如若被它吸纳入会,就意味着这个幸运的候选人通过了最高等级的考验,成为货真价实的爱国者;反之,如果被它拒绝,或者更严重一点,被开除,那就等同于将这个人交到断头铡下。将军、革命领袖们都低着脑袋恭恭敬敬走到这个"法官"面前,将它看作是国内最高权威机构,神圣得如同大主教的裁判所。或许,更准确地说,雅各宾俱乐部就是革命的近卫军和神圣的贴身侍卫。然而,这些近卫军,这些最为刚硬忠诚的共和党人,竟然选举约瑟夫·富歇作为领导者!罗伯斯庇尔简直出离愤怒!这个无赖,竟然在光天化日之下,闯入了他的王国、他的领地。就是在这里,他斥责自己的敌人;也是在这里,他培植了久经考验、值得信任的党羽,巩固了自己的地位。但是,从今往后,他要发表演说,必须要征得约瑟夫·富歇的同意。他,马克西米连·罗伯斯庇尔要看这个令人不快的来自南特的家伙的脸色行事了。

罗伯斯庇尔集中全部力量。这次失败要用鲜血冲刷干净,必须要立即将敌人打倒。不仅要把富歇从主席的位置上拉下来,还要将他从爱国者的圈子中赶出去。罗伯斯庇尔立刻从里昂找来几个市民追击富歇,让他们对昔日的总督发起控告。不久,在这场突如其来的公开论战中,始终居于被动地位的富歇进行了一次毫无说服力的辩护。罗伯斯庇尔还警示雅各宾派的人,提醒他们不要被这个说谎精骗了。罗伯斯庇尔差一点就在第一次猛攻中将富歇掀翻在地。但是,富歇作为主席,大权在握;他中止了辩论,灰溜溜地撤退到暗处,准备新一轮的反击。

可惜,罗伯斯庇尔已经有了事先预警。他对敌人的一贯伎俩了如指掌,他知道富歇绝不会明刀明枪地决斗。富歇总是退到暗处,等到合适时机,在对手的后背扎上一刀。对付这个坚忍的阴谋家,单单击败他,把他打跑是不够的;必须要穷追不舍,找到他的藏身之处,然后把他踩得稀巴烂才可以。

清楚这一点后,罗伯斯庇尔再次发动突袭。他命令富歇必须参加雅各宾俱乐部下一次的会议,在那里富歇可以申辩。富歇自然是不情愿的,他知道自己的强项和弱点,不想给罗伯斯庇尔公开获胜的机会,也不想在3000人的面前受辱。最好的办法就是躲在暗处,接受暂时的失败,赢得宝贵时间。因此,他给雅各宾派写了一封措辞谦恭的信,痛陈他必须拒绝公开为自己辩护。在两个委员会对他的行为做出裁决之前,俱乐部能不能暂缓讨论他的事情。

罗伯斯庇尔扑向这封信,就像猫扑向老鼠一样。他必须将约瑟夫·富歇彻底打倒。罗伯斯庇尔在获月23日(6月11日)发表的演说,是他向敌人发起的最无情、最可怕、最狠毒的攻击。

演讲的开头就足见罗伯斯庇尔的目的不仅仅是击败而是要杀死、不仅仅是羞辱而是要彻底毁灭富歇。他一开始还假装心平气和,他不温不火地说,他个人对约瑟夫·富歇并无兴趣。"我曾经有段时间和他走得很近,是因为相信他是一个爱国者。我在这里控告他,并不是因为他过去的罪行,而是因为他掩饰自己以便去做其他的坏事。我认为他就是我们要挫败的阴谋的元凶。我审阅了刚才读的那封信,看到的是写这封信的人,因为自己的罪行被指控,却拒绝在同僚面前自我辩解。这就是专制制度的开始,谁拒绝为民众集体负责,谁就是在攻击这个集体的权威。我这几天说的这个人就是这样。他千方百计地寻求这个集体的赞许。一旦他被控告,便无视这个集体了。而且,他貌似正求助国民公会以对抗雅各宾派。"这时候,罗伯斯庇尔有意掺入了个人的敌意。他特意提到富歇令人不快的外表,以引起大家对富歇的偏见。"难道他害怕人民的眼睛和耳朵?难道他害怕自己丑陋的面容过于明显地暴露了自己的罪行？害怕6000只眼睛紧盯着他并看穿他的灵魂？害怕发现他本能地想隐藏起来的内心深处的想法？是不是害怕他的发言会揭露这个罪人的惶恐不安和内心矛盾？任何有理智的人都必须明白，富歇这样做的唯一解释就是恐惧。每一个不敢直视同胞目光的人都是恶人。我呼吁富歇在此出庭受审，让他回答并说出，到底是他还是我们更维护人民代表机关的权力？是他还是我们有更大的勇气击碎一切派别的纷争？"他把富歇称作"一个卑鄙无耻下流的骗子"，其行为就是罪行的证据。他还旁敲侧击那些"中饱私囊罪行累累的"人。他用了一段相当具有威胁性的话作为结语："富歇已经将自己的面目暴露出来，我说这些话，只是想告诉那些阴谋叛国者，他们不可能逃脱人民群众雪亮的眼睛。"尽管这个演讲明显预示着一次死亡判决，大会还是遵循了罗伯斯庇尔的意志，毫不迟疑地以不胜任为由将这个刚刚成为主席的人逐出了雅各宾俱乐部。

现在约瑟夫·富歇注定要走上断头铡了，如同要被斧子砍的树一样。他被雅各宾俱乐部驱逐，意味着已经被打上了有罪的烙印。罗伯斯庇尔对他严厉的声讨足够判处他死刑。他虽然活着，但已经裹好了寿衣。每个人都时刻关注着他何时被捕的消息，他也对这一点深信不疑。他彻夜难眠，生怕宪兵会在晚上突然找到他，就像他们抓捕丹东和德穆兰一样。他偷偷潜藏在朋友家里。敢于帮助他这样被公开禁止的人是需要勇气的，就连公开和他说话也是需要勇气的。他的行踪被罗伯斯庇尔控制下的治安委员会的警察跟踪，他们把与他来往的每一个人都报告给上级。他无形中已经被包围了，一举一动都被监视。他已经被送到刀口之下了。

　　700个议员中,约瑟夫·富歇处于最危险的境地,貌似他已经无路可逃了。绝望中,他试图再次依附雅各宾派,但罗伯斯庇尔已经用粗暴的大手将他推翻在地。现在,他已经命悬一线。他能指望从国民公会得到什么帮助?这群胆小怯懦的绵羊,如果治安委员会把他们其中一人送上断头铡,他们就只能唯唯诺诺"咩"的一声,表示赞同。他们不做任何抵抗,将早期的领袖一个又一个地交出来,包括韦尼奥、丹东、德穆兰,送给革命法庭,以免因反抗而惹火烧身。他们为什么要对富歇区别对待呢?这些曾经激情澎湃、勇敢无畏的人,现在就只会坐在席位上沉默不语、忐忑不安、手足无措。恐惧这剂毒药,已经摧毁了他们的神经、控制了他们的精神,直至他们的意志彻底瘫痪。

　　但是每一种毒药都有一个神奇的特性,就是将其巧妙蒸馏后,就会将其潜在的能量激发出来,从而产生治疗作用。就像现在,十分荒唐的是,对罗伯斯庇尔的恐惧,也可以变成在他的面前获得救赎的解药。倘若有人一连几个星期、几个月用恐怖威胁你,让你没有安全感、内心遭到摧残、意志被麻痹,你是不会放过他的。人类或者是人类中的一群人,没有能够忍受很长一段时间的独裁统治而不憎恨的。现在,这种被约束和压制的仇恨在暗地里悄悄发酵着,遍及各地。五六十个议员,也像富歇一样,不敢在自己家里睡觉。当罗伯斯庇尔从身边走过,他们咬牙切齿。很多人一面为罗伯斯庇尔的演讲喝彩,一面却在背地里攥紧了拳头。这个铁面无私的人统治的时间越长,统治也就越严苛,同时,面对他强大的意志力,表面热情如火暗地却充满愤恨的人也就越多。渐渐地,他激起了所有派别的仇恨：他把吉伦特派送上了断头台，得罪了右派；在他的授意下，极端分子的脑袋滚落尘泥，得罪了左派；他将自己的意志强加于治安委员会，得罪了它；他得罪了奸商，因为阻碍了他们发财；他得罪了野心家，因为阻塞了他们的升迁之路；他得罪了嫉贤妒能之人，因为他大权在握；他也得罪了温和的人，因为与他们话不投机。如果能把这许多人的仇恨集中起来，把这些分散的怯懦凝聚成一股强大的意志，如果能把两股力量聚成一股，形成一把利刃直插罗伯斯庇尔的心脏，那么他们，这些罗伯斯庇尔潜在的敌人，富歇、巴拉斯、塔利安①、卡诺，就都得救了。但想让这一切成为现实，首先必须做的是进一步扩大恐怖和疑虑的范围，进一步增强罗伯斯庇尔统治带来的紧张气氛。得让胆小之辈感到潜在威胁，得让他们对受到压迫和不确定的感觉更加难以忍受，让恐惧变得更为恐怖，让焦虑扩大为苦痛，这群人才可能激发出勇气，去对付罗伯斯庇尔这个孤家寡人。

这就是富歇要下手的地方。从清晨到深夜，他偷偷从一个议员家里溜到另一个议员家里，悄悄议论着罗伯斯庇尔正在准备处理一批人。他对每一个人窃窃私语，"您就在那个名单上"或者"下一个就轮到您了"。他用这种方式暗中鼓动，很快就在人群中制造了恐慌气氛。因为面对廉洁奉公、铁面无私的罗伯斯庇尔，这个重生的加图②，很

---

① 让·朗贝尔·塔利安（1767—1820），法国大革命时期热月党主要领导人，"热月政变"的核心人物。（译注）
② 加图（前234—前149），罗马共和国时期著名的政治家，严于律己，反对奢侈腐化，经常以道德标杆自诩。（译注）

少有议员是问心无悔的。第一个人可能伪造了账目,第二个人可能反对过罗伯斯庇尔,第三个人可能和女人的关系比较混乱,所有的这些行为在这个共和党的清教徒眼中都是罪恶。第四个人可能和丹东或者被送上断头台的其他 150 个国民公会议员有过私交,第五个人曾收留过被判刑的罪犯,第六个人收到过流亡分子的信。总之一句话,每一个如同惊弓之鸟的人,每一个觉得下一个倒霉的就是自己的人,都是自认为与罗伯斯庇尔提出的崇高的近乎理想主义的公民美德无法匹配的人。与此同时,富歇就像织布机的梭子,来来回回奔走不停,不断地把人拉入这张不信任和充满猜忌的大网。但这是个危险的游戏,这张网如同蜘蛛网一样脆弱不堪,只要罗伯斯庇尔突然一动,或者仅凭他的一句话,就能把网撕成碎片。

在描述法国大革命这一时期历史的书中,富歇在筹划反对罗伯斯庇尔的阴谋里所充当的角色并没有得到足够重视,更多肤浅的作者甚至没有提到他。历史总是把那些外部表象记载下来。出于这个原因,历史学家在记述"恐怖统治"喧嚣混乱的最后几天时,总是倾向选择这样的事件,如塔利安富于情绪化的举止,他在讲台上拿着匕首比比画画,想要自杀;如能量满满的巴拉斯如何召集军队;如布尔东[①]发表控诉演说。总而言之,他们只描述舞台中心的人物,那些在热月 9 日这幕高潮迭起的大剧中最著名的演员,却忽略了富歇。确实,这些

[①] 弗朗索瓦·路易·布尔东(1758—1798),"热月政变"的重要人物。热月 9 日,对罗伯斯庇尔抗辩提出异议,并控诉他。(译注)

天，他并未出现在国民公会的舞台前。他躲在幕后，担任着这场充满危险、孤注一掷的大戏的更为艰难的导演工作。他安排场景，给演员提词。他在幕后一声不响地操纵着整部戏，暗处才是他真正的活动场所。如果说史学家没有认识到他充当的重要角色，有一个他曾经的同僚当时就察觉了一切——罗伯斯庇尔。他公开说富歇是"le chef de la conspiration"①，他是正确的。

罗伯斯庇尔生性多疑，他心神不安，感到有人正在秘密策划反对他。他发觉这一点是因为各委员会突然爆发反抗，可能更多的是因为，他发现有一些议员表现得过于谦卑甚至谄媚。他知道他们是敌人。他坚信一场针对他的攻击正在暗中谋划，也知道主谋是谁，"le chef de la conspiration"，于是已有所防备。他将触角伸往各个方向：警察和私家密探向他报告塔利安、富歇和其他反叛者迈出的每一步、参加的每一个会议，以及他们的每一次会话。在寄给他的多封匿名信中，他受到警告；还不断有人教唆他公开实行独裁统治，趁敌人还没有积蓄力量之前，立刻将他们打倒。为了迷惑和麻痹敌人，罗伯斯庇尔装作对政治权力漠不关心的样子。他不再列席国民公会，也不再出席治安委员会的会议。他经常手里拿着一本书，紧闭嘴唇，在大街上闲逛，或者在巴黎郊外的树丛中漫步，身边只有一只硕大的纽芬兰犬跟随。他让人们相信，他正醉心研究喜爱的哲学家们的著作，似乎对掌握权力和个人安危毫不关心。但是，当晚上回到家，他便坐在书桌前，接

---

① 法语，"阴谋叛乱的头目"。（译注）

连几个小时加工那篇伟大的演讲稿。他细致地修改了一遍又一遍,所以演讲草稿上布满了无数的修改和补充的痕迹。他要用这篇决定性的演讲稿,出其不意地一举击溃所有敌人。这篇演讲稿就像一把锋利的斧头,充满了雄辩的火焰、智慧的火花,仇恨使它变得更为锋利。它是坚不可摧的武器,罗伯斯庇尔要利用它出其不意地打击敌人,在他们没有完全被召集起来之前,一举将他们击溃。他不停地打磨它的锋刃和刀尖,并抹上毒药。时光就在这充满凶险的工作中溜走了。

但是现在已经没有时间可浪费了。私人密探关于紧急秘密集会的报告越来越多。热月5日,富歇写给姐姐的一封信落在了罗伯斯庇尔的手中,信中包含一段意味深长的话:"我一点也不惧怕马克西米连·罗伯斯庇尔的污蔑……不久,你就会知道这件事的结局。我坚信,这样对共和国是有益处的。"斗争就要白热化,罗伯斯庇尔遭到了警告。他派人请来自己的亲信圣茹斯特,两人在圣奥雷诺大街的一间阁楼秘密会谈。他们讨论了反击的时间和方式。他们计划:在热月8日,罗伯斯庇尔发表让国民公会震惊并陷入瘫痪的报告;9日,圣茹斯特要求治安委员会将罗伯斯庇尔的敌人,那些不听话的家伙全部处以死刑,特别是处死约瑟夫·富歇。

气氛已经紧张到了几乎让人难以忍受的地步。谋叛分子也觉得应该引发一场风暴了。但是他们犹豫不决,不敢攻击这个法国最强有力的人。因为他手握着最重要的权力,还拥有毫无瑕疵的名声所带来的威望。他们还没有把握,人数不够,决心不够,胆量也不够,对这位法国革命的巨人公开发动战争。谨慎胆小之辈开始退缩,已经开始讨论撤退和和解，好不容易一片片黏合起来的叛乱处于分崩离析的险境。

在这样的时刻，命运要比小说家更加灵巧熟练，它在摇摆不定的天平上放了一个决定性的砝码。富歇就是被选中点燃地雷引线的人。这些日子，他被一群猎狗追逐，时刻处于利斧将要砍在脑袋上的危险中。在政治生涯不幸的同时，他的个人生活也增添了极度的悲痛。在公众面前，他是一个冷酷无情、残忍绝情的阴谋家；但在家里，他是温柔的丈夫和最慈爱的父亲。他对丑妻不离不弃，极度宠爱在总督任职期间出生的小女儿，并在讷韦尔的广场上亲自为女儿命名"涅夫勒"。就在这关键时刻，这个小女孩病了，他的压力因为担心女儿更添几分。因被罗伯斯庇尔四处追击，夜幕降临时，他不能住在家里，甚至不能在夜晚守在女儿床前，安慰妻子。白天，他也不能陪在女儿身边，听着那可怜小人儿日渐微弱的呼吸。他拖着疲惫的双腿从一个议员家里跑到另一个议员家中，谎话连篇，摇尾乞怜，想办法保住自己的性命。这个不幸的人，神智混乱，心如刀绞，整日奔走在炎热的 7 月（据说是多年未遇的酷热天气），却不能在女儿遭受痛苦和死去的时候陪伴着她。

痛苦的煎熬在热月 5 日（或 6 日）结束了，孩子死了，富歇陪伴着小小的棺材去往墓地。如此的考验磨练了人钢铁般的意志，他不再害怕死亡，在极度绝望中变得勇敢无畏。其他的反叛者还在犹豫，还在想着如何拖延这场斗争；而富歇，除了生命没有什么再可以失去，他说出了那句决定性的话："明天，我们必须发动袭击。"那一天是热月 7 日。

热月8日拂晓——这个世界历史上值得纪念的日子。清早万里无云，7月炙热的太阳烘烤着这座毫无戒备的城市。只有国民公会是一派异乎寻常的紧张景象。代表们三五成群站在角落里，窃窃私语。从来没有见过走廊和通道里挤满了这么多满脸问号的好事之徒。大厅的空气令人压抑，充满了诡异的气息。谣言悄悄传开，说罗伯斯庇尔要在今天和敌人算总账。谣言从何处而来？可能是昨晚有人看见圣茹斯特特意前来和罗伯斯庇尔进行了会谈，国民公会的人都很熟悉他们秘密会谈的结果是什么。也或许是罗伯斯庇尔已经知晓了敌人的计划？

谋叛分子们，感到危险步步逼近的人，都心惊胆战地看着彼此的脸色，暗自寻思，是谁泄露了秘密？泄露了多少？是不是罗伯斯庇尔已经走到了他们前面？或者可以在他发表讲话之前先让他闭嘴？而且，由这群胆小怯懦、毫无信任可言的人组成的沼泽派——国民公会的多数派，他们会选择支持哪一方？他们会选择支持还是抛弃罗伯斯庇尔的敌人？躁动不安和不可预知的忐忑笼罩着国民公会，就像闷热、灰蓝色的天空压制着巴黎一样。

会议刚开始，罗伯斯庇尔就要求发言。他打扮得和举办致敬"最高精神"的庆典那天一样隆重。他穿着足可以载入史册的天蓝色的套装，白色的丝袜，步履缓慢，不慌不忙，故作庄严地走上讲坛。不同的是，庆典那天他手持火炬，这一次，他就像罗马执政官手持束棒一样，手里拿着一卷纸——他的演讲稿。每一个在场的人都在想："如果我的名字在上面，那就意味着我必死无疑。"霎时间，议员们交头接耳的嘈杂声戛然而止。他们从花园，从通道，匆忙回到座位，仔细观察这张再熟悉不过的长脸,渴望从他的面部表情里看出端倪。但是罗伯斯庇尔面如寒霜,表情让人难以捉摸。他慢慢地打开生死卷——他的演讲稿。在读之前,他用近视眼从右向左,又从左向右,再从上到下,从下到上,将国民公会扫视了一遍。他用冰冷且带有威吓的目光让国民公会鸦雀无声。下面坐着的人,很少一部分是他的朋友,很大一部分是态度不明朗的暧昧分子,还有一小撮儿怯懦的、想要摧毁他的反叛分子。他都看到了他们的脸,但有一个人不在场。在这个紧要关头,只有一个敌人缺席了,他就是约瑟夫·富歇。然而,说来奇怪。在这场辩论中,唯一被提及的名字就是这个缺席的人:约瑟夫·富歇。也正是这个名字,最终点燃了这场生死攸关的激烈战斗。

罗伯斯庇尔的演讲冗长无聊,让人感到困乏。根据平时的习惯,他总是不指名道姓,但让斧头在人们头上悬着。他详细谈到反叛,谈到道德沦丧的人和罪犯,谈到背叛和阴谋诡计,但就是不具体说是谁。他的目标就是要迷惑整个国民公会,等到第二天,圣茹斯特就会给已经麻木了的受害者来个一刀致命。罗伯斯庇尔模棱两可的演说持续了三个小时,当演说结束时,代表们与其说是得到了训诫,还不如说是筋疲力尽。

起先,全场肃静。大家也不确定到底会怎样。沉默代表着胜利还是失败,根本无法判定。一切答案在辩论的时候才会揭晓。

最终,他的一个追随者建议国民公会发布命令,刊印罗伯斯庇尔的演讲稿,以示对演讲的认可。没有人提出异议。绝大多数代表同意这个建议,他们怯懦胆小、奴性十足,某种程度上如释重负,因为今天没有砍谁的脑袋,没有逮捕谁,也没有要求他们自我决定减少人数。接着,在最后一刻,一个谋叛分子猛冲到阵前,他就是布尔东,来自瓦兹省的代表,他的名字值得被历史铭记。他公开反对刊印罗伯斯庇尔的演讲稿,这个声音让其他所有的声音释放出来。怯懦退缩了,被孤注一掷的勇气所取代。代表们一个接一个地指责罗伯斯庇尔,说他的解释和威胁含糊其词,他应该说清楚指控的到底是谁。不到15分钟,整个局势变了。罗伯斯庇尔这个攻击者,被迫为自己辩护。他不但没有强化自己的演讲,反而冲淡了它的效果。他只能说,没有控告和指责任何人。

这时,一个微不足道的代表(或者完全不值一提)对罗伯斯庇尔叫嚷道:"那富歇呢?"这个名字被说出来了。这个人曾被罗伯斯庇尔指控为密谋反叛的主谋,被打上了革命背叛者的标签。现在,罗伯斯庇尔完全可以出击;而且,他必须出击。但是,令人费解的是,罗伯斯庇尔回避了这个问题,他说:"我现在不想谈这个问题,我只是在尽我的责任。"

罗伯斯庇尔回避这个问题的原因成为被他带进坟墓的秘密之一。他知道这是你死我活的斗争,为什么要放过自己最恶毒的敌人?为什么没能趁机击垮富歇?为什么没有攻击这个唯一缺席会议的谋叛分子?这样做会释放其他人的压力,他们为了保住自己的性命,一定会毫不犹豫地牺牲富歇。据圣茹斯特说,前一天晚上,富歇试图再次接近罗伯斯庇尔。这是出于防御目的故意放出的假消息还是确实如此?几个证人宣称,某天看见富歇和他的前未婚妻夏洛特·罗伯斯庇尔坐在同一条长凳上。难道他真的试图说服夏洛特去向她的哥哥求情？难道富歇为了保住自己的性命，想要背叛自己的谋叛同僚？或者说，为了让罗伯斯庇尔盲目自信，为了掩盖自己的反叛活动，他打算向罗伯斯庇尔表示悔恨和效忠？这个两面派，难不成又像以前千百次扮演过的角色一样，再次脚踏两个阵营？难道廉洁奉公的罗伯斯庇尔，知道自己处在十分危险的境地，单纯为了保住自己的性命和位置，准备在这一个小时放过自己最恨之入骨的敌人？最后一次在国民公会，罗伯斯庇尔避而不谈对富歇的控告，难道是私下里两人已经达成了协议，或者单纯就是逃避？

一切都无从得知了。多年以后，罗伯斯庇尔的身上仍然笼罩着很多疑点。这个高深莫测的男人永远不可能被完全参透了。人们无法得知他最后的想法：他是为了自己能够独揽大权还是要做一个纯粹的共和党人？他真的是为了挽救革命还是想做一个拿破仑式的革命继承人？没人知道他内心的想法——热月8日到9日的那一夜，他的想法。

如今看来，那天晚上决定了他的命运。那一夜热得令人窒息，断头铡在月色下寒光闪闪。第二天，它会切断塔利安、巴拉斯和富歇的脖子，还是会让罗伯斯庇尔的头颅滚入篮中？那一夜，600名代表无人入睡，两边的人都在积蓄力量准备最后一搏。离开国民公会后，罗伯斯庇尔匆忙奔向雅各宾俱乐部，在闪动跳跃的烛光下，用颤抖的声音激动地再次朗读了被代表们拒绝了的演讲稿。和往常一样，成员们用热烈的掌声表示支持，但这是最后一次了。他并没有被3000名成员肯定和拥戴的假象所蒙蔽，已经有了不祥预感。他把这次演讲称为遗嘱。同时，掌握印章的圣茹斯特，正在治安委员会和科洛·德布瓦、卡诺以及其他反叛分子斗争，直至黎明。在杜伊勒里宫的走廊里，一张大网正在编织，等待第二天罗伯斯庇尔自投。就像织机上的梭子，两股三股的网线前前后后忙碌着，从右派织到左派，从山岳派织到沼泽派，直到翌日天蒙蒙亮，一个协定才达成。富歇在这天夜里再次出现，夜晚才是他的战场，因为他施展阴谋诡计最为得心应手。由于恐惧，他的脸色看起来更加苍白，如同幽灵在昏暗的房间里飘来飘去。他时而窃窃私语，时而诱骗，时而承诺，时而警告，时而威胁，一个个地劝说，直至达成协议。最后，在短短几小时内，所有的反叛分子都一致同意干掉他们共同的敌人：罗伯斯庇尔。富歇终于可以喘口气了。

热月9日，富歇照样缺席了会议，如同8日缺席一样。即便缺席也无大碍，因为他已经做好了准备工作，网已经织好。多数人已经确认那个人的存在就是危险所在，已经决定不能让他活着出去了。圣茹斯特刚开始发表准备好的公开控告反叛者的致命演说，就被塔利安打断了。反叛分子达成的部分协议就是彻底摧毁这两个能言善辩的人，不能让他们开口说话，无论是圣茹斯特，还是罗伯斯庇尔。在他们没来得及说出一句话、没来得及控告别人之前，必须将他们勒死。依从大会主席的安排，演讲者一个接着一个冲向讲台。罗伯斯庇尔刚要为自己辩护，他的声音就被七嘴八舌的嘈杂声淹没了。600个不安定的灵魂将几个星期、几个月压抑的怯懦、仇恨和嫉妒全部积聚成力量抛向罗伯斯庇尔，而单独拉出他们中的一个都会在他的面前颤抖不止。经过6个昼夜，一切尘埃落定。罗伯斯庇尔被剥夺了权力，关进了监狱。

他的朋友们，那些坚定的革命者，钦佩他是坚定不移、激情澎湃的共和国灵魂，将他解救出来并送到市政府。但这一切都是徒劳的。当天晚上，国民公会的军队进攻了这座革命的卫城。清晨两点钟，就是富歇和他的同盟者签订摧毁协议后 24 个小时，马克西米连·罗伯斯庇尔，这个昨天还是法国最强有力的人横躺在国民公会前厅的两条长条椅上，被自己的鲜血浸透，下巴被打烂。这头巨大的雄狮被击倒，富歇得救了。第二天下午，一辆弹药车格格作响，将罗伯斯庇尔拉向刑场。

恐怖政治结束了。但同时法国大革命最激情、最炽热的灵魂亦死，英雄的时代终结了。这一个小时，标志着继承者、冒险家、投机商人、获利者、骑墙派、将军们和财主们的时代来临。新的政治力量开始集结。人们认为，富歇的时代也即将来临。

载着马克西米连·罗伯斯庇尔和他的同党的囚车缓慢地穿过圣奥雷诺大街，沿着路易十四、丹东、德穆兰和不计其数的受害者走过的那条充满悲情的道路，缓缓驶向刑场。喧闹的欢欣鼓舞的人群聚集起来，来看热闹。行刑现场更像是一场节日庆典。旗帜和彩带在屋顶飘扬，雷鸣般的喝彩声从窗户里传出，整个巴黎洋溢着兴高采烈的气氛。当罗伯斯庇尔的头颅滚进篮子，巨大的广场回荡着雷鸣般的欢呼声。反叛者们惊讶不已。为什么昨天巴黎，不，整个法国还将这个人奉为上帝，今天人们却为处死他感到欣喜不已？塔利安和巴拉斯感到更惊讶的是，当他们前往国民公会，兴奋的人群热烈欢迎他们的到来，把他们视为诛杀暴君和终结恐怖统治的英勇斗士。他们彻底震惊了，因为干掉这个公认的能干的家伙，只是为了除掉一个自以为是、处处让人不便、时刻监视他们行动的人。没有一个反叛分子的目的是让断头铡闲置起来,或是终结恐怖统治。当他们发现集体屠杀变得如此不得人心,但如果将私人动机说成因人道主义的激发而推翻罗伯斯庇尔,就会深得人心,他们决定迅速利用这个误会。此后,他们将一切暴力和血腥的行为全部说成是罗伯斯庇尔挑动的。反正躺在坟墓里的人不会为自己申辩。另一方面,他们说自己是仁慈的使徒,永远反对一切严苛和极端的行为。

热月9日之所以有重要的历史意义,并不是因为推翻了罗伯斯庇尔的统治,继而在翌日处死了他,而是他的继任者采取了怯懦和虚伪的态度。直到这天为止,革命还是毫不犹豫地争取一切可能的权力,乐于承担所有的责任;而从现在开始,革命开始承认自己也有过错误行为,而它的领导者对此拒不承认。但是,任何一种信仰、一种世界观,一旦停止追求无限的权力,一旦怀疑自己的绝对正确,那么也就削弱了它内在的活力。当热月政变卑微的胜利者塔利安和巴拉斯,将他们伟大的先驱丹东和罗伯斯庇尔斥责为杀人凶手,胆怯地坐到共和国暗藏的敌人——温和派席位当中的时候,他们不仅背叛了大革命的精神,也背叛了自己。

每个人都期望富歇待在自己的阵营,毕竟他是这次反叛行为的主谋,是罗伯斯庇尔最残酷无情的敌人。富歇是遭受危险最大的人,作为"le chef de la conspiration",有权分到战利品中最大的一份。但诡异的是,富歇没有坐在任何一个右派的坐席中,他仍然坐在以前山岳派的位置上。坐在这些激进分子中,保持沉默。奇迹中的奇迹,他第一次没有出现在多数派的阵营中。

当时和日后的人们常会问：富歇为什么擅自远离他的同盟者们？答案很简单：他更加精明，看得比别人更加长远。敏锐的政治洞察力使他比塔利安和巴拉斯那两个蠢货更能准确地评估形势。他们俩只是因为碰到危险才释放出短暂的能量。富歇，这个前物理教师，更加熟悉动力的法则。他知道海浪不会静止不动，要么向前，要么向后，不停涌动。如果向后涌动已经开始，而且已经出现反作用力，那么它就会像之前的革命一样，继续推进。如同革命，反作用力也会继续推进，直到尽头，直到使用暴力为止。匆忙集结起来的同盟将会迅速解体；如果反动势力获胜，那么革命的捍卫者将遭到毁灭。革命思想的改变，伴随着对昨日革命行为评价标准的改变，这对革命的先驱而言是危险的改变。例如，一次屠杀600人或任意掠夺教会的财产，昨日还被看作是共和党人的责任和美德，明天可能就会被定性为犯罪；今日的控告者，明日可能被他人控告。富歇，罪行累累，他可不想重蹈其他热月分子（那些摧垮罗伯斯庇尔的人自称）的覆辙。他可不想和他们一样，挂在反动的车轮上一路向前。他知道没有必要这么做，因为反动的车轮一旦滚动起来，它会将现有的一切席卷而去。谨慎和远见让他忠于激进分子，因为他预感不久的将来，最大胆无畏的人将有致命危险。

接下来的事情证实了他的判断。为了赢得民众支持，为了让人们相信他们有着前所未见的人道精神，热月党人加紧步伐牺牲那些最为积极的总督们。他们将卡里埃处以极刑，因为他曾经将6000人淹死在卢瓦河里；他们还处死了曾在阿拉斯当过保民官的约瑟夫·勒蓬[①]；富基耶-坦维尔[②]也被扔去喂狼。为了讨好右派，他们把被驱逐的73名吉伦特派召回国民公会，以加强势力，但从此也只能依赖这些反动分子。等他们意识到这一点，为时已晚。现在他们不得不顺从地控告为推翻罗伯斯庇尔出过力的俾约-瓦伦[③]和科洛·德布瓦。科洛被指控要为当年里昂的事情承担罪责，富歇为此胆战心惊。但富歇可以自救，他胆怯否认了应该共同承担的责任，尽管每一份文件都是他和科洛联合签署的。他还编造谎言，说当时独裁者罗伯斯庇尔曾因他在里昂过于仁慈而攻击他。他的诡计再一次骗过了国民公会。科洛被流放到"不流血的断头台"——西印度群岛，那个在法国相当于被判处死刑的地方，并在几个月后死在了那里。富歇却能平安无事地坐在自己的位置上。但富歇极其聪明，他挡开了第一轮的攻击，并没有感到安全。他明白政治的狂热如同复仇之心一样顽固不化。反动如同革命，它会喝人血、啖人肉直至最后一颗牙齿掉落。反动势力不会停止复仇，直到最后一个雅各宾派成员被审判、共和国被彻底摧毁。他认为，挽救革命的唯一办法就是再次革命，他的杀人罪行使其个人命运与革命不可分割地联结在一起。他确信，自己的唯一希望就是政府垮台。于是，

[①] 约瑟夫·勒蓬（1765—1795），原为神父，与罗伯斯庇尔家族关系亲近。曾任阿拉斯市长、国民公会议员，被派往外省督察，执行恐怖政策。"热月政变"后被捕，后被处死。（译注）
[②] 安托万·富基耶-坦维尔（1746—1795），法国大革命恐怖政治时期，巴黎法庭的首席检察官，主要控诉被处决的犯人，他先后将千人送上断头台，其中就包括玛丽王后。"热月政变"后，他作为罗伯斯庇尔的追随者被捕，后被处死。（译注）
[③] 雅克·尼古拉·俾约-瓦伦（1756—1819），法国大革命恐怖统治时期的重要人物，国民公会代表。（译注）

就像去年那个夏天，众人中处于最危险境地的那个人，再一次为了自己的性命，单枪匹马和所有强大的敌人展开了殊死搏斗。

每次为权力和自己的性命斗争时，富歇总是会显示出惊人的能力。他很清楚没有什么合法途径可以阻止国民公会迫害先前的恐怖分子，唯一的方式就是在革命中成功多次运用的恐怖政策。之前，吉伦特派倒台、国王被处死，就是发动民众涌上街头到国会抗议，威吓那些怯懦、谨慎的议员们（其中也包括当时是保守分子的富歇）。人们从郊区召集工人队伍，用无产阶级的力量和不可抗拒的动力，在市政厅竖起造反的旗帜。为什么不再一次将这些革命的老兵、攻占巴士底狱的勇者和 8 月 10 日①的人们召集起来，对抗胆小怯懦的国民公会，并借助他们长满老茧的手获得优势呢？只有对造反、对无产阶级怒火的恐惧才能真正吓坏热月党人。富歇决定煽动巴黎最广大的民众，将他们发动起来，去对抗敌人和他的控告者。

当然，富歇一向谨慎，他绝不会亲自前往斗争前沿，发表演说，或者像马拉一样，冒着生命危险，向民众散发革命宣传的小册子或者传单。他不喜欢抛头露面，不愿意承担责任。他擅长的不是在前面演讲鼓噪，而是在下面窃窃私语、煽动蛊惑。而且，这一次富歇找到替身帮助实现自己的目的。这是一个足够大胆和坚决的家伙，代替富歇走到舞台中央，用自己的身影掩护富歇。

当时巴黎有一个名不见经传的小人物，名字叫佛朗索思·诺埃尔·巴

---

① 即 1792 年 8 月 10 日，巴黎人民发动起义，攻入杜伊勒里宫，逮捕国王路易十六和其他王室成员，推翻波旁王朝，此事件被称为"八月十日起义"。（译注）

贝夫,自称盖约·格拉古·巴贝夫。他热情诚实、正直率真,但头脑简单;来自社会底层,曾经做过土地丈量员和印刷厂工人。他有极其朴素的思想但没有想法,但是他用刚烈澎湃的热情去培育、用真正的共和主义和社会主义信念的炽热火焰去冶炼他的思想。中产阶级的共和主义者,包括罗伯斯庇尔,也是很谨慎地将马拉平均分配的社会主义和布尔什维克主义思想放置一边,不敢谈论。他们宁可大谈特谈自由博爱,也几乎不敢提及平等,特别是金钱和财产的平等。巴贝夫拾起几乎被遗忘的马拉的平等思想,将其复活为熊熊火焰,像火炬一样带到巴黎无产阶级的街区。这火焰霎时引起大火,几个小时就燃遍巴黎和整个法国,让普通民众逐渐认识到热月党人为了达到自己的目的,背叛了革命,背叛了无产阶级。现在,富歇选择躲在巴贝夫身后。他绝不会公开和鼓动者肩并肩站在一起,而是暗地里怂恿巴贝夫去煽动群众。他说服巴贝夫撰写一些鼓动人心的小册子,并为其修改样本。他想,只有工人阶级队伍开过来、巴黎郊区的人们手携长矛和战鼓蜂拥而来,国民公会才会被吓得发抖,才会保持理智。只有恐怖和威吓,才能保住共和国;只有强有力地向左推动才能使已经严重偏右的危险趋势得到缓解。如此大胆、孤注一掷的冒险,谁能比这个令人尊敬、真诚正直的人更适合为富歇冲锋陷阵呢?躲在他宽厚的臂膀之后,富歇可以完美地隐藏自己。而且巴贝夫,这个自称是格拉古[①]和保民官的人,有知名代表富歇为其出谋划策,也深感

[①] 盖约·格拉古,古罗马政治家,曾在罗马共和国时期担任保民官;因改革触犯罗马贵族利益,被元老院逼迫而自杀。(译注)

荣幸。巴贝夫想，我们还有最后一个值得信赖的共和党人，一个仍在山岳派中保留一席之地的人，一个与"jeunesse doree"①和军队供应商不相为伍的人。所以他乐于倾听富歇的谋划，在这个老谋深算的家伙助推下，他怒喝一声，冲出去与塔利安，与热月党人和他们的政府对抗。

虽然富歇很轻易地将善良天真、头脑简单的巴贝夫当作工具人，却不能轻易哄骗那些他让巴贝夫去对付的敌人。政府很快就发现真正端着毛瑟枪瞄准他们的人是谁。在一次国民公会的公开会议上，塔利安指控富歇就是操控巴贝夫的幕后黑手。和以往一样，富歇再次毫不犹豫地抛弃了自己的同盟，如同他在雅各宾派时抛弃了肖梅特，抛弃了在里昂联合执政的科洛一样。于是他说，与巴贝夫不过是点头之交，他也反对这个家伙的过分行径。总之，富歇再次身手敏捷地撤退了，为他冲锋陷阵的人再次首当其冲。尽管"conspiration des égaux"②在一年或更晚的时间才被证实在其中发挥了积极作用，但那时富歇已经隐居幕后了。巴贝夫被捕了，并被处以死刑——总是别人为富歇的言论和政策付出血的代价。

富歇冒险的反击失败了，得到的只有再次引人注目。真是很不走运，因为他让里昂人民想起了他，想起了鲜血浸透的布罗托平原。而且，反对势力不断从富歇曾经执政过的省份找来控告者。富歇好不容易、克服重重困难击退了里昂的指控，又得疲于奔命应付来自讷韦尔和克拉姆西

---

① 法语，"金色青年"。（译注）
② 法语，"阴谋叛乱的共犯"。（译注）

的指控。在国民公会的被告席前,对富歇恐怖罪行的指控越来越多。他机智多变,竭力为自己辩护,无不成功。就连他的敌人,塔利安有时也会为他站队。因为塔利安警惕地意识到反动势力越来越强大,他开始为自己的脑袋担心了。但一切都迟了。1795年热月22日,罗伯斯庇尔倒台后一年零12天,经过相当漫长的辩论,坐实了对约瑟夫·富歇的指控,罪名是恐怖行为。热月23日,逮捕富歇的法令通过。就像当时丹东的阴影尾随着罗伯斯庇尔,现在罗伯斯庇尔的阴影又悄悄威胁着富歇。

然而,这个精明的政治家已经预见到,此时已经和一年多前罗伯斯庇尔被处死时的形势完全不同了。在恐怖统治的最后时刻,控告就意味着要下达逮捕令,逮捕就意味着死刑;前一天深夜被抓到巴黎裁判所的附属监狱,第二天一早被控告,同天下午就要坐着囚车被押赴刑场。而今天的法庭不再是那个廉洁奉公的铁腕控制了。法律的网眼逐渐变大,如若犯罪分子反应足够敏捷、身手足够矫健,他绝对能够逃脱。富歇经常能从危机四伏的险境逃脱,如果不能从如此宽松的法网逃脱,那他就不是富歇了。通过各种托词,他设法避免了被立即逮捕,这样便有时间准备抗辩,为自己开脱。时间,在这样的危急关头就是一切。只要他躲进阴影里,人们就会暂时忘记他;只要在别人高声叫喊的时候保持沉默,人们就会忽略他。在恐怖统治时期,西耶斯一直坐在国民公会,从不发声。后来有人问他,那段时间他都做了什么,他笑着说:"J'ai vecu。"①如今,富歇就像很多动物,想通过假死

---

① 法语,"我活着"。(译注)

逃过一劫。如果能在短暂的过渡时期活命，他就彻底得救了。因为善于观测风向的富歇已经预感到，国民公会的辉煌还能延续几个星期，最多几个月的时间。

富歇就这样救了自己一命，活了下来。这在那个时期真是了不起的事情。当然，他只保住了一条命，并没有保住名声和地位，因为新一届国民公会并没有选举他做代表。他所有的努力都白费了。他浪费了巨大的热情，用尽阴谋诡计；他一展前所未见的胆量，尽施背叛之能事，只是为了保住性命。他不再是南特人民的代表约瑟夫·富歇，也不再是奥拉托利会的教师。他被人遗忘、被人唾弃，没有任何官阶和财产；他微不足道，就像一个可怜的影子，只能躲在黑暗里。

三年时间里，法国没有人再提起约瑟夫·富歇这个名字。

4

督政府和执政府的部长
1799—1802

　　有人曾经写过流亡者颂歌吗？有诗歌曾经赞颂过流亡重塑命运的神奇威力吗？它能够让人在沮丧时备受鼓舞，在孤独地受到严酷压迫时，把四散分离的能量从灵魂深处聚集，重新调配。几乎无一例外，文学艺术家总是倾向抱怨流亡，说它打断了人们的升迁之路，是毫无意义的间奏，是对一个人职业生涯的残忍中断。但是，在大自然的节奏中，强制的间歇是很重要的。只有经历了大起大落，才算体味了整个人生；只有经历了各种挫折，才能激发出人的全部力量。

　　特别是创造性的天才更需要这种暂时强加的孤独。只有这样，他才能从绝望的深渊衡量未来使命的高度；从被放逐的遥远的荒凉之地丈量他究竟要走多远才能看到曙光。那些影响人类的最著名的言论皆是从流放之地而来。世界上伟大宗教的创始人——摩西、耶稣、穆罕默德、释迦牟尼，都首先经历了沙漠的寂静，远离同类独自生活，并就此参悟，最终说出那些至理名言。弥尔顿的失明、贝多芬的失聪、陀思妥耶夫斯基的苦役、塞万提斯的监牢、路德在瓦尔特堡的监禁、但丁的流放,还有尼采在恩加丁冰缘地带的自我放逐,尽管这些经历都违背了他们的自由意志,却是这些天才发自内心的强烈需求。

即便在低层级的世俗的政治领域,暂时的置身事外,也可以让政治家们有新鲜的视角,静下心来思考,衡量政治角逐中的各种力量。因此,在个人职业生涯中,有这样的短暂间歇还是很有好处的。如果只是高高在上地向下俯视,从象牙塔的顶端和权力高层向下看,看到的只能是某些人谄媚的笑容和他们令人不安的随时准备侍奉的态度。如果一个人总是在自己的能力范围内处理事情,那么可能也就忘记了自己真正的重要性。对于艺术家、军队统帅和统治者来说,使他们削弱的因素就是他们能够持续不断用能力得到自己想要的。艺术家要经历失败才能真正认识自己和作品之间的关系;军队统帅要打了败仗才能认识到自己的弱点在哪里;政治家要被暂时下野才能获得更为全面和可靠的政治洞察力。财富的日益积累让人变得颓废,掌声不断让人变得愚蠢,暂时的中断是必要的,它能够提供新鲜的张力和创新的弹性。只有不幸才能使人以更为广阔和敏锐的视角去认识现实世界。每一次流放是严酷的教训,也是学习。它让软弱的人变得刚硬,让犹豫不决的人变得坚定无比,让坚强的人变得更加坚强。总而言之,对于自身强大的人,流亡不仅不会削弱他的实力,反而会让他实力大增。

约瑟夫·富歇流亡了长达三年的时间。他被流放的那个偏远荒凉的孤岛叫做贫穷。昨天,他还是地方总督、革命命运的共同缔造者;今日,他便从权力的高处被抛下,扔到黑暗、污秽不堪的地方,从此默默无闻。这段时间唯一关于富歇的消息来自巴拉斯。他给大家勾勒了一张令人感到悲凉的画面：富歇和他的妻子，以及两个病恹恹、奇丑无比的红发孩子，住在一间狭小的阁楼里。这位命运没落的人住在潮湿、发霉、有时又异常闷热的位于五层楼阁楼的房间里。在这之前，他的言语让众人颤抖；而几年后，他又将左右整个欧洲的命运。但现在，他每天都在为给孩子买不起牛奶和付不起房租而发愁，还要保护这一贫如洗的生活，以免被不计其数暗藏的敌人和里昂的复仇者们破坏。

即便是马德林也无法详尽叙述富歇在这穷困潦倒的三年是如何谋生的。他没有了作为议员的薪水，继承的遗产也在圣多明哥起义中损失殆尽。朋友都抛弃了他，无人愿意出手相助，也没人愿意雇佣昔日的"里昂刽子手"。日后的奥特朗托公爵干过的最为奇怪、最难以启齿的职业竟然是猪倌，这可不是无稽之谈。之后，他还干了更为不堪的工作——给巴拉斯做私人密探。在新一届法兰西执政者中，只有巴拉斯对他怀有怜悯之心，接纳了这个被流放的家伙。当然，不是在部里的会客室，而是在某些隐秘的角落里接待他。巴拉斯时不时给富歇（这个顽强的乞丐）一些小小的施舍：让他干一些小活儿，或是军用物资的走私，或者一次视察。报酬少得可怜，但也能让这个一贫如洗的家伙撑上两个星期。但正是这些兼差让富歇有了展示自己独特天分的机会。因为巴拉斯踌躇满志，准备了很多政治计划。他不相信自己的同僚，正需要一个私人密探，一只为他在地下打洞的鼹鼠，为他散播谣言、必要的时候还能煽风点火的密探。富歇完美地胜任了这个角色，他最乐于偷听和监视了。偷偷爬到别人家的后楼梯，他轻车熟路；从形形色色的人口中套出流言蜚语，对他也不是难事。他拼命地把从各种渠道得到的乌七八糟的闲言碎语带给巴拉斯。随着野心不断膨胀，巴拉斯坚定了要发动政变的决心，富歇成为必不可少的工具。（由五人组成的法国的最高权力机构）督政府内，两个诚实正直的人是巴拉斯的绊脚石，特别是法国大革命中最正直的著名人物卡诺。要把这两个人解决掉，他才能彻底安心。但发动一场政变、煽动叛乱，就必须要有一个不择手段的中间人，一个做事毫无底线的家伙，意大利人称其为 bravo①，没底线但可靠的人。谁能比富歇更胜任这个角色呢？"流亡"成为他日后事业飞升的学校，在此期间，他也锻炼了能力，对日后成为警务部部长意义重大。

经过一个饥寒交迫、暗无天日的长夜，富歇终于看到了黎明的曙光。一个新的主人正在冉冉升起，富歇甘心为其效劳。这个新的主人就是金钱。当罗伯斯庇尔和其他恐怖分子被送上断头台，金钱就悄悄复活了。它拥有无上权力和无数的马屁精和奴仆。如同革命发生之前，精心喂养的骏马套着华美的马具载着装饰豪华的马车再次充斥着大街。马车软垫上坐着身着昂贵丝绸和平纹细布的美女，她们着装裸露，如同希腊女神。贵族青年驾着马车疾驰在林荫大道上，他们穿着黄色、黄褐色或者大红的燕尾服，白色紧身裤，戴着戒指的右手优雅地持着黄金装饰的马鞭。如今，他们更乐于用它来使劲抽打那些所谓的恐怖分子。满大街都是香水店和珠宝店铺，异常火爆。五百、六百、上千的歌舞厅和咖啡屋如雨后春笋般冒了出来。别墅建了起来，房屋买了

---

① 意大利语，原指"恶棍""坏人"。（译注）

又卖；剧院云集；投机倒把流行；在锦缎的窗帘后，人们在皇宫豪赌，一掷千金。金钱再一次涌现出来，横扫一切，肆无忌惮，目中无人。

那么，在1791年至1795年，法国的金钱都跑到哪里去了？其实它一直都在，只不过是藏起来了。就像1919年德国和奥地利共产主义盛行期间一样，法国大革命期间，富人们纷纷装穷，每天穿着破烂的衣服。因为在那个年代，稍微和奢侈沾边，就会被罗伯斯庇尔等人斥为（借用富歇的话说）"un mauvais riche"[1]，然后就成了被怀疑对象。被认定为富人是一件极度不舒服的事情。但现在，在旧制度下，只有金钱才是最重要的。富歇幸运地赶上了这样的时代，这样的时代通常都是乱世，不过这可是发财致富的绝好时机。因为财产正在进行新的流转：房产纷纷易手，赚到的钱数都数不过来；流亡者的财产被拍卖，又是赚钱的大好时机。纸币不断贬值，通货膨胀愈演愈烈，投机货币买卖又可大赚一笔。只要手脚麻利，贪婪大胆，政府有人，就能大把大把赚钱。但是赚钱的绝佳途径来自战争。早在1791年，就有少数人发现（就像1914年有少数人发现一样），吞噬人类和摧毁价值的战争能够创造巨大的利润。但那时，罗伯斯庇尔和圣茹斯特这两个廉洁奉公的家伙还活着，他们密切注视着、时刻准备扼住"accapareurs"[2]的喉咙。现在，真是谢天谢地，这两个加图已经被处理掉了，断头铡被搁置在角落慢慢生锈。军需供应商和其他投机商人的黄金时代已经

---

[1] 法语，"为富不仁"。（译注）
[2] 法语，"囤积居奇者"。（译注）

来临。现在可以轻松地用劣质的军靴去换取大量钱财，用预支和军队征购的方式就能将荷包填得满满的。当然，前提是拿到向部队提供货物的合同。想靠这些途径迅速发财致富必须要找到合适的中间人，一个可以神不知鬼不觉带着投机商们打开国库大门的人，一个可以接触到战争供应链核心的人。

约瑟夫·富歇便是做这些卑鄙无耻勾当的最佳人选。极度贫困已经将他的共和信念清除干净，对金钱的仇视也顺着烟囱飘得无影无踪，他如此饥饿，恰好能被廉价收买。同时，他还正好有所谓的"关系"可以进入各个总部，因为作为密探，他经常出入督政府主席巴拉斯的前厅。一夜之间，这个1793年激进的共产主义者，口口声声要烤出"平等面包"的人，摇身一变成了新兴共和主义银行家的心腹，为了获取报酬，帮助他们实现愿望和打理生意。例如，投机商英格洛，共和国期间最肆无忌惮、最利欲熏心的暴发户（拿破仑一直最为痛恨的家伙）遇到了一件伤脑筋的事情——他被控告了。因为他在履行军需合约前，鲸吞了大量财富，将自己的钱包塞得满满的。诉讼迫在眉睫，他可能要为此耗费巨额金钱，甚至可能搭上性命。在这种情况下该怎么办（现在也一样）？那就是找一个可以和上面说得上话的、有政治的或私人的"关系"的人，帮助平息这些麻烦事。因此，英格洛找到了给巴拉斯传递消息的富歇。富歇匆忙为他去找这位掌权者（你能在巴拉斯的回忆录里看到这件事情），还就真的把控告不声不响地压制下去了。于是，感激涕零的英格洛带着富歇参与军队的物资供应，还带着他进行证券交易所的投机买卖。正如人们所料，富歇的胃口越来越大。我们这位朋友发现1797年金钱的味道可比1793年鲜血的味道令人惬意多了。现在，他凭借着和大金融家以及腐败政府建立的联系，创建了一家公司，为舍雷尔①的军队提供军需物资。这位令人敬仰的将军的士兵们穿着劣质的靴子和做工粗糙的大衣，双脚湿冷，冻得浑身发抖。他们在意大利平原上被敌人打得一败涂地。但富歇—英格洛的公司达到了目的，获利颇丰，巴拉斯很可能在里面分了很大一杯羹。三年前，富歇，这个激进的雅各宾分子和超级共产主义者，振振有词地说对那种邪恶的令人堕落的金属深恶痛绝，现在这种言论已经消失不见了；反对"为富不仁"者而爆发的怒吼声、"一个优秀的共和党人除了面包、铁和四十埃居，什么都不需要"的口号已经被人遗忘，现在的口号是"要让自己富起来"。流亡中，富歇真正懂得了金钱的威力，他要像为权力效劳一样为金钱效劳。他曾经做落水狗被人人喊打，过着一贫如洗、脏乱不堪的生活，曾经被人鄙视、任人宰割，这样的经历太长、太痛苦了。现在，他用尽力气向上攀爬，成为高层跟班中的一员。他要继续向上爬，爬到金钱可以买到权力、权力又能化作更多金钱的世界。他已经挖开了最富有的矿藏的第一道矿口，也迈出了从五层楼的阁楼通往公爵爵位、从一贫如洗到拥有两千万法郎财产这条道路的第一步。

将革命原则这个十分不便的累赘抛弃之后，富歇变得灵活自如了。他可以再次一展身手了。老朋友巴拉斯除了见不得人的金钱交易，还正

---

① 巴泰勒米·路易-约瑟夫·舍雷尔（1747—1804），法国大革命时期的著名将军，革命前在奥地利军中，后回到法国。曾任远征意大利的法军司令、国防部长等职。（译注）

在接洽其他的一些不可告人的肮脏的政治交易。他正暗中将共和国出卖给路易十八，以换取公爵头衔和巨额钱财。主要的障碍来自他的一些同事，例如卡诺等这些正直的人，他们仍旧信仰共和，还不懂得理想唯一的用途就是拿来为己谋利。巴拉斯发动果月 18 日政变，清除了令他心烦的监督者卡诺。富歇无疑在暗中谋划，给了他极大的帮助。所以当巴拉斯进入五人委员会，成为国家最高权力机关督政府的首脑时，富歇马上从暗处冲出来，讨要好处。他要求巴拉斯给他职位，政界也好，军队也好，其他地方也行，反正能让他将荷包填满，迅速地从经年的极度贫困中恢复过来。巴拉斯需要他的服务，无法拒绝他的要求。然而，富歇"里昂刽子手"的名声仍旧散发着血腥气，即便在反动势力欢庆的蜜月中，巴拉斯也不敢让富歇在巴黎公开露面，怕牵连自己。他先是将富歇作为政府的代表派往驻扎在意大利的军中，接着又派富歇前往巴达维亚共和国[①]，与荷兰进行秘密磋商。巴拉斯知道富歇最擅长搞阴谋诡计，而且不久后，前者对此将有更加深刻的切身体会。

1798 年，富歇成为法兰西共和国的一名公使。他再次拥有了控制权。在这次外交任务中，他再次展现了同以往执行血腥任务一样的冷酷镇静。因此，他在荷兰迅速获得了巨大成功。悲惨的经历使他变得更为圆滑，暴风雨般的时代让他迅速成长，贫困更是让他像铁砧一样得到锤炼。富歇恢复了旧日的活力，但又加倍谨慎。新主子马上发现了他是可用之才。他见风使舵，见利忘义，对上奴颜婢膝，对下冷酷

[①] 1795—1806 年期间，荷兰领土上建立的傀儡政权，依附法国。（译注）

无情。在船行驶在浪尖潮头的时候，他是个相当不错的水手。新政府这艘大船航行在危险之中，时时刻刻都可能触礁，因此，1799年热月3日，督政府做出了一个出人意料的决定：鉴于约瑟夫·富歇出色完成了在荷兰的秘密任务，任命他为法兰西共和国的警务部部长。

约瑟夫·富歇成了国家部长！这个消息如同一声炮响炸开了整个巴黎。难不成恐怖政治再次上演？要不他们为什么要放出这头血腥的恶犬，里昂的刽子手，圣体的亵渎者，教会的劫掠者，无政府主义者巴贝夫的朋友？难不成他们打算（上帝保佑啊！）再次在共和国设立断头铡？继续烘焙"平等面包"？重新建立攫取富人财富的慈善委员会？巴黎，这座享受了多年宁静，拥有1500多家舞厅、多家令人眼花缭乱的店铺和贵族青年的城市，如今再次陷入极度恐慌之中。小康之家和所有富裕市民又像1792年时瑟瑟发抖。只有最后的共和党人——雅各宾派兴奋不已，因为承受了令人恐惧的迫害之后，他们中最为大胆、最为激进和最为坚强的一员重新掌权了。现在，反动派的大限将至，共和党人将要把保王党人和谋叛分子都清除掉。

但是在接下来的几天，感到恐惧的和感到兴奋的两派人都在质疑：警务部部长的名字真的是约瑟夫·富歇吗？事实再次验证了米拉波的名句：成为部长的雅各宾派已经不再是雅各宾派的部长了（这句话同样适用于今天的社会主义者）。因为，你看：曾经说着威胁和屠杀的嘴巴，现在满口都是和解的字句。秩序、稳定、安全，成了这位前恐怖分子的老生常谈，消灭无政府主义是他的第一要务。新闻自由必须被限制，煽动性的演说必须被消灭。秩序、秩序、稳定、安全！无论是梅特涅①、塞尔特尼茨基②，还是奥地利帝国任何一个极端反动分子，都没能写出比约瑟夫·富歇，这个"里昂刽子手"，更为保守的法令。

富人再次长舒一口气。扫罗变成了多么温柔的保罗啊！但是真正的共和党人在会议中怒不可遏。他们这些年没什么长进，还是一如既往地演说、演说、演说。他们援引普鲁塔克的名言，威胁督政府、部长们和宪法。他们的行为举止狂热得好像丹东和马拉还活着，好像仍在革命最为激动人心的那些日子。他们用警报，将成百上千的民众从巴黎郊区召集起来。他们激烈的责难令人心烦，令督政府浑身不自在。"我们是不是最好做点什么？"新上任的警务部部长的同僚如是问。

"关掉俱乐部。"富歇一脸沉着回答道。他们满脸狐疑地望着他，询问何时采取大胆的行动。"明天。"富歇平静地说。

果然，第二天傍晚，雅各宾俱乐部的前主席——富歇，前往位于巴克大街的这个激进的俱乐部。这些年来，革命的心脏在这里持续跳动着，罗伯斯庇尔、丹东、马拉，甚至富歇自己都在这里发表过慷慨激昂的演讲。自从罗伯斯庇尔倒台，巴贝夫被击败，关于革命风暴的记忆只存于这间马术学校内的俱乐部了。

但是富歇可没有感情用事。只要愿意，他都能随时随地以令人咋舌的速度忘记过去。这位来自奥拉托利会的前数学、物理教师，在衡量权力的平行四边形时，只会把实实在在的权力考虑进去，而不会顾

---

① 克莱门斯·梅特涅（1773—1859），19世纪奥地利著名政治家、外交家，政治主张保守，是"维也纳体系"的核心人物。（译注）
② 奥地利政治家。（译注）

及所谓的理想。他知道共和主义思想的影响已经结束了，那些最优秀的共和党领袖们，充满行动力的男子汉们，已经在地下慢慢腐朽了。雅各宾俱乐部已经无所作为，成了夸夸其谈和鹦鹉学舌之辈聚集的地方。1799年，普鲁塔克的名言和爱国主义的标签，就像纸币一样，不断贬值。大而空的口号如同发行的纸币，不断泛滥。法兰西人已经厌倦了律师、演说家、革新者，也厌倦了各种法令规章。这些情况，谁能比警务部部长——人民意愿的操控者更为清楚？国家现在需要的就是稳定、秩序、和平以及平稳的金融市场。先是几年革命，然后接着几年战争，周而复始，每一次民众的狂欢后，不可遏制的个人和家庭的利己主义也会再次发展起来。

当天傍晚，这些"贬值的纸币"中的一员，一名共和党人正在俱乐部做着鼓动人心的演说，门猛然被推开了，富歇穿着部长制服，在宪兵队的陪同下，闯了进来。他用冷冰冰的目光扫视着这些吓得快要跳起来的俱乐部成员。多么可怜的一群对手啊！革命的精英、精神领袖和不惧牺牲的死硬派早已作古，只剩下这些没用的话痨。只需一个坚定的手势便可以让他们消失得无影无踪。富歇毫不迟疑，大步流星地跨上主席台，然后站定。这是六年以来，雅各宾派的人第一次听到富歇略微颤抖的声音。不过，不是颂扬自由，不是发表对暴君的仇恨，这次，这个瘦骨嶙峋的家伙只说了短短的几个字，关闭俱乐部。因事情太过出乎意料，故无一人质疑，也没人显示丝毫的反抗之意。以往，他们会发誓用刀枪与反对自由的敌人战斗；这一次，他们话都说不利索，只能蹑手蹑脚地默默离开。富歇猜得没错，对付真正的男人必须要战斗，对付话痨只需挥挥手。

大厅一会儿就空荡荡的了，富歇平静地走出来，锁上了大门。富歇转动钥匙孔的那一刻，法国大革命实质上也结束了。

一个部门的面貌是由它的领导者决定的。约瑟夫·富歇接管警务部的时候，他处于一个附属的位置，相当于内务部的处长。他的任务就是监督和报告，像个狗腿子似的搜集各种材料交给督政府那些大爷，这些人再挑拣有用的去管理国家和处理外交事务。但是，富歇在这个职位干了三个月后，他的金主们才惊恐地发现，富歇的眼睛不仅盯着下面，也盯着上面。警务部部长正监视着国家的其他部门、督政府、将军们，还有国家的大政方针。所有的长官们都被他织就的大网牢牢锁着，所有的消息都要经过他的手。他在政府政策外还有自己的一套政策，在国家战争之外还进行着自己的战争。他不断扩展着自己的职权范围，直至塔列朗不得不对富歇的职位重新定义："警务部部长是这样一个人，他要关心和自己有关的事情，也进一步关心和他无关的事情。"

这台机器设计得如此精妙绝伦，涵盖了法国事务的方方面面。每天成千上万的情报像溪流一样汇集到伏尔泰滨河路的这栋房子里。几个月后，这位大师已经将间谍、密探等派遣至全国各地。但你可不要把执行富歇任务的人想象为那种普通的密探：每日流连于客栈、妓院或者教堂，从门房或者公寓管理员之类的人口中打听各种八卦和小道消息。富歇的很多密探都是外交家和衣着入时的贵妇，他们时而在圣日耳曼区的沙龙里亲切地交谈；时而又摇身一变，化装成爱国者，潜入雅各宾派的秘密集会。他雇佣的密探中有侯爵和公爵夫人，他们在法国可都是名门望族。他的雇佣名单上有一个足够让他炫耀的人——约瑟芬·波拿巴。几年后，她成了法国最高贵的女人，成为他日后主子和皇帝的人的办公室里的秘书。在英格兰的哈特韦尔，国王路易十八的一个御厨也成了他的密探。所有最新的消息都要经过他的耳朵，每一封信件在邮寄的途中都会被打开。前线军队中，商人和议员中，每一次酒会和会议中，他的耳目无孔不入。各种各样的消息混杂着汇集到他的办公室，有些消息是真的，有些消息是假的，还有一些只是恶意的诽谤。这些消息要经过层层筛选，直至有价值的清晰的情报显现出来。因为情报是至关重要的，无论是战争时期，还是和平时期，无论在商界，还是政界，皆如此。1799年的法国，信息掌控一切，而非恐怖。信息掌控着这些可怜的热月党人的一切：他收了多少钱，他被谁收买了，花多少钱能收买他并进一步控制他、将上司变成下属。信息也掌控着谋叛分子，一方面是为了挫败他们的反叛，另一方面是为了利用他们，这样富歇便能保证在政治中倒向正确的一方。事先获得有关战争进程与和谈的信息，他就可以通过一些趋炎附势的金融家，在证券交易所成功地大赚一笔。于是，富歇就利用这台新闻机器不停地造钱，大量的钱；与此同时，金钱又作为润滑剂保证这台机器平稳有效地运转。大量的钱财从赌场、妓院、银行源源不断地流到富歇的手中，他再用来贿赂他人，从而获得更多的情报。这台巨大且精密的机器不停地运转。这位新上任的警务部部长，凭借他出色的工作能力和心理学方面的天分，在短短几个月内就创造了这台机器。

不过，这台无与伦比的机器最精妙的地方在于：只有在制造者的手中，它才能保证正常运转。卸掉一两个螺母或者杠杆之类的（这个核心秘密只有发明者才知道），它就不动了。从被任命的那天起，富歇就开始为被辞退做准备。一旦不幸被解雇，在他离开的那一刻，这台机器就彻底停止运转。掌权的时候，他不为国家，不为督政府，也不为拿破仑，只为自己工作。当他把各路消息放在曲颈瓶里加以提炼，他的目的不是要解决这些问题，或者出于责任，将其中的精华部分一一汇报给他的主子们，他只是坚定不移地从自己的利益出发，将他认为适合的消息报告给主子们。凭什么让督政府的这些榆木脑袋变得机智？凭什么让他们看到自己的底牌？只有对他有用和有利的消息，才能从他的实验室里流出来，传到主子那里。余下的被他磨得锋利、沾了毒药的箭镞都藏在他的军火库中，以便在个人复仇和政治暗杀中使用。他掌握的信息远比督政府那些老爷们认为的多得多。他是个危险却又不可或缺的人物。他知道巴拉斯和保王党人私下的媾和，知道波拿巴要当皇帝的野心，知道雅各宾分子和保守分子的阴谋诡计。他知道这些秘密，但从来不说，除非对他有利的时候，他才揭露。对于谋叛分子，有时他会帮助他们，有时会阻挠他们，有时会推动他们。有时他会虚张声势地公开他们的谋逆，同时又暗地里提醒他们，让他们有时间逃跑。他扮演两面派、三面派、四面派，甚至只要和他有关的人他都要欺骗，直至让这些在某种程度上成为他的嗜好。当然这样做会消耗大量的时间和精力，但他不会吝惜的，因为他可不是只工作八小时的人。他从早到晚坐在办公桌前，仔细审阅每个文件，根据个人所好，做出决定。他亲自处理每一件重要的案子，就算是最贴身的手下也不知道每件案子的细节。用这种方式,他这个没有圣职的忏悔师,已将全国多数人的秘密掌握在自己手中。和在里昂一样,他继续用恐怖统治人们,只不过,这次不再是用恐怖的向下迅速坠落的断头铡,而是通过精神控制。他通过权力让人们感到焦虑不安,感到有罪;他有能力让人们感觉到处处有人监视,他们的秘密罪行都将被发现。1792年的机器,用来粉碎对抗国家行为的断头铡,对比1799年按照约瑟夫·富歇的意志建立的监察密探系统,简直就是粗陋不堪。

富歇演奏起这件亲手打造的乐器,简直就是一个技艺精湛的泰斗级大师。他知晓权力最核心的秘密,低调地享受它,谨慎地利用它。里昂的日子一去不复返了,那时还要由凶狠的革命卫兵手持刺刀将"不速之客"挡在总督府门外;现在他办公室的会客厅里,挤满了来自圣日耳曼郊外的贵妇,纷纷等待他的接见。他知道她们因何而来。有的人想把亲戚的名字从流亡者的名单中划掉,有的想给自己的堂兄求个差事,还有人想让他摆平一件令人心烦的官司。富歇对每一个来访者都相当友善。他可没必要显示出对任何派别裙带关系的厌恶,无论是雅各宾派还是保王党人,抑或是温和派,或者波拿巴派,因为谁也不知道他们中的哪一派会成为掌权者。出于这个考虑,过去那个令人胆寒的恐怖分子变得彬彬有礼、温柔可亲。在公开的演讲和声明中,他会强烈谴责保王党人和无政府主义者,但私下里,会给他们友好的警告或者用小恩小惠收买他们。他尽力避免高调的公开判决和判处他人死刑。对他而言,暴力的姿态已经足够,而无需使用真正的暴力;拥有真正的隐藏的权力足矣,而不是像巴拉斯之流,徒有权力的外衣。

没出几个月,富歇就从人间恶魔变成了广受欢迎的人。无论何时何地,这个部长或者说政治家都是那么平易近人,他总是笑眯眯地从旁观望,在别人需要赚钱或者需要一官半职的时候,帮上一把。他对每一个人都很谦让,对人从不苛责,除非他们过多干预政治,或者妨碍了他正在实行的计划。当你想改变一个人的信念,收买他、哄骗他不比使用大炮恐吓他管用吗?对付和平破坏者们更有效更稳妥的方式,不正是将他们悄悄召集到密室,将放在抽屉里的已经签署的死刑判决书给他们看?威胁要比真正执行死刑更能解决问题。一旦有暴乱发生,他也会像以往一样,使用铁腕镇压。但要是人们老实待着,不以卵击石,这个里昂的恐怖分子就会化身古老的修士,施以仁慈。他深知可怜人类的弱点:渴望金钱和奢侈的生活,禁不住甜蜜的诱惑,有着这样那样的欲望。让他们去吧!不要无缘无故搅动平静的池水就好。一直以来,在共和体制下,银行家和金融家都害怕被处死;现在他们终于能够操控市场,安心地大把赚钱。富歇给他们提供有用的情报,他们给富歇分一杯羹。在马拉和德穆兰统治下的新闻机构是一只随时张口咬人的凶残的看门狗,而现在它向富歇摇尾乞怜,拼命巴结,因为它当然想要块蛋糕而不是鞭子。不久后,爱国者们不再大喊大叫,代之以默默咂嘴的声音,因为富歇给他们扔了美味多汁的骨头,还有的被富歇轻蔑地踹进了角落。他的同僚以及各党派都明白,和富歇做朋友,既心情愉悦,又获利多多。如果惹他不高兴,逼他亮出毛茸茸的脚垫里的爪子,那就麻烦了。于是很短时间内,这个刚刚还被众人鄙视的家伙,突然有了很多朋友。因为富歇知道他们所有人的秘密,但又守口如瓶。尽管罗讷河河畔的城市仍是一片废墟，尚未重建，但里昂的炮声早已被人们遗忘，富歇已经深得人心。

无论国内发生什么，富歇得到的总是最新最可靠的情报。上千个大脑为他工作，上千双眼睛和耳朵替他观察和探听，因此没有人能比他更为洞悉各种事件的细枝末节，也没人比他更了解各党派和各个人的优势和弱点。在这些事情上，没人能和这个沉着冷静、机智敏锐的家伙竞争，因为他拥有一台记录政治琐事和微小波动的记录仪。

几个星期、几个月以后，事情果然像富歇预想的那样，逐渐明朗起来：督政府即将走到尽头。五个督政矛盾重重，每个人都在背后搞着自己的那一套，都等待一个合适的时机将他人踢出督政府。军队在战场上节节败退，金融秩序一团糟，整个国家动荡不安。富歇预感，不久的将来，形势将发生巨大变化。他知道巴拉斯以出卖国家为条件与路易十八媾和，其他督政也正向奥尔良公爵①抛媚眼或者幻想重建国民公会。他们也充分意识到这个政权支撑不了多久了。国内反抗浪潮高涨，纸币贬值得不如印刷时的纸值钱，士兵哗变或者临阵脱逃，除非有一个铁腕的力量将四分五裂的国家重新聚集在一起，否则，共和国将要覆灭。

只有一个独裁者才能挽救形势，所有人都在搜寻能够胜任这个角色的人。"我们需要一个头脑和一把利剑。"巴拉斯对富歇说，实际

---

① 法国爵位名称，这里应该指的是路易·菲利普（1773—1850），又称路易腓力，他在1830年被资产阶级拥立为法国国王。（译注）

上暗指他自己就是那个头脑,正想着哪里可以找到那把合适的利剑。但是奥什①和儒贝尔②,这两位常胜将军,时运不济,早已仙逝;贝尔纳多特③又倾向于雅各宾派。众所周知,只有一个人,兼具了头脑和利剑,那就是波拿巴。他是阿尔科勒和里沃利战役的英雄,但统治者惧怕他的野心,将其从大城市尽可能地支到遥远的边疆。此时他正在遥远的埃及沙漠中漫无目的地进行军事演练④。波拿巴远在几千里之外,就算想到他也没什么用。

所有的部长中,只有富歇知道波拿巴将军并没有像他们认为的那样依旧徘徊在金字塔的阴影之下,而是在不远的地方,准备登陆法国。由于他太受欢迎,太喜欢指手画脚,他们便将他发配到远离巴黎的地方。甚至纳尔逊在阿布基尔战役⑤中摧毁了法国舰队,他们可能还长长舒了一口气。这些阴谋家、政治家可不在乎死个几千个人,这怎么能比将竞争者清除了更为重要?现在他们可以高枕无忧了,因为波拿巴已经被困在尼罗河沿岸,就算想召他回来,恐怕也是不好实现的。他们没想到的是,波拿巴竟然胆大到将军队指挥权交给手下的另一个将军,迅速回到法国,将他们从美梦中摇醒。他们预估了各种可能性,

---

① 路易·拉扎尔·奥什(1768—1797),法国大革命时期著名的军事将领。(译注)
② 巴泰勒米·儒贝尔(1769—1799),法国军事将领,功勋卓著。(译注)
③ 让·巴蒂斯特·贝尔纳多特(1763—1844),瑞典贝尔纳多特王朝开国国王,拿破仑的挚友。拿破仑建立法兰西第一帝国后,将其封为元帅。他被瑞典国王收为养子,后成为瑞典国王,并加入反法同盟,背叛拿破仑。(译注)
④ 指拿破仑远征埃及(1798—1801)。(译注)
⑤ 拿破仑远征埃及期间,英法两军在阿布基尔海角附近展开的一场海战,当时英军的统帅是纳尔逊。战役的结果是英军大获全胜。(译注)

唯独错估了拿破仑·波拿巴本人。

但是富歇早就从最可靠的渠道得到了消息。因为他用金钱收买的最为可靠的密探不是别人，正是将军的夫人——约瑟芬·博阿尔内，正是她把一切都泄露给他、把每一封信都给他看、将波拿巴的一举一动都告诉他。用钱贿赂这个轻佻的克里奥尔女人并不是什么难事。她挥金如土，经常手头拮据。就算后来拿破仑从国库中拨出几十万法郎供她使用，她也很快挥霍一空。她一年要买300顶帽子和700件衣服。金钱、身体、名声，她什么都不在乎。况且，此时此刻她对自己丈夫的感觉尤其不佳。血气方刚的丈夫一心想将她弄到遥远的埃及，和他一起消磨时间，但她更乐于和年轻英俊的情人伊波利特·查理斯躺在家里，可能同时还有两个，甚至三个情人一起，大概还包括她的老情人——巴拉斯。于是爱管闲事的大伯哥约瑟夫和小叔子吕西安将她这些荒淫的行为迫不及待地报告给拿破仑，这个如同土耳其人一样善妒的家伙。因此她需要有人帮助自己监视那两个兄弟密探，她要密切关注他们与拿破仑之间的通信往来。除了这个原因，额外再加上一小把金币——富歇在自己的回忆录直言，总计1000金路易，这位未来的皇后就将她丈夫一切的秘密都出卖给富歇，包括最重要、最危险的秘密——拿破仑即将回国。

富歇自己知道这个消息就足够了。警务部部长可没打算把这个消息报告给上级。当时，他要稳固和这位觊觎王位者妻子的友谊，这样消息就能为他私人所用。如同以往，他要预先得到示警，预先做好准备，等待决战时刻。他知道，决战时刻马上就要到来了。

1799年10月11日，督政府紧急召见了富歇。信号台报告了一条难以置信的消息：波拿巴在没有任何召回命令的情况下，私自从埃及返回法国，已经在弗雷瑞斯登陆了。现在该怎么办？这位将军擅自离开了自己的军队，是将他作为逃兵直接逮捕，还是毕恭毕敬迎接他的回归？富歇装作很震惊的样子，好像自己和其他的人一样第一次听到这个消息。他马上建议不要采取过于严厉的措施。他的目的是赢得时间，因为他还没有决定是支持还是反对波拿巴，还要观察一下事态的进展。正当法兰西这五个愚蠢的当政者还在忙着讨论是逮捕波拿巴还是大度表示欢迎时，人民早已表达了自己的心声。在阿维尼翁、里昂、巴黎，人们像欢迎凯旋的罗马将军一样欢迎他；他经过的所有城镇都张灯结彩；在剧院里，兴高采烈的人们被告知波拿巴不是作为下属回归的，他是作为主人和掌权者归来的。波拿巴刚返回位于尚特莱恩（后来，为了表示对波拿巴的尊敬，改名为胜利大街）大街的家中，他的朋友就簇拥着上门了，其中还夹杂着很多尽快想成为他朋友的人。将军们、代表们、部长们，甚至塔列朗，都跑来向这位掌握军权的人物表示敬意。不言而喻，警务部部长也很快赶来。他驾着马车来到尚特莱恩大街，并向波拿巴通传了自己的名字。但对将军而言，部长富歇不过是一个微不足道的拜访者，他足足等了一个小时，仿佛像个令人厌恶的谋求官职的人。富歇的名字对波拿巴来说，没什么分量，因为他根本不认识富歇。将军或许记得在恐怖统治的日子里，曾经有个嗜血成性的家伙叫富歇；或许波拿巴确实在朋友巴拉斯的接待室里曾和他谋面，那时的富歇衣衫褴褛，穷困潦倒，还是个小小的警察密探。总的来说就是个无足轻重的家伙，也许就是个商人，靠着一路巴结最后谋得了一个小小的部长职位。就让他在客厅里慢慢等着吧！确实，富歇耐心等了一个小时。如果不是雷阿尔[①]，波拿巴即将发动的那场政变的共同谋划者，发现了这个权倾朝野、全巴黎都在寻求觐见的人物，竟然在客厅等待，富歇可能还要等一个小时或者两个小时。雷阿尔对这个愚蠢的错误感到惊慌失措，他急忙跑进将军的办公室，向将军解释，让富歇在此久等，将其置于如此屈辱的境地，会造成多么灾难性的后果。这个人只需大手一挥，整个谋叛计划将顷刻化为乌有。于是波拿巴匆忙跑到客厅，反复道歉，并将富歇请进书房，两人秘密会谈了两个小时。毫无疑问，他们仔细打量着对方，都想知道对方是否能为己所用。可以确定，他们很快就看出对方的过人之处。富歇察觉出这个人身上无与伦比的能量的威力，以及他不可战胜的统领全局的天分；而波拿巴以鹰一样敏锐和洞察一切的视角，认为富歇一定是个理想的、能力全面的帮手。他能迅速领悟一切，并有能力将一切可能性变为事实。20年后，波拿巴在朗伍德宣称没有一个人能像富歇那样，只是初次谈话就把当时法国的形势和督政府的状况进行了如此简明扼要、具体详尽的分析。而且，富歇不是坦率直白的人，这次却迅速地将一切告诉了这个对王位虎视眈眈的人，说明他已下定决心支持波拿巴。在首次会面中，他们的角色就已经确定好了，主人和仆人，世界命运的重塑

[①] 皮埃尔·弗朗索瓦·雷阿尔（1757—1834），法国革命家，拿破仑夺取政权的主要帮手，并在拿破仑执政期间担任警务工作。拿破仑失败后，他流亡美国，后被赦免回到法国，死于巴黎。（译注）

者和政治权谋家。舞台已经搭建,他们合作的演出马上开始。

富歇在首次会谈中就表示对波拿巴效忠,这确实非比寻常。但同时,他也没打算把自己的命运交由他人掌控。他没有公开参与旨在推翻督政府、将波拿巴扶上独裁者位置的谋叛活动。对此,他极为谨慎。他坚守着自己的人生信条,不到胜局已定,绝不能轻易表态。在接下来的几个星期里,诡异的事情发生了。这位警务部部长,一向视觉敏锐、听觉灵敏,开始被一种令人痛苦的疾病折磨,突然变得又聋又瞎。即将发生政变的谣言甚嚣尘上,可是他一点也没听见。就算相关信件送到了手里,他貌似也从不阅览。通常他的消息来源都是相当可靠的,现在也像着了魔,突然失灵了。当时督政府的五人中已有两个谋叛分子,还有一个几乎已被争取过去,警务部部长却丝毫看不出一场军事谋叛正悄悄准备着,或者,至少装作一无所知。每日呈送督政府的报告中,没有半个字提到波拿巴将军和他那个急不可耐挥动着军刀的军事小集团。同样,他也没有明确表态支持波拿巴,哪怕一个字,也没说。但他用沉默背叛了督政府,也用沉默暗示投靠了篡位者。他只是在等待,等待,等待。在这剑拔弩张的时刻,在胜利揭晓前的一两分钟,富歇的两栖动物的特性才适得其所。两派都惧怕他,都想拼命巴结他,因为他没有偏袒任何一方,颤抖的天平才没有从一头倾斜至另一头。越是这样的形势,越能给这个头号阴谋家带来最极致的快乐!多么紧张刺激的游戏!这种刀尖舔血的快乐绝不是赌博和寻求爱情可同日而语的。操控着游戏,转瞬间就可以让决定世界走向的重大事件悬而未决。在这紧要关头,他知道如何加速或减缓事态的进程,知道如何做就能施加影响（其实心痒得已经忍不住要出手），却能控制自己，做到无所作为；他带着心理学家的强烈好奇心和无比兴奋的心态，满足于冷眼旁观。只有这样的快感才能点燃他冷酷的灵魂；只有孤独才能加速他那稀薄的、流动缓慢的甚至几乎只是水的血液的流动。

因为富歇是个头脑冷静、没有神经的家伙。只有心理学上的变态的精神贪欲，才能让他醉心不已。但是在重大问题解决之前的几秒钟，他一贯阴郁、严肃的神情总是会转化为一种残忍的冷嘲热讽的欢快情绪。因为精神上的快乐只能在欢乐的情绪中体现，在或是善意的或是恶意的欢乐中得到化解。富歇是怀有恶意的。当别人处于极度危险中，他感到快乐。他就像陀思妥耶夫斯基《罪与罚》里的预审法官，当罪犯对未来要承受的惩罚感到不知所措、战栗不已的时候，他却邪恶地插科打诨。越是这种时刻，他越喜欢故弄玄虚。因此，他便在这极度危险的时刻别有心机地安排了一幕喜剧；舞台呢，也可以说，正好设在了火药桶上。在政变发动的前几天（当然，他知道具体的时间），他举办了一场晚宴，波拿巴和雷阿尔都在受邀之列。当他们落座以后，环顾四周，发现所有策划叛乱的人都在座。警务部部长将参加推翻督政府秘密会议的谋叛分子全部邀请过来了。客人们面面相觑：难道宪兵们已经守在门外，要将他们一网打尽，或者要将他们的叛乱扼杀在萌芽状态？他们之中精通历史的人或许已经想到彼得大帝招待"射击手们"[①]的鸿门宴，老莫斯科

[①] 射击军，16—18世纪，沙俄的卫戍部队，以火绳枪为武器，负责保卫沙皇。主要由平民组成，后来由于享受军事世袭，射击军势力越来越大，逐渐卷入宫廷斗争。1698年，射击军试图推翻彼得大帝，失败后，被解散。（译注）

公国的卫士们，竟然用这些射击手的脑袋作为大帝的餐后甜点。但这种残忍的行径并没有发生在富歇的晚宴上。当晚，最后一位客人——主席戈耶①走进来（这个玩笑开得过分了），所有谋叛分子惊惧不已，因为这个人就是叛乱真正的目标。戈耶和富歇为所有观众奉献了令人吃惊的对话。主席向警务部部长询问最新的消息。"一切都是老样子。"富歇漫不经心地回答。他半睁着眼睛，貌似也没有特意去看谁，"总是说有叛乱要发生，我已经知道太多这样的消息，但也不相信。如果真的有叛乱发生，您将会在共和国广场看到证据。"

富歇巧妙暗喻断头铡的话语让谋叛分子感到冰冷的刀锋从背后划过。他们不清楚宴会的主人究竟是跟他们开玩笑还是和戈耶开玩笑，或许富歇自己也不知道。但富歇沉迷于这种快乐，他喜欢两面三刀带来的刺激，享受两面派游戏中添加的极度危险的调料散发的味道。

开了这个令人愉悦的小玩笑后，直到政变发生，警务部部长回到了冷漠、恹恹欲睡的状态，继续又聋又瞎，尽管半数以上的议员被收买，军队也已经被控制。而且最不可思议的是，众所周知，富歇素来早起，一直最早来到办公室，但在雾月 18 日，拿破仑发动政变的那天早晨，他却反常地睡过头了。如果可以，他想睡一整天。但是两个督政府的信使将他从床上叫起来，向他报告参议院的异常情况、军队集结和显然已经发生的政变。约瑟夫·富歇揉着睡眼，对这些消息表示无比震

---

① 路易·戈耶（1746—1830），法国政治家，曾任法兰西第一共和国司法部部长，督政府成员。拿破仑建立帝国后，任命其为法国驻阿姆斯特丹公使。（译注）

惊（他只是碍于责任如此表现，其实前一晚，他与波拿巴进行了长时间的深度交谈）。事情已经发生，他当然也不能继续装睡了。作为警务部部长，他必须起床，更衣，赶往督政府。戈耶态度粗暴地接待了他，不让他继续表演"深感意外"的喜剧。

"您有责任，"主席说道"告知我们一场叛乱正在谋划。而且有个风吹草动，你们警务部应该事先得到消息。"

对于上司的侮辱，富歇不仅照单全收，还询问下一步的指示，好像自己是世界上最忠诚的仆人。但戈耶并没有给富歇台阶下，他说，如果督政府有进一步的指示，只会交给值得信任的人。富歇暗自发笑，心想："可怜的蠢货，他还不知道督政府早就没有什么可以发号施令的了。五人中有两个已经投靠了我们，还有一个被我们收买了。"他为什么还要浪费时间教育这群傻瓜！他漠然地鞠了一躬，退出来，回到自己的岗位上。

同时，他也不确定自己的岗位到底是旧政府的警务部部长还是新政府的，这取决于斗争的最终结果。接下来的24个小时是督政府和波拿巴之间的决战。第一天波拿巴进展顺利，为后来打下良好的开端。参议院和长老议会被波拿巴的承诺，准确说是金钱所打动，依从了波拿巴的一切意愿，任命他指挥巴黎内外的军队，将下议院和五百人议会迁往圣克卢宫。那里没有工人阶级队伍，没有民意，也没有所谓"人民"，只有一个风景秀丽的公园，只需几个掷弹兵团的协助，便能围得密不透风。但这不意味着一定能够取得胜利，在五百人议会中，有十几个棘手的家伙，既不能被收买，也不惧怕恐吓。而且，说不定其中的一两个家伙已经准备好了刀枪，誓死保卫共和国，反抗觊觎王位者。因此，富歇理所应当要保持冷静，一方面，不允许自己表示出同情；另一方面，对某方宣誓效忠什么的都是小事儿。他要做的就是保持冷静，加倍谨慎，等待时机，直至胜负已定。

因此，富歇维持了冷静。正当波拿巴率领骑兵抵达圣克卢宫、主要的谋叛分子（塔列朗，西耶斯，以及其余几十人）坐着马车紧随其后的时候，警务部部长突然下令关闭了巴黎通往外界的所有出口。现在，除了富歇的密使，没有人能够出入这座城市。这座 80 万人口的大城市，只有这位果敢坚毅的人可能知道政变到底成功还是失败。每半个小时，信使就要向他报告最新战况，他也一直没有最终做决定。如果波拿巴夺得大权，当晚富歇顺理成章就是他的部长和忠实的仆人；一旦冒险失败，富歇仍然是督政府忠诚的仆人，他会时刻准备并乐意抓捕这些"叛乱分子"。

他收到的消息听起来有些矛盾：因为正当富歇表现出完美的自我控制能力的时候，比他更伟大的波拿巴，却陷入了极度恐慌。雾月 18 日，这个科西嘉人最终成了欧洲的主人，但极具讽刺意味的是，这一天也是他个人生涯中最为不利的一天。面对炮火，他冷静沉着；但和这些雄辩士打嘴仗，他就六神无主了。许多年来，他习惯于发号施令，却不知道如何寻求他人支持。战场上，他一马当先，手持大旗，冲在掷弹兵前，用力量将敌人击得粉碎。但是，作为钢铁战士，他震慑不了一小撮儿共和国的律师。人们常常这样描述当时的场景：这位所向披靡的将军，被七嘴八舌、愤怒的议员们搞得面如死灰，他只能结结巴巴重复着一些空洞乏味的陈词滥调,例如"战神与我同在"之类的话,把自己搞得狼狈不堪。朋友不得不把他从房间里拽出来。最后还是带着刺刀的士兵救了这个阿尔科勒和里沃利战役的英雄,使他免遭被几个聒噪的议会雄辩家击败的羞辱。待他再次踏上马背,成为主人和独裁者,便命令士兵们驱赶了议员,清空了大厅。凭借刺刀,能量才得以再次聚集于他的身体,破碎的心神才得以恢复。

晚上七点,一切尘埃落定。波拿巴成为执政官和法兰西事实上的君主。如果叛乱失败或者波拿巴没有获得多数票,富歇一定会立即派人在巴黎大街小巷的墙上贴这样的告示:"一次卑劣的叛乱已经被镇压……",可是现在,波拿巴获得了胜利,富歇便急不可耐地将胜利据为己有。第二天,巴黎民众不是从波拿巴那里,而是从警务部部长富歇那里得到了共和国已经终结、拿破仑独裁统治开始的消息。富歇的文告充斥着谎言,他说道:"警务部部长告知广大市民朋友们,议会在圣克卢宫讨论共和国利益的相关问题。拿破仑·波拿巴将军参加了五百人议会,揭露革命①的阴谋诡计,差点被刺杀。好在,共和国冥冥之中挽救了将军。希望所有的共和党人保持平静……,因为他们的愿望都实现了……弱者也要保持平静,因为他们有强者支持……现在需要恐惧的只有那些妄图搞乱秩序、颠倒黑白、破坏和平的人。我们已经准备好一切必要措施,随时镇压他们。"

富歇再一次的见风使舵获得成功。他如此放肆大胆、厚颜无耻地

---

① 此处应为"反革命",原文为"革命"。(译注)

投向胜利者一方。慢慢地，人们也开始认清这个人的真实面目。几个星期后，在巴黎郊外的一所剧院上演了一部轻喜剧，名字叫《圣克卢宫的风信鸡》。在这部戏中，富歇小心谨慎、见风使舵的特点被滑稽、夸张地演绎出来，相当引人发笑。剧中所指，人们心知肚明；这部戏也大受欢迎。富歇，作为审查官，当然希望禁演这样一部公开对他进行人身攻击的讽刺作品。万幸的是，他足够聪明，没有这样做。他毫不掩饰自己的个性。远不止于此，他还炫耀自己的变化无常和高深莫测，这赋予了他独特的光环。人们嘲笑他，但还得服从他、惧怕他。

波拿巴是当日的胜利者；富歇，是督政府的叛徒和暗中支持波拿巴的人。这次政变最大的受害者是督政府的首脑——巴拉斯。当天，他遭受的忘恩负义的教训也具有了历史意义。这两个人合伙将他拉下马，用100万的小费像打发一个令人讨厌的乞丐一样将他驱逐。两年前，这两个人都是对他毕恭毕敬、满怀感激的仆人，因为是他将他们从一无所有提携起来的。巴拉斯性格温和、善良友好、贪图享乐，喜欢无忧无虑的生活，总是喜欢让别人分享他的快乐。他看中了这个等于被放逐的、身材瘦小、年轻的炮兵军官拿破仑·波拿巴。可以说，巴拉斯从大街上将波拿巴捡了回来，在他那件打了补丁还没有付钱的军装上赋以将军军衔；让他越过无数高级军官，一夜之间成为巴黎城防军的司令。巴拉斯将自己的情妇送给他，往他的口袋里塞满了金钱，帮助他取得了意大利驻军的最高指挥权，建起通往名垂青史的桥梁。同样，巴拉斯将富歇从五层楼的小阁楼挽救下来；从断头铡下抢救下他的人头；在所有人都离他而去的时候，让他免于挨饿受冻。最后，巴拉斯还给了他一个举足轻重的职位，任其大把大把地捞钱。然而，这两个人亏欠巴拉斯的人，却联合起来迅速地将他推入泥潭。而当年，正是巴拉斯将他们从泥潭中解救出来。诚然，历史不是寓言故事，但是拿破仑和富歇在雾月18日对巴拉斯的所作所为也是相当卑劣、罕见的，是彻头彻尾的忘恩负义。

拿破仑的忘恩负义至少还能用天才作为借口。他不可战胜的力量是他特殊的权利，因为天才的道路是指向天空中的星星的，他不可避免地要走在很多人的前面。为了更高的追求，完成深不可测的历史使命，可以无视渺小短暂的声音。富歇则截然不同了，他的忘恩负义，是没有道德的人经常表现出来的那种。坦白地说，他的眼中只有利益，只为他自己和对自己有益。富歇，无论何时，只要他愿意，都能以令人惊奇和难以置信的速度忘记过去。他后来职业生涯的一路飞升，为他这个独门绝技提供了越来越多令人咋舌的证据。两个星期后，他用一纸公文将巴拉斯（让他免于被砍头和放逐危险的人）正式放逐，但是允许这个落魄的统治者带走全部文件和书信[1]，其中肯定包括富歇乞求巴拉斯和充当间谍的往来信函。

巴拉斯恨得咬牙切齿。今天，在他的回忆录中，当提到波拿巴和富歇的名字时，人们仿佛仍旧能够听到他咬牙切齿的声音。但他仍能感到一丝欣慰，那就是波拿巴将富歇接盘了。巴拉斯当时就像先知一样预言，其中一人会在另外一个人身上为他复仇，他们不会做很久的朋友。

---

[1] 根据上下文，可能为"但是派人将这个落魄统治者的书信全部取走"。（译注）

确实,在他们合作的前几个月,公民警务部部长充分展示他是公民执政官最尽心竭力的仆人。在当时官方文件中,国家的政要们还被称为某某公民。波拿巴被称为共和国第一公民,他的野心得到了极大满足。那几年,面对艰巨的任务或者说是别人无法完成的任务,他充满青春活力的天才在各个方面得到充分展示。波拿巴的形象从没有比重建时代新秩序那个时期更伟岸、更富有创造性和更富人性。将革命固化为法典,既保护革命成果又减少了革命带来的负面影响;用胜利结束战争,再用朝气蓬勃、体面的和平赋予胜利实质的意义——这就是这位新的法兰西共和国的主人所要践行的崇高理想。为了实现这些理想,他深谋远虑、坚持不懈、干劲十足。拿破仑·波拿巴如同大力神一样不知疲倦地工作,他的传奇不是这些年在攻城略地上取得的丰功伟绩,不是奥斯特里茨、埃劳、巴利亚多利德等战役的胜利,而是他将法国从四分五裂的状态重新聚合成为一个充满活力的国家;将贬得一文不值的纸币转换成稳定的货币;《拿破仑法典》为所有法律和社会习俗提供了可接受的固定的形式。他那政治家的才干和天分在所有方面都获得了成功,恢复了法国健康的管理制度,为欧洲带来了和平。正是没有穷兵黩武的那些年,他才展现了自己真正的伟大;也正是那些年,各个部长,前所未有地毫无余力、精力充沛、一腔忠诚地配合他的工作。富歇也一样,这段时间里,他也是尽忠职守。两人一致认为,能通过协商和让步解决的冲突,绝对不采用暴力和血腥镇压。几个月的时间,国家就恢复了安宁。富歇清除了最后一拨恐怖分子和保王党人,拦路抢劫也销声匿迹。他将自己无可比拟的行政能力奉献给波拿巴影响深远的抱负。伟大和有益的工作将两人联结在一起,仆人找到了主人,主人也找到了最有价值的仆人。

说来也奇怪,波拿巴开始不信任富歇可以具体到哪一天,甚至哪个小时。尽管绝大多数历史学家没有从纷繁复杂、堆积如山的历史事件中发现埋藏在其中的它,但巴尔扎克有着鹰眼般的敏锐和训练有素的心理学家的洞察力,善于从毫不起眼的事物中找出关键所在,从诸多"petit détail"①中找到持续作用的因素(尽管他出于写小说的目的,迫不及待地对其进行了艺术加工),发现了这个点。这个小事儿发生在决定着奥地利和法兰西生死的意大利战争期间。1800 年 1 月 20 日,各部长和其他政要正在巴黎开议会,气氛无比融洽。这时,信使从马伦哥战役前线送来一个坏消息。他报告说,波拿巴在战场遭遇了惨败,法国军队即将全线崩溃。参加议会的每个人内心有一个共同想法:绝不能让一个战败的将军继续担任第一执政官。他们也暗自盘算谁最有可能成为下一个继任者。具体每个人的想法深入到什么程度并不可知。可以肯定的是,关于颠覆波拿巴的工作已经开始悄悄讨论起来。而且,波拿巴最亲近的兄弟开始意识到这个问题。卡诺是最富于冒险精神的,他已经开始着手准备重建治安委员会了。富歇呢,根据他的性格,也不可能誓死效忠战败的执政者,他必定会保持谨慎,沉默不语。一旦主人变更,他会根据形势选择支持新主人或者旧主人。

结果第二天,从前线又传来了截然不同的另一条消息。这一次是

---

① 法语,"细枝末节"。(译注)

波拿巴在马伦哥战役中大获全胜。据说在战争开始后11个小时的时候，德赛①将军，在超乎常人的军事直觉引导下，率军支援波拿巴，反败为胜。不久，当第一执政再次返回巴黎，他的地位要比当时出发时稳固了一百倍。当然，他也第一时间知道了他的部长和知己们曾经要背叛、抛弃他。卡诺，这个首要冒犯者，被波拿巴免职了。其他人，包括富歇，得以保留他们的职位。富歇再次表现了他一贯的谨小慎微，没有证据显示他不忠，但也没有证据证明他忠诚。他既没有做出背叛的事情，但也没有表达对波拿巴的忠贞不贰。他再一次体现了自己的个性：在好运连连的时候，他是一个可靠的同盟；在时运不济的时候，他是决不可靠的。波拿巴没有开除他，没有责备他，也没有惩罚他，但从那天之后，不再信任他。

这个几乎不为人所知的小插曲却产生了实实在在的心理学效应。它赤裸裸地暗示着：靠刀剑和军事胜利建立起来的政府，只要打了一次败仗就会垮台；一个王朝，它的统治者想要继承王位，必须迅速找到血统和世系的合法性才行。波拿巴，正为自己拥有强大的力量而兴奋不已，为拥有上升期的天才不可战胜的乐观而豪情万丈，或许对这个善意的提醒并不在意，但他的兄弟们不这么想。历史学家似乎经常忘记描述关于拿破仑的一点就是，他不是独自一人来到法国的，而是被一群对权力和金钱贪得无厌的亲戚簇拥而来的。早年间，作为家族

---

① 路易·理查·德赛（1768—1800），法国大革命时期的将军，深得拿破仑器重。1800年，在马伦哥战役中不幸阵亡。（译注）

荣光、他们的拿破里奥尼①娶个富裕制造商的女儿,他的母亲和四个穷困潦倒的兄弟还是比较满意的,因为他至少可以从妻子的嫁妆中拿出一部分给姐妹们买一两件衣服。但现在,波拿巴爬上了无人能及的位置,他们蜂拥而来,希望能跟着鸡犬升天。他们还想攀登最高峰,想让法国,甚至全世界成为波拿巴家族的私有财产。他们不择手段,贪得无厌,厚颜无耻,像个海盗,身上也没有任何天才的光环可作为借口。他们不停催促波拿巴将人们对他的拥护转化为独立的、永久的、世系的皇权。他们叫嚷着要求波拿巴为他们建立王权,成为皇帝或者国王。他们要求波拿巴和约瑟芬离婚,然后娶巴登公主为妻——还没有人敢奢望他能娶沙皇的妹妹或者哈布斯堡王朝的公主!他们不停地使用阴谋诡计,让他离昔日共同患难的伙伴们越来越远,离他的初心越来越远,从共和走向反动,从自由走向专制。

约瑟芬,第一执政的妻子,孤立无援、无依无靠地面对这样一个贪得无厌、冷酷无情的波拿巴家族。她知道,波拿巴每向独裁迈出一步,就远离她一步。因为国王或者皇帝首先需要的,也是一个王朝对一个女人最为重要的要求——一个继承人,他的存在可以使江山永固,但约瑟芬并不满足这个条件。只有极少的波拿巴的顾问站在她这边,因为她总是债务缠身,也没有余钱让这些人对自己言听计从。那时,她身边最为忠实的盟友就是富歇了。很久以来,他不安地看着,随着不断的胜利,波拿巴的野心也令人难以置信地膨胀;看着他的主人急

---

① 拿破仑名字的意大利语音译。他生于科西嘉,当时属于意大利领土。(译注)

切地想把每一个正直的共和党人当作无政府主义分子和恐怖分子加以迫害。敏锐多疑的眼神让他能够参透维克多·雨果说的那句话："Déjà Napoléon perçait sous Bonaparte"①。一位帝王的身体正从将军身下破茧而出，公民身份掩护下的恺撒也逐渐（危险地）现出了真身。这对富歇是个危险信号。处死路易十六，他投了赞成票，等于他要与共和国荣辱与共、利益共存，需要维护共和制的政府，所以他惧怕君主制占主导的趋势，所以他要明里暗里支持约瑟芬。

这样的行为是波拿巴家族不能宽恕的。带着科西嘉人的仇恨，他们监视着富歇的每一个行动，跟踪他的脚步，只要他在妨碍他们大事的时候有一点闪失，他们就让他再也无法翻身。

他们焦躁不安地等了很久，终于等到了扳倒富歇的机会。1800年12月24日，波拿巴驱车前往剧院，去看海顿的歌剧《创世纪》在巴黎的首场演出。正当马车穿过狭窄的圣尼凯斯街的时候，车的后面就发生了爆炸，"地狱机器"②炸得无数碎片四处翻飞，冲上屋顶。据说当时车夫喝得烂醉，马车驾驶得飞快，波拿巴才逃过一劫。但有40个人被炸得血肉横飞，横躺街头，马车也在炸弹的气浪中剧烈颠簸摇晃。波拿巴面色惨白，如同大理石。他继续坐车前往剧院，在热情的公众面前，强作镇定。整场演出中，波拿巴一直维持着平静刚毅的表情；坐在旁边的约瑟芬，则早已神情痛苦，抑制不住地泪流满面。演出最后，

---

① 法语，"拿破仑已经从波拿巴的身体里钻了出来"。（译注）
② 一种定时炸弹。（译注）

观众掌声雷动，欢送波拿巴，而第一执政用令人难以置信的平静再次表达了感谢。

当他返回杜伊勒里宫，部长们和顾问们才明白他在剧院是强作镇定。他大发雷霆，特别是冲着面如死灰、一动不动的富歇。波拿巴说，作为警务部部长，富歇早就应该对这样的阴谋有所察觉，但是他和昔日同谋——雅各宾派的人，暗中勾结，对他们的行为采取了罪恶的纵容。富歇平静地回答道，还没有证据证明这次刺杀就是雅各宾派所为；而且，他认为这次应该是保王党的反动分子和英国人的金钱在发挥作用。他一脸平静的反驳再次激怒了第一执政："我告诉你，就是雅各宾派干的。这些恐怖分子和流氓，都是死硬的反动派，他们联合起来就是要反对一切政府。这群恶棍，为了谋杀我，企图屠杀成千上万的人。我会处置他们，而且要让所有的人都看得到。"富歇再次斗胆表示质疑。于是，这个暴躁易怒的科西嘉人差点对自己的部长进行身体攻击，约瑟芬不得不进行阻拦。她抓住丈夫的胳膊，让他息怒。但在言语上，波拿巴丝毫没有停下来，他开始攻击富歇，滔滔不绝列举了雅各宾派的所有谋杀和犯罪行为，包括巴黎十二月屠杀，南特的"共和党人婚礼"[①]，凡尔赛对囚犯的屠杀等，明确暗示昔日的里昂刽子手，他的这些过往波拿巴也是记得的。但是波拿巴越是情绪激动地冲着他叫喊，他越是沉默。当斥责的言辞劈头盖脸冲他而来，当拿破仑的兄弟和朝臣们满脸嘲讽地看着终于暴露出可以攻击的弱点的警务部部长

[①] 法国大革命期间的一种行刑方式，将一男一女捆在一起扔入河里。（编者注）

时，他铁青色脸上的肌肉都不曾抽动一下。他用如冰的冷漠反驳暴风雨般的指责和怀疑，又以同样冷漠的面容离开了杜伊勒里宫。

富歇的失宠看起来是不可避免的，因为约瑟芬为他说的好话，拿破仑一句都听不进去。"难道他不就是他们其中的一个领导者吗？难道我不知道他在里昂和卢瓦河畔的所作所为吗？对，是里昂和卢瓦河向我解释了富歇的态度。"他怒气冲冲地大喊。人们纷纷开始猜测新任警务部部长是谁；宫廷内，人们也不再搭理富歇，看起来他马上就垮台了（虽然之前有很多次也是这样）。

在接下来的几天，富歇的地位没有任何改善。波拿巴还是一口咬定，对他的行刺是雅各宾派干的。他要求采取严厉措施，对罪行严惩不贷。富歇表示说，自己也在做其他的调查，却遭来蔑视和猜忌。那群愚蠢的人嘲笑他太傻，连这么件小事儿都搞不定。对手们看他顽固地坚持自己的错误，都洋洋得意。富歇一句话不说，也不争论，只是保持缄默，持续了两个星期。即便是被命令逮捕130个激进分子和前雅各宾派的人，将他们送往圭亚那，置于"干燥的断头铡下"，他也一声不吭，完全照办。没有任何犹豫，他迅速处决了最后的山岳派们，他的朋友巴贝夫的门徒们，托皮诺和阿雷纳，他们也没啥罪行，只不过公开揭露了波拿巴在意大利窃取了几百万，并企图用这些钱换取独裁地位。他违背自己的内心，木然地目送着一些人被流放，另外一些人被处以极刑。他如同神父一样沉默，保守着忏悔室的秘密，紧闭双唇，一声不吭，眼看着一个个无辜的人被定罪。他私下调查到了有用的线索。当别人嘲讽他，波拿巴日复一日愚蠢固执地对他讽刺挖苦、高声斥责的时候，富歇在办公室里悄悄收集的证据已经无可辩驳地指明，想要第一执政的脑袋的是保王派——朱安党人。在国务会议上，在杜伊勒里宫，面对各种攻击和责难，他不动声色；但暗地里，他和最优秀的密探们热火朝天地工作着。在金钱的激励下，法兰西所有的警察和密探都行动起来，地毯式在巴黎搜索证据。一匹母马运送了"地狱机器"，虽然这头可怜的畜生被炸成几百个碎片，但它从前的主人浮出水面。他详细地描述了自己把马卖给了什么样的人。依赖于精心编著的"*Biographie Chouannique*"[①]——这本由富歇主导编写的详尽记载所有流亡者和保王党人的资料，最终刺客的名单被确认，就是朱安党人。但富歇仍旧保持沉默不语，任由对手在他的面前得意洋洋。他正在编织最后一根线，确保这张网牢不可破；再有几天，他就将把所有犯人网罗于内。也就再需几天时间而已！因为富歇的雄心受到压制，尊严受到伤害，他可不满足于取得战胜波拿巴和那些成天指责他、信息闭塞的人的小型胜利，他要取得的是一次马伦哥战役般的胜利，一次彻底将对手击碎的胜利。

于是，两个星期后，他突然反击。刺杀阴谋全部揭露，所有的证据链条皆清晰可循。正如富歇之前预言的，卡杜达尔[②]，朱安党人中最令人恐惧的家伙，是刺杀行动的领导者，而被英国金钱收买的效忠王室的保王党人，是他的帮手。这个消息如同晴天霹雳，直接猛击富

[①]《朱安党人传》。（译注）
[②] 乔治·卡杜达尔（1771—1804），法国大革命期间，朱安党叛乱的领袖。（译注）

歇的敌人。他们才意识到 130 个人就这样白白地无辜地被处死了，他们对高深莫测的富歇嘲笑得也过早、过于幼稚。这位永无过失的警务部部长比以前更加强大，更加受人尊敬，也更加可怕。波拿巴既愤怒又敬佩，注视着这个铁面的精算师：他凭借着冷静沉稳，再一次料事如神。波拿巴不得不改变初衷，承认说："富歇是对的。他要比其他人判断得准确。我们必须密切注视返回家园的流亡分子、朱安党以及这个党的所有成员。"但通过这个事件，富歇只赢得了波拿巴的尊敬，并没有赢得他的喜爱。独裁者们从来不会感谢一个指出他们错误和不公正做法的人。普鲁塔克讲述的故事里就蕴含着这样不朽的智慧。他说，有一个士兵在战场上救了国王的命，一位智者劝他赶快逃走，士兵没有听，他以为自己可以得到国王的感激，结果反倒丢了脑袋。君主们讨厌看到他们软弱时刻的人，专横的独裁者也厌恶谋士比他聪明，哪怕只是偶尔一次比他聪明。

在警察事务这个小领域，富歇无疑取得了最大程度的胜利。但是比起波拿巴在执政府最后两年所取得的胜利是微不足道的。这个独裁者在接连的胜利后又取得了最辉煌的胜利：与英国签订了合约，与罗马教廷订立了协议。这要得益于他的精力充沛、出色的能力和善于筹划，世界上最强大的两股力量不再是法国的敌人了。国家秩序稳定，金融运行平稳，党派之间的斗争结束，到处歌舞升平。国家财富再次增长，工业迸发出新的活力，文化艺术繁荣，奥古斯都的时代已经到来，一个现代奥古斯都可以自称恺撒的时刻也临近了。富歇能够读懂波拿巴的每一个想法，知道这个科西嘉人的野心究竟去往何处。富歇深知他的主人已经不再满足于共和国最高指挥官的身份，他已决意将这个他拯救了的国家变成自己的王国，并将它作为财产永远传递给自己的家族。其实，到目前为止，这位共和国的执政并没有把非共和主义的愿望公开表达出来，但私下里，他暗示心腹，希望国会能通过一些"témoignage éclatant"①——一些明显的证据来展示对他的感激。在他的内心深处，渴望有一个马克·安东尼②，一个忠心耿耿的仆人，为他谋取皇冠。而富歇，头脑灵活，足智多谋，或许可以用这种方式确保波拿巴对他保持永远的感激之情。

但是富歇拒绝扮演这个角色，当然不是公开拒绝。他表面遵从波拿巴的计划，但背地里，设法破坏他们要实现的目标。他站在波拿巴的兄弟和波拿巴家族的对立面，选择站在约瑟芬一边。约瑟芬一想到自己的丈夫将成为君主，便忧心不已，因为她知道一旦事情成真，她就不再是波拿巴的妻子了。富歇告诫约瑟芬不要公开反抗。他说："要保持平静，违背您丈夫的意志是徒劳的。您的不安会让他厌烦，我的建议会让他不快。"富歇，按照他的一贯方式，还是喜欢在暗处偷偷破坏主人野心勃勃规划的蓝图。而波拿巴，表面装作很谦逊，也没有把话挑明。参议院那边仍然有意通过"témoignage éclatant"表达对波拿巴的感激。但富歇成功说服了议员们，说这位伟人是纯粹的共和主义者，他除了要求在第一执政的位置上再坐10年，别无他求。议员

---

① 法语，"明显的证明"。（译注）
② 马克·安东尼·克列提库斯（约前83—前30），古罗马著名政治家、军事家，为恺撒成为独裁者立下赫赫战功，是恺撒的坚定支持者。（译注）

们确信这样做能让波拿巴感到荣耀和愉悦，于是通过了正式决议。波拿巴识破了阴谋，也知道是谁是主谋。他怒气冲冲，接受了这份并不想要的、如同打发乞丐的礼物。他已经准备好了戴上皇冠，微不足道的10年执政对他而言就是一个空核桃，将被他轻蔑地踩个粉碎。

于是波拿巴彻底撕掉了谦逊的面具，明确表达了自己的愿望。他想做终身执政！在这些言语薄薄的外衣下，每一个精明的观察者已经看到了呼之欲出的皇冠。但此时，波拿巴已经足够强大，拥护者众多，于是当这个议题被提交表决，几百万个热情高涨的民众用多数票将他选为终身执政。共和走向尽头，君主制正式开始。

波拿巴的兄弟姐妹，这个科西嘉人的家族却不会饶恕约瑟夫·富歇，因为他在王位觊觎者飞奔向皇冠的路上投掷铁蒺藜。因此，当波拿巴成为终身执政，位子已经坐稳，他们就不停催促将这个阻碍他上位的人免职。如今形势一片大好，波拿巴获得全国的一致支持，内部的对立停止，为什么还要保留这样一个过分热心的看守人——不仅监视着国家，也窥探着他们见不得人的阴谋诡计？让他滚蛋！让这个老谋深算、不断制造麻烦的家伙赶紧滚蛋！他们就这样不停歇地、毫无耐性地、日复一日地催促着还在犹豫不决的波拿巴。

其实，终身执政自己也是同样的观点，也因为这个人的存在焦虑不安。富歇知道太多秘密，而且还总是想知道更多。这个灰色的阴影总是跟在他光芒万丈的身躯之后。但富歇精明能干，广受尊敬，想要免除他的部长职位，没有一个借口是不行的。另外，他们俩一起上台，主人把强大的手下变成公开的敌人也是非常不利的。他熟知每一个秘密，科西嘉人的家族龌龊的私事他也全部洞察，所以最好不要公开侮辱他。波拿巴找到了既能解决问题、又可以为富歇留足面子的巧妙方法，让世人看来，富歇的撤职并不是因为失宠。他们告诉富歇：他这个警务部部长出色完成了工作，以至于他领导的监督全体市民的警务部都变成多余的了。于是他们决定撤销警务部，而不是给富歇免职。这样波拿巴既清除了富歇，又为后者保住了颜面。

此外，波拿巴还给这枚苦涩的药丸镀了一层金。作为补偿，他在参议院为富歇留了一个位置。波拿巴在提拔富歇的信中写道："公民富歇，在极端困难的情况下出任警务部部长。他凭借卓越的才干，全身心投入到政府工作中，向世人展示了他在任何情况下都能胜任一切工作的能力。现在，他将成为参议院的一员，倘若以后依据形势发展，需要重建警务部，那么政府将不再另寻值得信任的人选。"此外，波拿巴发现，这位昔日的共产主义者和他的宿敌——金钱，彻底和好，于是便在通往他退休的路上修了一座金桥。当警务部部长清算完办公室所有账目，将240万结余款项上交的时候，波拿巴大手一挥将款项的一半，也就是120万法郎送给了富歇。这个曾经视金钱为粪土的男人，10年前还痛斥金钱是"邪恶的令人腐化堕落的贵金属"，现在完全接受了这一切。除了参议院的席位，他还获得了艾克斯的一块封邑，位于马赛和土伦之间，估值1000万法郎左右。波拿巴很了解他，知道他长了一双贪得无厌的手，知道最佳办法就是用黄金把这双手压得再也抬不起来。因此，在历史上，极少有人像富歇一样，免职得如此风光无限，如此豪华奢侈。

5

皇帝的大臣
1804—1811

　　1802年,约瑟夫·富歇,或者不如说"约瑟夫·富歇参议员阁下"遵从第一执政温和而强烈的愿望,退休了,成为普通百姓。10年前,他也是从普通百姓开始干起的。这10年是多么令人难以置信,危机四伏,充满杀戮,命运多舛,整个世界发生了巨大变化,但富歇懂得如何利用这样复杂纷乱的时代。如今,他被迫退休,可不能像1794年那样,选择又冷又狭小的阁楼作为避难所,他在切卢蒂大街买了一栋装饰豪华的大房子,据说以前是一个厚颜无耻的贵族或者臭名昭著的富豪的住宅。在费里埃,他在罗斯柴尔德家族[①]日后的安居之所修建了一座富丽堂皇的乡间别墅。他的封邑普罗旺斯,艾克斯参议员的职位,为他源源不断提供大量钱财。在其他方面,他展示了一名成功的炼金师的本领,或者说拥有了国王米达斯点石成金的本领。在交易所里的被保护人允许他参与他们的生意,他还购买土地,获得了丰厚的

[①] 欧洲著名金融家族。其创始人梅耶·罗斯柴尔德(1744—1812)是当时著名银行家。(译注)

利润。过不了几年，第一个共产党宣言的作者就会成为法国最富裕的公民之一和最大的地主。富歇不再是里昂那只贪婪饥饿的猛虎，而变成了端庄娴静的某种生物，一个贪婪的资本家，一个轻轻松松、悄无声息就能榨取剩余价值的高手。尽管手握1500万法郎的财富，富歇依旧过着和住阁楼时为了每天赚得15苏、无休止痛苦地工作一样的生活。他不吸烟，不喝酒，不赌博，也不花钱找女人或者挥霍在虚荣的生活上。他只与妻子和孩子们在一起（又生了三个，来填充在困难时期死掉的两个）。他像居家好男人一样过着每一天：在自己的庄园里散步，时不时低调地办个招待会，聚精会神地倾听朋友弹奏妻子的钢琴，读读时下的书籍，享受与别人聊天的乐趣。但在这个面色苍白、受人尊敬的市民内心深处，却隐藏着对危险的政治生活、对整个世界政治舞台即将上演的紧张游戏的极度渴求。他的邻居们看不到这些，他们看到的只是一个老成持重、勤俭节约的乡绅，一个和蔼的父亲，一个温柔的丈夫。没有在政府里和他共过事的人根本无法想象在他沉默寡言、和颜悦色的面具下面，潜藏着不断蓄积的想要再次出山的炽热激情。

权力就像美杜莎的头，无论谁看到了她的脸，就无法把目光移开，就会被她的魔法控制。无论谁尝到过指挥、主宰他人那令人沉醉的滋味，也同样无法放弃。翻遍世界历史，寻找主动放弃权力的人，你会发现，成千上万的统治者中都不超过一打。他们心甘情愿、头脑清醒放弃控制千百万人的快乐，简直就是亵渎神灵（苏拉[①]和查理

[①] 路西乌斯·科尔内利乌斯·苏拉（前138—前78），古罗马著名政治家、军事统帅，独裁者，戎马一生、屡立战功。公元前79年，突然辞职隐退。（译注）

五世①是两个著名的例外）。这就像赌徒戒不掉赌博，酒鬼戒不了酒，猎人放弃不了打猎，约瑟夫·富歇也无法停止策划政治阴谋。休息于他而言是折磨，虽然他面色平静，装作漠不关心，虽然他也仿效辛辛纳图斯②耕田犁地，实际上他的神经抽动、手指颤抖，十分渴望再次捏住政治的纸牌。虽然他不再穿工作服，但仍然自愿做着警察的工作。唯恐他的笔忘记昔日的狡诈阴险，他每个星期都会给第一执政送去秘密消息。这只能给他提供消遣，让他有事可做，却不能满足他的贪欲。他摆出旁观者的姿态，不过是热切地等待一个时机，一个又可以大权在握、指挥众人、左右世界命运、继续青云直上的时机。

波拿巴不是没有看到富歇迫不及待想要重回政治舞台的迹象，但他选择视而不见。这个人聪明能干得令人讨厌，必须让他离政治中心远远的，让他在黑暗中埋没得越久越好。自从人们发现搞地下工作的富歇身上不可抗拒的意志力，除非在非常紧急、危险的情况，迫不得已必须要用他时，人们是不敢用的。第一执政通过多种方式显示对富歇的赞赏，给他安排各种小活儿，对他传递的消息表示感激，时不时邀请他参加枢密院的会议，除此之外，为让他消停待着，还给他创造大量发财的机会。但有件事，只要有可能，波拿巴会一直回避：坚决

---

① 查理五世（1500—1558），神圣罗马帝国皇帝、西班牙国王，是欧洲近代史上拥有领地最多的领主之一。他带领西班牙走上殖民扩张道路，资助麦哲伦环球航行，平衡国内宗教势力。1556年，他宣布逊位，将权力交给自己的儿子们。（译注）
② 卢西乌斯·昆提乌斯·辛辛纳图斯（前519—前430），古罗马政治家，在罗马共和国危难之际，退隐务农的他被任命为执政官。在他的努力下，危机解除后，他再次回归农田。（译注）

不重建警务部，绝不给富歇官复原职的机会。只要独裁者的地位足够稳固，不犯任何错误，他就不会需要这个令人难以应付的、让人感觉背后发凉的仆人。

富歇何其幸运，波拿巴还真犯了错误：他不再满足于只做波拿巴，这是一个影响世界历史、不可饶恕的错误。他最大的错误在于，除了充满自信、取得过无人企及的胜利之外，还贪求合法地位的惨淡光辉、帝王头衔的虚荣辉煌。这个男人凭借极高的天分、独一无二强有力的个性和实力，不需要惧怕任何人和事，但他在昔日的阴影、已经被驱逐的波旁王朝的黯淡光环面前瑟瑟发抖。这使他在塔列朗的误导下，违背国际法，让宪兵在中立地区逮捕了当甘公爵①，押往巴黎，并枪杀了他。富歇针对这个事件，说了一句名言："这是一个错误，一个比犯罪还要严重的错误。"这次处决事件使波拿巴陷于惧怕、恐怖和仇恨的包围之中，使他觉得有必要再次将自己置于百眼巨人阿尔戈斯的保护之下，置于警察的保护之下。

急切召回富歇还有一个更为重要的原因，1804年，第一执政波拿巴需要一个敏锐机警、做事大胆的帮手，协助他跃上晋升的最后一级台阶。他需要一个人为他牵马坠镫。两年前，当上终身执政，似乎还是他雄心壮志的最高实现，现在已经远远不够了。他已经不再满足于做公民中的第一公民，他想成为臣民或者国民的君主或者主人。只有

---

① 路易·安托万·德·波旁（1772—1804），最后一任孔代亲王独子。1804年，拿破仑遭保王党刺杀，便劫持了当甘公爵，将其当作凶手处死。（译注）

金色的皇冠才能使他发烫的前额冷却。他要成为恺撒，必须有安东尼。而富歇，虽然一直扮演着布鲁图①的角色（在更早的时间，他甚至是喀提林②），但经过两年政治真空期，他已经饥肠辘辘，急切想展现自己，心甘情愿为波拿巴从议会中骗取一顶皇冠。以金钱和许诺为诱饵，他让全世界得以目睹一场精彩绝伦的表演：昔日雅各宾派的主席，繁忙地穿梭于议会的走廊里游说，暗中操控，直至一些阿谀奉承、善于耍阴谋诡计的议员建议，应该通过议案建立一个机制，确保政府的存续期超过现任元首的生命③，这样就能彻底摧毁谋叛分子的希望。把这晦涩难懂的字句翻译成大白话，意思就是终身执政的波拿巴要变成世袭的皇帝拿破仑。参议院提出的那份希望波拿巴"完成他伟大的事业并使其永垂不朽"的卑劣下贱、奴颜婢膝的请愿书，估计是富歇起草的。他的笔既可以蘸油写字，也能蘸血写字。没人能像来自南特的约瑟夫·富歇，国民公会的前代表、雅各宾俱乐部的前主席、里昂刽子手、暴君终结者、曾经的共和主义者中最具共和主义精神的人，更加卖力地拿着铁锹为埋葬共和国掘墓。

他很快得到了奖赏。也就是几年前，公民富歇还是执政公民波拿巴的手下。经历了两年镀金般的流放，1804年，参议员富歇阁下被至高无上的拿破仑皇帝陛下任命为大臣。这是约瑟夫·富歇第五次宣誓

---

① 刺杀恺撒的主谋，当时是罗马元老院成员。（译注）
② 路西乌斯·塞尔吉乌斯·喀提林（约前108—前62），古罗马贵族，曾任大法官、非洲总督等职。曾两次竞选执政官失败，后纠结军队反叛，妄图夺取政权。阴谋暴露后，逃亡意大利，后兵败被杀。（译注）
③ 即政府应该延续到现任元首死后。（译注）

效忠：第一次还是君主制的政府，第二次是共和国，第三次是督政府，第四次是执政府。现在是第五次，是向皇帝宣誓效忠。这时他才45岁，还有大把时间重新宣誓，重新效忠和重新背叛。经过长时间的休养生息，他满血复活，再次一头扎进旧时钟爱的血雨腥风的环境中。他发誓要效忠新皇帝，但他真正效忠的只有自己永无止境的贪欲。

此后10年，人们将看到这两个人，拿破仑和富歇，面对面站立在历史的舞台上。他们的命运紧紧连在一起，尽管他们明显是相互排斥的状况。拿破仑不喜欢富歇，富歇也不喜欢拿破仑。他们内心憎恶彼此，又相互利用，他们绑在一起单纯是正负两极自然相吸。富歇清楚知道拿破仑的威力——巨大又危险的能量。他知道许多许多年内，世界不会再出现这样一个举世无双的天才，一个值得他为之服务的人。对于拿破仑来说，没有一个人能像富歇一样，能对他的指示迅速心领神会。富歇是一个冷静沉着、洞悉一切的密探；他不知疲倦、高产高效，政治才干出类拔萃；可以把他派到各个岗位，他既能做至善至美之事，也能做罪大恶极之事。他离完美仆人的距离只有一点——缺乏无条件的忠诚。

因为富歇实际上永远不会是任何人的仆人，更不会是任何人的走狗。他永远不会为别人的功名牺牲自己精神上的独立和完全放弃自己的意愿。相反，当越来越多的前共和主义者，摇身一变成为新贵族；当他们被皇帝的光芒所震慑，越来越多的人从顾问堕落成阿谀奉承之辈的时候，富歇的脊背却越发挺拔了。当然，面对绝对权威、越来越像恺撒的皇帝，公开提出反对意见、直接表达不同观点是不可能了，因为在杜伊勒里宫,类似同僚之间开诚布公、公民之间推心置腹式的交换意见,已经被令行禁止了。拿破仑皇帝要求昔日的战友甚至兄弟只能用"陛下"来称呼他(他们肯定笑死了!)。除了他的妻子,没有人可以用"你"来称呼他。他妄自尊大的另一个表现,就是不再允许大臣们给他提建议。公民富歇部长以前面见公民波拿巴执政,可以穿着市民休闲的服装,迈着随意的步伐。但是现在,约瑟夫·富歇大臣想要拜见拿破仑皇帝,他瘦瘦的脖子必须被绣着金边、又高又直的衣领包围,必须身着华丽的宫廷制服,脚穿黑色丝袜和高跟鞋,胸前挂满勋章,手持礼帽,迈着庄严的步伐。富歇"大人"必须在昔日同谋和同僚面前恭敬地鞠躬,然后才被允许称拿破仑为"尊敬的陛下"。富歇进来的时候需要鞠躬,离开时还要鞠躬。他必须要无条件接受拿破仑粗暴的命令,不能说话,更不能和皇帝有亲切的交谈。这个最刚愎自用的男人,他的意见不容任何反驳。

至少,他不允许公开反驳。富歇太了解拿破仑了,所以不会把反对意见强加给自己的主人。表面上,他和帝制时代那些谄媚逢迎、奴颜婢膝的大臣一样,听从皇帝的一切指令。但是,他又和这些人有些差别,他不一定总是执行命令。如果下达一个他并不赞同的逮捕令,他会悄悄警告被抓捕的人;如果他不得不执行惩罚,会让每个人知道他只是奉命行事,并非他的本意。但是,皇帝表示的仁慈和恩典,富歇会当作他施与别人的个人行为。拿破仑越专横(有意思的是,这个人从独裁开始的暴躁脾气,随着权力的逐渐扩大,也变得越来越严重,越来越专横),富歇就表现得越和蔼可亲、平易近人。就这样,他一句反对皇帝的话也不说,只是通过暗示,笑一笑或者沉默不语,就组成了一个人的看得见却又摸不着的对立派,反对新的君权神授。他不再冒着危险对皇帝陛下说出那些不受欢迎的实话。他太清楚这些皇帝和皇后了,就算以前他们叫波拿巴,也是不愿听真话的。但是他在每日的报告中夹带私货,将这些真话悄悄塞进去。他从来不写"我认为""我相信",以免因暴露自己的想法和观点遭到训斥。他会在报告中写"据说""据传",或者"一位公使宣称"。因此,他总是在每日提供的开胃鹅肝酱[①]中加几粒皇室传闻的胡椒。拿破仑不得不咬着嘴唇阅读所有姐妹们的丑闻,包含这些丑事的"恶意满满的谣言",关于拿破仑的尖酸刻薄的评价和尖锐辛辣的短评,富歇用自己的巧手将其故意点缀在报告中。用这样的方式,这个难缠的仆人什么也不用说,便时不时地向自己脾气暴躁的主人提供令他不快的真相。而他在一旁恭恭敬敬、默不作声,看着拿破仑阅读这些报告,眼瞅着皇帝哑巴吃黄连。富歇用自己的方式向波拿巴中尉复仇,谁让他披上皇袍后,命令旧日的顾问只能战战兢兢、卑躬屈膝地侍奉在一旁?!

人们看出来,他们之间的关系并不好。富歇不是令拿破仑愉快的仆人,拿破仑也不是令富歇欢喜的主人。皇帝从来没有痛痛快快、不加批评地接受这位大臣的其中一份报告。他仔细审查每一行,想从字里行间找到最微小的差错、最不起眼的失误;一旦找到,他毫不控制科西嘉人的暴戾,对着富歇大发雷霆,就像校长斥责一个小男生一样。而且,同

[①] 指富歇每日的例行报告。(译注)

僚们、看门人和偷听者都在声明中一致同意,富歇面对粗暴无礼的斥责表现出来的镇定激怒了拿破仑。但即使没有他们的证明(对那时的回忆录都要持保守态度,不可全信,并要看出言外之意),人们也能从其他文件中看出一二;在他的信件中仿佛都能听见独裁者那教官式的嘶吼在回荡。拿破仑写给富歇——在这个行业堪称大师的人的信中说过"我发现警察并没有对新闻界密切关注",还有,"人们会认为在警务部里,没有一个人能识文断字",或者这样的话,"让我强调一下,您只用管好自己的分内之事,不要插手国际事务"。当着其他人的面,例如当着副官和参议院成员的面,他也会劈头盖脸训斥自己的这位大臣(富歇),毫不犹豫。他发起火来不管不顾,会提到富歇过去做过恐怖分子,提到富歇在里昂的所作所为,辱骂富歇是弑君者、叛徒。富歇是冷漠如冰的观察者,经过10年的观察,他已经对主人的脾性了如指掌。他知道主人爆发的怒火,有些时候是真的,是这个热血方刚的人无法压制自己怒气的表达,但有时就是故意演戏。因此,无论拿破仑是真的发怒还是假装的,他都不动声色,既不惊慌失措也不胡言乱语。他也从不惧怕恐吓,不会像奥地利大臣康特·科本茨那样,看到拿破仑把一个昂贵的花瓶摔得粉碎,就吓得双腿颤抖。他就像戴了面具,总是面无血色,无动于衷;面对倾盆大雨般的破口大骂,他没有任何窘迫之情,只是静静站着倾听。尽管人们可以想象到,一旦离开那道门,在主人的视线中消失,他就会放肆地露出嘲讽或者恶毒的笑容。就算第一百次受到威胁要被辞退或者放逐,他都会默默离开,因为他坚信,第二天,皇帝就会和平时一样,派人将他召回。而且,他的这种自信每次都会应验。在拿破仑统治的

10年期间，尽管对约瑟夫·富歇不信任、对他怒火中烧、对他暗自憎恨，却始终无法摆脱他的服务。

尽管同时代的人对富歇掌控拿破仑十分费解，但富歇也没有使用魔法或者催眠术。这种掌控力是经过勤奋、敏锐、系统的观察，十分审慎地获得的。富歇知道很多事，可以说知道得太多。部分是由于偷听了皇帝与他人的交谈，部分是违背了皇帝的意志，富歇逐渐掌握了皇帝的全部秘密。因为那个非凡无比的情报网，使得整个国家和统治者几乎都在他的掌控之下。通过约瑟芬，他知晓了拿破仑家庭生活的每一个细节；通过巴拉斯，他了解了这位伟大冒险家崛起的细枝末节；通过和金融家们的密切关系，他得以深入了解皇帝个人的财政状况；他还知道波拿巴家族其他成员上百个丑闻，包括他的兄弟们的赌博丑闻，以及波利娜①如同现代麦瑟琳娜②式的行为举动。拿破仑的婚外情也逃不过他的眼睛。皇帝披着斗篷，把自己捂得严严实实，在深夜偷偷从杜伊勒里宫的小门溜出去，和情妇幽会。第二天一大早，富歇就知道马车驶往何处，在外面等了多久，何时返回宫中。甚至有一次，富歇将情妇背叛了皇帝、和一个低贱的戏剧演员厮混在一起的事情报告给他，以此羞辱这个世界的统治者。自从收买了皇帝的一个秘书，富歇便得到了每一封皇帝比较重要信件的副本。一些宫中奴仆（穿高级制服的和穿低级制服的）每个月可以从警务大臣的小金库中拿到额

---

① 波利娜·波拿巴，拿破仑的二妹妹，私生活比较混乱，有众多情人。（译注）
② 麦瑟琳娜，古罗马皇帝克劳狄乌斯的皇后，著名的荡妇。（译注）

外的奖金,只要他们提供有价值的宫中情报。不分白天和黑夜,不管吃饭还是睡觉,拿破仑时时刻刻都在这些过分热忱的仆人的监视之下。皇帝在富歇面前没有任何秘密,不管他愿不愿意,也只能向富歇敞开胸襟。对所有人和事都了如指掌,仅凭这一点,让富歇具备了对人们的掌控力,巴尔扎克对此十分赞赏。

富歇对皇帝的一切,包括他的行为、计划、言论和想法,一切的一切都了如指掌;但富歇把自己的隐私包裹得严严实实的。无论是拿破仑或者其他人都不知道他真正的计划或者工作。他搜集了海量的信息,但只有他想让人们知道的才会公开,剩下的都被他锁在办公桌的抽屉里。最深处内殿的秘密,只有他才可以窥视,因为他最大的爱好就是让一切保持高深莫测、难以参透、难以捉摸。他把持最重要的位置,但别人对他一无所知。因此,拿破仑派了几个密探去监视富歇,结果无功而返。富歇愚弄了他们,甚至还利用他们给受骗的皇帝捎回去几份不怎么体面的报告。几年下来,这对敌手之间的间谍与反间谍活动愈发狡诈和恶毒,他们对彼此的态度是坦诚的虚伪。"坦诚"这个词用在这里还不恰当,他们之间的关系没有坦诚、透明可言。一个是太想当主人,一个太不想当仆人。拿破仑势力越强大,他就越觉得富歇讨厌;而富歇越强大,就越发憎恨拿破仑。

由性情不同造成的两人之间的敌意,逐渐有了不断增长的紧张局势的时代烙印。在法国,一年又一年,人们越来越明显感受到两种对立的意志。国民渴望和平安定,拿破仑却一再地想要战争。1800年的波拿巴,还是革命的继承人和秩序的建立者,仍然和他的国家、人民以及大臣们其乐融融；而 1804 年的拿破仑，作为新的 10 年的皇帝，早已不再想着他的国家和人民，他的目光只盯着欧洲，盯着全世界，只在乎永垂不朽的名声。出色地完成了委托给他的任务、成为执政后，精力过剩的拿破仑又给自己强加了新的更加艰难的任务。他曾经把混乱恢复到秩序，现在又再一次把自己用成就换来的秩序带入混乱。

这并不意味着他的智力，像钻石一样清澈和锋利的智力变得混沌不清和迟钝。虽然他被天生能量的洪流冲昏了头脑，但他的智力自始至终，直到生命最后一刻，用颤抖的手写下一生杰作中的最伟大作品——遗嘱时，都是无比清晰的。但在后来的岁月中，他的理智全然失去了世俗的尺度。对于一个完成了不可思议任务的人来说，怎么能不是这样呢？对于一个在赌局中获得了史无前例的胜利且已经习惯于下大赌注的人，怎么能不渴望用更加不可思议的功绩来超越已有的功绩呢？但是即使拿破仑在进行最疯狂的冒险时，他的头脑也和亚历山大大帝①、查理十二世②、科尔特斯③一样，并没有错乱。和他们一样，他只是在取得了一系列胜利后，失去了世俗的尺度，忘记了合理的标准。正是在个人理智保持清醒和敏锐的时候所做的疯狂举动，（精神的戏剧如同密史脱拉风④吹过晴朗的天空一样辉煌壮丽）造成这些事

---

① 亚历山大大帝（前 356—前 323），世界历史上杰出的军事家、政治家，马其顿国王。他在位时，经过一系列扩张，最终建立了地跨欧亚非三洲的亚历山大帝国（马其顿帝国）。（译注）
② 查理十二世（1682—1718），即卡尔十二世，瑞典国王，军事才能出众。（译注）
③ 科尔特斯（1485—1547），西班牙贵族，曾率兵征服墨西哥。（译注）
④ 法国南部从北沿着下罗讷河谷吹的一种干冷强风。（译注）

件。这是一个人对千百个人犯下的罪行，也创造了人类历史的伟大记录。亚历山大从希腊到印度，一路征战。即使今天，人们根据地图追寻他的踪迹，也感觉是个神话故事。科尔特斯入侵墨西哥，查理十二世从斯德哥尔摩一路进军至波尔塔瓦，拿破仑从西班牙运往俄国的军队有60万人，这些既是勇气又是自负的表现。在现代历史中，这如同希腊神话里普罗米修斯与泰坦巨人之间的战争。他们是狂妄自大和英雄主义的混合体，他们的行为无疑是所有人类可以做到的事情中最亵渎神灵的。拿破仑刚戴上皇冠，便奋力追求这最终的极限。他的目标随着成功在扩大，野心随着每一次胜利在膨胀；每一次挑战命运成功增强了他再次挑战命运的决心。最自然不过的是他身边的人，只要没有被捷报的号角震聋，只要没有被军队胜利的光芒闪瞎，其中像塔列朗和富歇这样聪明绝顶、深思熟虑之辈，已经开始提心吊胆。他们在思考自己的命运，想着法兰西的命运，而拿破仑只想着他死后的名声，想着如何名垂青史。

理性与激情的对立、逻辑性格和恶魔性格之间的对立，在人类历史上反复出现，永恒存在。在新世纪的法兰西，它们之间的对立变得日益明显。拿破仑因战争成为伟人，将他从鲜为人知的小卒送上了至高无上的皇位。因此，他希望通过战争，继续寻找更为强大的对手，然后击败他们，是再正常不过了。他的野心随着军队疯狂的扩张无限膨胀。1800年，马伦哥之战，他依靠3万名军士取得胜利；5年后，他带领征战的士兵达到了30万人；又过了5年，他征集的军队数量已达100万人，几乎带走了这片极度厌战的土地上所有的青壮年。

"guerromanie"①和"courromanie"②（后者是司汤达发明的词）终将走向灾难，这么简单的道理，就算在军队服役的最为蠢笨的农民和文盲行李搬运工也懂得。在莫斯科战役的5年前，富歇在一次和梅特涅的谈话中预言道："就算击败了你们，还有俄国，和中国。"

只有一个人不能也不想认清现状，那就是拿破仑。他经历过奥斯特里茨战役，在此之后，又经历过马伦哥战役和埃劳战役——那么多被浓缩的历史时刻，所以当他在宫廷舞会中接见穿着制服、谄媚的大臣时，在观看华丽的歌剧、听着那些代表说着废话时，他不会感到兴奋和刺激的。只有率领军队迅速行进至其他国家，攻占广大领土；只有将敌军碾成粉尘，把国王们像棋子一样从王座上拉下来，再不屑一顾地挪到其他位置；只有看到荣民院的屋顶上旌旗招展，从欧洲掠夺而来、价值连城的财富塞满新建的国库，他的神经才会被刺激。他只在乎自己有多少团，多少军队。他把法国、其他国家甚至全世界都当成赌注，而法国对他来说，就是个人永远的私有财产——"la France, c'est moi"③。但是一些国民固有的观念认为：法兰西只属于她自己，他们反对这片美丽土地上的人民只是科西嘉人的家族成员能成为皇帝、皇后，和整个欧洲变成波拿巴家族世代相承私有财产的工具。他们越来越愤怒地看到，一年又一年，征兵启事贴满各城的城门，十八九岁的小伙子被从家里抓出来，派到炎热干燥的葡萄牙或者寒冷荒凉的波兰、

---

① 法语，"嗜好战争的人""好战分子"。（译注）
② 法语，"胜利狂"。（译注）
③ 法语，"我即法兰西"。（译注）

俄国送死——死得没有意义，或者为至少心智正常的人无法理解的意义而死。于是，他和那些头脑清醒的臣民之间的裂痕越来越大，对抗也越来越尖锐。他的目光只盯着头顶的星辰，他们看到的是这片土地的疲惫不堪和焦躁不安。他越来越专制，不再听从任何人的建议；他们在暗自筹划如何让这疯狂转动的车轮停止，防止它冲向无底的深渊。很显然，当理智和激情彻底决裂并成为对立阵营，皇帝与他最能干的仆人之间爆发战争的时刻就要到来了。

由于反对拿破仑这个战争狂和自大狂，两个曾经势同水火的议员竟然走在了一起：富歇和塔列朗。这二人是拿破仑最为得力的大臣。从心理学的角度来看，他们是两个当时最有意思的人。大概是由于过于相似，他们不喜欢彼此。他们都是头脑冷静、思路清晰的现实主义者，玩世不恭之人，马基雅维利的忠实信徒。他们都在教会接受过教育，接着在大革命的烈火中得以历练；在金钱和荣誉面前，他们同样冷酷无情、不择手段；他们以同样的无耻和不忠先后侍奉过共和国、督政府、执政府、皇帝和国王。这两个性格反复无常、狡黠的演员总是在一个接一个的历史舞台上不断遭遇：一会儿是革命者，一会儿是议员，一会儿是国家的部长，一会儿又是国王的仆人。因为他们拥有同样的精神世界，担任类似的外交角色，他们痛恨对方都思路清晰而冷静，且对彼此了如指掌。

他们都是典型的无德之人，这一点让他们在性格上有诸多相似。而导致他们不同的原因则来自出身的不同。塔列朗，佩里戈尔公爵，出身于法国一个古老的贵族家庭。1788年，年仅34岁的他已经披上紫罗兰色的长袍,成为法国一个行省的精神主宰——欧坦的大主教。而此时,来自中产下层家庭的富歇,还是一个默默无闻的年轻人,穿着破旧的修士服,作为半神职人员,为了少得可怜的薪水,正试图将数学和物理知识灌进修道院里十几个或更少的孩子的脑子里。塔列朗是法兰西神职人员驻外代表和法兰西驻英公使的时候,富歇正连哄带骗,为保住国民公会一个代表席位不屈不挠地挣扎着。塔列朗以居高临下的姿态参加革命,他作为显要人物从四轮马车上下来,走进第三等级,人们以满怀敬意的欢呼来欢迎他。富歇则是费了九牛二虎之力,极尽各种阴谋诡计才艰难地爬进第三等级。出身的不同为他们基本相同的特质蒙上了不同的色彩。塔列朗高高在上,以大贵族的姿态和冷傲、漫不经心的态度去处理事务(当他不得不处理的时候);富歇有野心、有抱负,带着谋取个人利益的热忱,努力认真地工作。即便是他们的相似之处,也有差别。尽管他们两个都爱钱,塔列朗以贵族的方式爱钱,把钱挥霍在赌桌或者女人身上;富歇以小商人的方式爱钱,把钱一分分地攒起来,作为资本去赚更多的钱。对塔列朗来说,金钱和权力只是享乐的一种途径,让他可以尽情享受所有感官的刺激和快乐,包括奢侈品、女人、艺术珍品、美酒佳肴;而富歇,即便他已经成为百万富翁,仍然保持着斯巴达式苦行僧的生活方式,继续省吃俭用。他们中任何一个都不能完全摆脱出身和早年生活环境的影响。在恐怖政治最盛行的日子里,佩里戈尔公爵从来没有真正成为公民的一员和真正的共和党人;富歇呢,日后成为奥特朗托公爵,身穿宫廷制服,也从未成为真正的"贵族"。

在两人最辉煌的时期，塔列朗更加光彩夺目，更有魅力，也更加引人注目。他多才多艺，深受18世纪古老文化的滋养，音乐美术素养好，文化素质颇高；他把外交游戏看作是诸多令人愉悦、令人刺激的娱乐项目中的一种，但他厌恶工作。他从来不想主动亲笔写一封信。这个精致的享乐主义者，恨不得将所有的代笔工作交给玛莎的儿子们[①]去做，然后漫不经心地用纤细的戴着指环的手将成果据为己有。他不会为繁重的调查工作所累，凭着直觉，便能以闪电般的速度统揽最为错综复杂的形势。他是天生的心理学家，加上心理学的后天滋养，正如拿破仑所说，能看透别人的每一个想法。不用直接给建议，他就能让人们坚定内心的想法，知道应该做什么。他的优势在于大胆转变方向，才思敏捷，在危险的情况下也能灵活应对。他不屑于做细枝末节的工作，也厌恶成年累月、汗流浃背的辛勤劳作。遵循这一原则，他喜欢用最少的努力、最精炼的形式熟练驾驭各种工作，也练就了随时能够妙语连珠和说出名言警句的本领。他从来不写冗长的报告，而是言简意赅用一句话或词表达一个场景或者一个人。而富歇正好相反，缺乏迅速统观全局的能力。他就像一只到处采蜜的蜜蜂一样辛勤工作，从上千个途径，仔细收集各种材料和线索，然后通过反复筛查和整理，最终得到可靠的无可辩驳的结果。富歇的工作方法是分析，塔列朗的工作方法则是预判。富歇的天才是勤奋努力，塔列朗则是迅速领悟。

[①] 来自鲁德亚德·吉卜林的诗歌《玛莎的儿子们》。这首诗取材《圣经》里玛莎和玛丽的故事，赞颂默默无闻的工程师、机械师、建筑工人等，他们辛苦、危险的工作为人们提供了安全舒适的生活。这里指代替塔列朗完成繁重工作的助手。（译注）

没有一个戏剧家能够写出两个如此完美对立的人，他们的相似之处有不同，巨大差别里又有几许相似。历史将懒散懈怠、才华横溢的即兴演员塔列朗和目光锐利、精于算计的富歇都放在了拿破仑身边。这个十全十美的天才将两者的才能——远见卓识和注重细节、鹰隼般的激情和蚂蚁般的勤奋、对世界的认识和对世界的预见结合起来。

但是没有比同一物种的不同种类之间的仇恨更加凶残。出于内心和本能，加上十分了解对方，塔列朗和富歇彼此憎恨。从他们认识那天起，塔列朗这个大贵族就对富歇专注细节、拼命收集各种消息、悄悄散播各种谣言、刺探别人隐私的行径极度反感；而富歇也极度厌恶轻浮浪荡、挥霍无度、傲慢无礼、漫不经心，还有些娘娘腔的懒散贵族塔列朗。他们谈到对方时都是言语刻薄，连扎带刺。塔列朗微笑着挖苦富歇："富歇先生之所以轻视他的同僚们，是因为他对自己了解得过于深刻。"作为回击，当塔列朗被任命为帝国的副首相时，富歇嘲笑说："他只缺少这个'副'"。但凡有损害对方、为对方设置障碍的机会，他们都不会错过。这两个人，一个才思敏捷，一个勤劳肯干，这样的特质让他们成了拿破仑的重臣。他们憎恨彼此，对拿破仑来说正合心意——他们会监视彼此的一举一动，这可比雇佣几百个密探管用。富歇会第一时间报告塔列朗的每个最新的贪污受贿、腐化堕落和玩忽职守的行为；塔列朗细数富歇的罪恶勾当和阴谋诡计，作为报复。拿破仑对拥有这样一对互相批评、相互对立的人臣感到高兴，因为对自己的统治有利。他运用心理学知识，充分利用两人的敌对关系，既怂恿他们继续对抗，也保持对他们的控制与监督。

多年来，巴黎人兴趣盎然地看着塔列朗与富歇旷日持久地对抗和争斗，就像观看莫里哀滑稽的戏剧一样，看着这台喜剧在皇帝宝座前无休止地变换各种形式出演。警务大臣和外交大臣互相咆哮怒吼、又撕又扯、破口大骂，而他们的主人像奥林匹亚神一样高高在上，平静地看着他们为了辅佐自己而争吵不休，这是多么令人发笑的事情啊！但当拿破仑和其他看客认为这个猫狗的滑稽闹剧会一直延续下去的时候，两个主角突然厌倦了对立者的角色设定，他们联合在一起，开始"真诚"合作了。对主人的憎恨逐渐超越了他们之间的对抗。1808年，拿破仑又进行了一场战争，一场他发动的所有战争中最没用最无益的战争——入侵西班牙。1805年，他击败了奥地利和俄国；1807年，他摧毁了普鲁士，让德意志和意大利各国俯首称臣。根本没有任何必要对西班牙发动战争，但他愚蠢的哥哥约瑟夫（几年后，拿破仑将被迫承认为傻瓜牺牲了自己）想和其他几个兄弟一样，要顶皇冠；但当时也没有空闲的皇冠可以给他。于是，最好的解决办法就是公然违背国际公约，去西班牙夺取一顶。因此，战鼓再一次敲响，大军再次出发，千辛万苦搜刮来的财富又像水一样流了出去，拿破仑要获得战争胜利的危险欲望再一次被点燃。最愚钝的人也逐渐认识到连年的穷兵黩武是多么疯狂的行为。富歇和塔列朗都强烈反对这场毫无理由的战争，这将让法国再流7年的鲜血。既然皇帝不听从他们任何一人的规劝，他们就偷偷联合起来。他们知道劝谏信没什么用，因为拿破仑会愤怒地将它们扔进废纸篓里。很久以来，政治家们已经无法阻挡元帅们、将军们和佩剑的老爷们了；也阻挡不了科西嘉人的家族，他们中的每一个人都急切地想用裘皮礼袍遮挡不体面、不光彩的过去。因此，他们决定公开抗议。既然他们已经被官方禁言，那么就组织一场政治哑剧，一场戏剧性的政变，假装他们不仅誓守和平，还结成了同盟。

至于是富歇还是塔列朗将这部戏排演得有声有色，已经无从得知。可以肯定的是，当拿破仑在西班牙前线时，巴黎正举行盛大的庆典。连年征战，人们已经习以为常，如同冬天下雪、夏天雷暴一样。1808年12月的一个晚上，当拿破仑在巴利亚多利德的破房子中书写军队命令时，在圣弗洛朗坦大街的内阁大臣官邸，被几千支蜡烛映衬得灯火通明，回荡着轻柔的音乐声。塔列朗钟爱的美女、所有上流社会的精英、首席政治家、外交使臣，济济一堂。年长的聚在一起兴高采烈、喊喊喳喳地交谈，年轻人则欢快地翩翩起舞。突然间，交谈的声音变小了，逐渐安静下来，跳舞的人也停下舞步。人们惊讶地看着一个新客人走进了大厅，没错，是"瘦削的卡西乌斯"①——富歇。众人皆知，塔列朗十分讨厌他，所以富歇也从来没有在这个家里出现过。但是，瞧，宴会的主人（塔列朗）瘸着腿刻意殷勤地将警务大臣接进大厅，并亲切地表示了欢迎。他们胳膊挽着胳膊，一起穿过大厅，走进旁边的一个房间，坐在沙发上，用低沉的声音交谈。其他在场的客人都满怀好奇，急切地想知道到底发生了什么。果然，第二天清晨，所有巴黎人都知道了这个耸人听闻的事件。人们都在讨论这个突如其来的大张旗鼓的

---

① 卡西乌斯（？—前42），古罗马将军，和布鲁图一样，是当时刺杀恺撒的主谋之一。（译注）

公开和解。每个人都明白它的含义。如果猫狗结盟,那么直接对付的只能是厨子;富歇和塔列朗结成友谊,意味着仆人联合起来要公开反叛自己的主人。密探和造谣生事者马上出来打探消息,想要弄清楚这次阴谋的来龙去脉。在各国大使馆,书写紧急报告的笔吱吱作响;梅特涅给维也纳发去了一封加急电报,内容大意是"这次和解符合这个极度疲惫国家的愿望"。拿破仑的兄弟姐妹们也发出了警报,派出信使,匆忙将消息传递给拿破仑。

信使迅速赶往西班牙。拿破仑看完他们带来的信件后,决定以更快的速度返回巴黎。他没有和任何人商议,咬着嘴唇,命令立即准备班师回朝。富歇和塔列朗互相靠拢的消息,对他来说,比打了一场败仗还要痛心。他以近乎疯狂的速度行军。17日,他离开巴利亚多利德,18日就到了布尔戈斯,19日到达巴约讷。他没有在任何地点停留,只是让驭手将马替换下来,以保证最快速度。22日,他像旋风一样疾驰进入杜伊勒里宫,23日就已经准备了一出好戏来对付塔列朗精妙绝伦的喜剧。所有朝臣都穿上金线织就的制服,大臣们、将军们充当见证人,因为皇帝要用强有力的方式公开呈现,他是如何将一切违背自己意愿的行为摧毁的。他在前一天深夜已经将富歇召集过来,关上房门,痛骂了一顿。富歇对主人的火暴脾气已经习惯了,他一面全盘接受劈头盖脸的责骂,一面再三用灵活巧妙的语言为自己辩解,以便尽早脱身。在拿破仑看来,对富歇这个奴颜婢膝的家伙,顺带踢一脚,惩戒一下就够了;但塔列朗不一样,他的势力更大,必须要在众目睽睽之下,让他出尽洋相。这个场面经常被人描述,历史上很少能找出比这更戏剧性的场面了。起初,皇帝笼统地说了一下,在他出征在外的时候,有人搞阴谋诡计;接着,拿破仑被塔列朗若无其事的态度激怒,突然直接转向他,大发雷霆。此时塔列朗正悠闲地站在壁炉旁边,一只手臂还优雅地搭在大理石的壁炉台上。拿破仑原本精心准备了一套说辞,打算在满朝文武面前给塔列朗一个教训,并通过此事进一步教育广大民众,此时却变成了真正的暴跳如雷。拿破仑对着这个经验丰富的政治家、比他年长15岁的人破口大骂。他骂塔列朗是乱臣贼子、背信弃义之辈,是一个为了金钱都可以出卖祖宗的贪赃枉法之徒;说塔列朗是杀害当甘公爵的幕后黑手,挑起了西班牙战争。就算是两个醉酒的渔妇在市场骂街也没有拿破仑对佩里戈尔公爵、贝内文托王子、资深革命者、法兰西头号政治家——塔列朗的斥骂更为不堪入耳。

朝臣们吓得目瞪口呆,每个人都觉得不自在,他们都感到拿破仑此时的表现有损形象。但是,塔列朗一向对别人的批评和攻击不以为意。有传闻说,他曾在阅读一份攻击自己行为的小册子时睡着了。此时,他对皇帝长篇大论的责骂同样充耳不闻。他太高傲了,绝不会被这样的暴风雨搅得心烦意乱。风暴过后,他一瘸一拐走过蜂蜡抛光的地板。在前厅,当仆人为他披上斗篷,他平静地说了一句比刚才所遭受的狂暴怒骂更加致命、刻薄的话:"真是可怜,一个伟人竟然如此没有教养!"

当天晚上,塔列朗就被剥夺了内阁大臣的职务,要对富歇落井下石的人在接下来的几天都好奇地打开《箴言报》,希望看到警务大臣被撤职的消息。但他们白费眼神,富歇并没有被撤职。一如既往,他依旧谨慎地为自己准备了一个替死鬼。人们会记得,和里昂刽子手并肩作战的科洛·德布瓦,被流放到法国圭亚那——一个热病流行的小岛上,富歇留下来了;一起共同反对督政府的巴贝夫,掉了脑袋,富歇留下来了;保护神巴拉斯被迫逃亡国外,富歇留下来了;这一次,打头阵的塔列朗,付出了被撤职的代价,富歇又留下来了。政府、政体、意见、人事历经变动和更迭,在新世纪疾风骤雨的作用下,一切都被摧毁和涤荡得一干二净,但有一个人在几经易主、沧桑变幻中,一直岿然不动,他就是约瑟夫·富歇。

富歇依旧身居高位,不,更重要了,他的影响力大大增强了,因为拿破仑的一个最有能力、最多才多艺、最有决断的谋臣被迫退休,一个言听计从的家伙接替了他的位置。更重要的是,不仅他的对手——塔列朗退出了政治舞台,而且制造麻烦的主人——拿破仑也缺席了一段时间。1809 年,皇帝又发起了新的战争,这次是进攻奥地利。

拿破仑将要离开巴黎,不再过问政事,再也没有比这更合富歇心意的了。管他出兵奥地利、西班牙还是波兰,走得越远越好。如果他能再一次前往埃及打仗,那是最好不过了!他总是光芒四射,使靠近他的人和事都黯然失色。他专横傲慢、高人一等,碾压其他人的意志。但是,倘若他在千里之外指挥战斗,考虑的只能是打仗,富歇留在家里,就能自己做主,还能偶尔扮演一下上帝,不必只做一个傀儡。

富歇终于等到了这个机会。1809 年对拿破仑来说,是生死攸关的一年。表面上,他战功赫赫,但于他而言,军事形势从来没有像现在这样如此凶险。在征服了的普鲁士、并没有完全占领的德意志,分散驻扎着几万法国军队,孤立无援,几乎毫无防御能力,却看守着几十万随时准备战斗的男人,只要一声召唤,这些人立马就会拿起武器。如果奥地利再取得一次像阿斯佩恩战役一样的胜利,那么德意志全境就会爆发起义;法国也一样,因为人们已经对战争厌恶透顶。南部的状况也不乐观。就像羞辱普鲁士会激怒整个德意志,对教皇的虐待激起了整个意大利的怒火。皇帝的军事力量横跨埃布罗河至维斯瓦河的广大地域,如果再来一次暗中偷袭的话,这个本已摇摇晃晃的钢铁巨人可能就要被掀翻在地了。而英国,拿破仑的死对头,正在筹划这样的奇袭。他们决定,趁皇帝的军队分散于阿斯佩恩、罗马、里斯本时,直捣法国心脏。首先他们要占领敦刻尔克,然后夺取安特卫普,并在布拉班特挑起一场叛乱。拿破仑正率领法国最能征善战的队伍、最出色的将领和重型武器,远在国外,法国如同敞开大门让英国军队进攻。

但富歇还在法国。1793 年,还在国民公会的时候,富歇就已经学会如何在几个星期内征募几万名新兵。在这之后的 16 年间,他依旧精力充沛,但只有在背后搞小阴谋的时候才有机会用得上。现在,他的机会又来了。他可以向法兰西民族和世界展示,约瑟夫·富歇不只是拿破仑的玩偶,必要时他也能和皇帝本人一样果断有力、目标明确地采取行动。抓住这个天赐良机,他可以清楚明白地证明,无论是军事还是道义上,他也有足够的能力主宰国家命运,不必只仰仗这个科西嘉的冒险家。在声明中,他大胆且颇有挑衅意味地强调这个独裁者并非不可或缺。"让我们向欧洲证明,拿破仑的天才赋予了法兰西光辉,但击退敌人时,并不一定需要他出现",他在写给市长的信中说道,并且采取行动实践所说的话。获悉英军于 8 月 31 日已经登陆瓦尔赫伦岛，他便以警务大臣和内务大臣的身份召集国民自卫军。自从大革命后，这些人就散布在各自的村镇，老老实实地做着裁缝、铁匠、鞋匠和农夫。但其他的大臣震惊了：他竟然在没有接到皇帝特殊指示的情况下，私自下达这样的命令！尤其是国防大臣，更是勃然大怒。一个文官，竟然敢插手他神圣的职务范畴！富歇应该在启用动员令之前，到美泉宫请示并得到许可。为什么在得到拿破仑的许可之前就把国家搞得不得安宁？但是要得到皇帝的许可，要花上两周时间，况且富歇也不怕把国家搅乱。拿破仑不是也一直这样吗？（在富歇的内心深处，他就是想把国家搅得不得安宁；就算发生骚乱，他也丝毫不在乎。）于是，他毅然决然将所有责任承担下来。以皇帝的名义，从受战争威胁的省份召集所有青壮年，时刻准备保家卫国。以皇帝的名义——虽然皇帝对此事一无所知。富歇做的另外一件胆大妄为的事，就是组织北方军，并任命贝纳多特为司令。虽然贝纳多特娶了约瑟夫·波拿巴的妻妹，但拿破仑最痛恨他，并将他放逐了。现在富歇根本没有考虑皇帝和其他同僚，以及他所有敌人的感受，便将此人召回。他根本不在乎皇帝是否同意他的措施，他要的只是用成功证明自己的措施无可辩驳。

在关键时刻的胆量和气魄，显示出了富歇真正的伟大。他有能力、精力充沛、勤奋，总是渴望做伟大的事业；然而，他接到的都是些小任务，不费吹灰之力就完成了。因此，他只能通过搞一些恶意的、大多数是毫无意义的阴谋诡计为过剩的精力寻找出口。一旦像现在这样的时刻来临，包括之前在里昂和后来拿破仑倒台的巴黎，富歇都面对着极其重要的历史任务和与他能力相当的任务时，他都用成熟老练的手段解决了。正如富歇预见的,拿破仑在信件中说的牢不可破的法拉盛城,几天就被英军攻占了。但同时也为富歇以内务大臣名义组建起来的新军加强安特卫普的防卫赢得了时间。于是,英军入侵荷兰遭遇了惨败。自从拿破仑掌权后,这是首次他的臣子敢于独自升旗扬帆,确定航线,最终在危急时刻挽救了法兰西。从此以后,富歇增强了自信,并拥有了新的头衔。

与此同时,来自首相和国防大臣的投诉接二连三传入美泉宫,他们控诉富歇的行为超越了文官的权限:他召集国民自卫军,宣布全国处于战争状态。令人惊讶的是,拿破仑在不知道富歇的辉煌战绩前,就写信赞赏他的行为,评价他充满干劲、行事果断,并严厉训斥了首相:"我非常生气。我全权委托给你,但在非常时期,你却一点没有使用权力。一听到突袭的风声,你就应该召集2万、4万或者6万的国民自卫军。"在给国防大臣的信中,他写道:"我看到只有富歇先生竭尽所能。只有他明白无所作为是极其危险和不光彩的事情。"这样,富歇不仅战胜了那些胆小如鼠、懦弱无能的同僚,还通过拿破仑的赞赏让他们胆战心惊。即便塔列朗和首相依旧可以指指点点,但富歇还是成了一人之下、万人之上的法兰西首辅。在所有臣子里,只有他,既能听从命令,也可以发号施令。

人们一再从富歇身上发现,在危急时刻,他总能展现出卓越的能力。(即便面对最危险的境地,果敢大胆、精力充沛、明察秋毫的富歇也能从容应对。)即便拿到最为缠绕的死结,他也能找到方法将其解开、理顺。但是,他虽善于抓住机会,却不懂得与之相应的姊妹艺术——如何放手。

他插手乱局，却不知道该何时撤出。一旦他解开了一个难缠的死结，赌徒的心态却驱使他再次把问题搞得复杂。这次又是如此。多亏他出兵神速、聪敏机智又果敢决断，击溃了敌人阴险毒辣的侧翼袭击。英军人员、物资损失惨重，威望也遭到重创，他们只好把残兵败将装到船上，穿过北海，撤回英国。这时应该鸣金收兵，应该感谢国民自卫军，给他们颁发荣誉，然后将他们遣散回乡。但富歇的野心刚刚尝到血腥的味道。扮演皇帝的感觉妙极了，可以征召三省的子弟入伍，发布命令，做公开演讲，公然蔑视那些胆小怯懦的同僚。难道这一切现在就要结束了吗？难道一个人的权力值不断增加，即将达到满格，就让他放弃吗？富歇可不想让一切归于平凡，继续袭击与防御的游戏是最好不过的——即便袭击者是凭空捏造出来的。他要继续警钟长鸣，搅乱人们的心神，掀起一场全国性暴风雨式的自我防御运动。抱着这一目的，他再次发表动员令，说要做好准备，英国人要在马赛登陆。从皮埃蒙特至普罗旺斯，甚至到巴黎的广大地区的国民自卫军被征募。令民众错愕的是，法国所有的边境线包括海面上，根本看不到敌人的影子。所有鼓号声和行军都是因为富歇的欲望：他要卷土重来。长时间被压抑的组织和动员的欲望，在世界统治者临时缺席的日子里，终于得到了充分发泄的机会。

整个国家的人都满腹狐疑："但是这些军队到底要和谁作战呢？"根本没有迹象表明英国人要再次发动入侵战争。甚至和他关系比较友好的同僚也深感不安，都想知道这个神秘莫测的家伙兴师动众，到底要干什么。他们根本不明白，富歇做这些，只不过是醉心于施展自己的行动、排解自己内心的欲望；征兵，没有任何其他的意义。既然到处看不到敌人刺刀的寒光，也看不到连日不停征集起来的大军所要对付的敌人在哪里，人们便开始猜想，内务大臣的行为应该是另有野心，或者说有更加远大的抱负。一些人猜想他在谋划一场叛乱。还有一些人认为，如果皇帝再打一次像阿斯佩恩战役那样的败仗，或者再有一个像弗里德里希·斯塔普思①那样的刺客行刺成功，富歇会重建共和国。这些猜想的结果就是一封又一封的信件传到美泉宫的指挥总部，声称：如果富歇没有疯，那就是他准备谋叛！最终，尽管拿破仑刚刚对富歇赞赏有加，也开始怀疑他肯定有什么古怪。这个家伙已经膨胀得无法无天，必须要让他重新夹着尾巴做人。皇帝信件中的话风突变。他以尖锐的口吻斥责富歇，说他是"和风车搏斗的堂吉诃德"。皇帝以一贯严厉的口吻写道："所有到我手里的报告都在告诉我，有人在皮埃蒙特、朗格多克、普罗旺斯和太子领地召集国民自卫军，真是活见鬼！有什么紧急原因要召集这么多兵？没有我的命令，也不允许征兵啊？！"于是富歇忍着内心的剧痛，不得不放弃扮演主人的角色，不得不交出内务大臣的控制权，不得不滚回角落；一声不吭地回到警务大臣的位置上，继续服侍那个光荣班师回朝、对他来说归来过早的尊敬的皇帝陛下。

尽管富歇表现得"过于热心"（越俎代庖之嫌），但在国家处于危急时刻、他的同僚们都吓得手足无措的时候，他无疑最及时地做了正确的决定，挽救了国家。在大加犒赏之后，拿破仑也不得不给富歇

---

① 此人在1809年10月13日，行刺拿破仑，遭到失败。同年10月17日，被处死。（译注）

一个嘉奖。一个新的贵族阶层在被鲜血浸透的法兰西土地上冉冉升起。既然将军们、大臣们，甚至仆人们都得到了贵族头衔，那么也该轮到富歇了。这个昔日的贵族仇恨者，现在也成了贵族。

实际上他早已经是个伯爵了，但那是没做什么大事就能保持的小小头衔。现在，这个前雅各宾派要顺着名号称谓的云梯爬得更高。1809年8月15日，在奥地利皇帝陛下的皇宫，在金碧辉煌的美泉宫，昔日来自科西嘉的中尉，彬彬有礼地在一张驴皮上盖了印章。有了这张羊皮纸，这位前共产主义者、前修道院教师——约瑟夫·富歇从此以后（有了令人肃然起敬的称号）就是奥特朗托公爵了！他从未在奥特朗托作战，甚至都没有去过那个地方，但正是这个颇具异国情调的头衔可以完美掩盖他是狂热的法兰西共和主义者的过去。当人们说到这个体面的头衔，只知道奥特朗托公爵是约瑟夫·富歇的新称呼，谁会想到背后隐藏的是里昂刽子手、制造"平等面包"和剥夺他人私有财产的富歇！为了让他看起来是个贵族，拿破仑还给他颁发了公爵身份的象征：一个盾形纹章。

让我们看一下这个纹章，象征意义实在太绝妙了！人们都在猜想到底是拿破仑有意设计纹章去暗示这个新公爵的性格特点，还是官方任命的纹章学专家私下里开了一个小小的奢侈的玩笑来捉弄他。因为，奥特朗托公爵纹章的中心是一根金柱，很好地诠释了这个人对金钱的痴迷；在华丽的柱子上方盘着一条蛇，大概也是对我们这位朋友善耍手腕、灵活多变的暗示？拿破仑肯定有个很好的纹章院为他服务，因为再也找不出一个能更好诠释约瑟夫·富歇性格特点的纹章了。

6

与皇帝的斗争
1810

一个伟人能使整整一代人要么堕落,要么上进。每当拿破仑·波拿巴这样的人出现在历史舞台上,靠近他的人都时刻面临抉择。他们要么在他的伟大面前,自惭形秽,变得日益微不足道;要么为他的榜样所激励,尽情发挥自己的能力,最终无法控制。走近拿破仑身边的人,要么是他的对手,要么是他的奴隶。因为从长远来看,这个高人一等的家伙不可能容忍一个平庸之辈围绕在自己身边。

拿破仑使一些人失去了平衡,富歇便是其中之一。他的灵魂已经被贪得无厌的野心所控制,屈从于这个原始的动力而不断地自我超越。他要像自己的主人那样,无休止地突破权力的限制。对他来说,安于现状是绝无可能的。因此,当拿破仑吹着胜利的号角从美泉宫班师回朝,再次大权在握时,富歇是恼怒的。过去的几个月是多么令人心情愉悦啊!他可以为所欲为,召集军队,发布公告,凌驾于同僚之上,规定政治走向,做这片土地的主人,以及掌握人类命运的大轮盘上的首席赌徒。而现在,约瑟夫·富歇必须回到低三下四的警务大臣的角色,监视那些心怀不满的人和新闻记者，防止他们大放厥词；日复一日将密探们搜集的信息整理，然后编写冗长乏味的公告；记录那些无聊琐事，例如塔列朗夫人是否又有了新的情人[①]；还有昨日证券交易所崩盘是何人所为等等。自从有过掌握国家命运、参与国际政事的机会，那些事对他这个不安定的富于冒险的灵魂而言，都是他不屑一顾的琐事了。有个念头在他的脑海中不断闪现，他要向世人证明：即便是拿破仑的世界，仍然有富歇干一番大事业的空间。

但是一个被拿破仑独霸并包揽了一切事物的世界，他能有什么作为？拿破仑占领了德意志、奥地利、西班牙、意大利；欧洲最古老王朝的统治者将长公主许配给他做妻子[②]；他羞辱了教皇，结束了罗马古老的霸权，建立了以巴黎为中心的大帝国。被野心驱使，富歇如饥似渴地四处张望，寻找一切时机。实际上，确实有一个好机会。在拿破仑世界帝国大厦的最高层仍然缺个尖顶——和英国媾和的条约还没有签订。不要拿破仑参与，违抗拿破仑的指令，独立完成这个和平任务，现在成为约瑟夫·富歇的主要目标。

如同1795年，在1809—1810年，英国是法国最主要的敌人，也是最危险的对手。在阿卡城[③]墙外的是英国人，阻挠拿破仑进攻西班牙和葡萄牙也是英国人，即便在世界的尽头，拿破仑的意愿碰到这些

[①] 依据上文内容，此处可能是"塔列朗是否又有了新的情妇"。（译注）
[②] 指笃信天主教的奥地利皇帝弗朗茨二世将女儿玛丽亚·路易丝许配给拿破仑，此时拿破仑与约瑟芬离婚。（译注）
[③] 今以色列北部沿岸的一个海港城市。1799年，拿破仑率兵围攻阿卡城两月有余，未果。（译注）

精于算计、办事有条不紊的岛国人,也总是遭到挫败。尽管他能够在欧洲绝大部分地区横行,但英国人拥有另外一部分地区——大海的绝对统治权。他搞不定他们,他们也搞不定他;尽管这么多年来,双方都在费尽心机、坚持不懈地努力想将对方置于死地。

在这场徒劳的争斗中,两败俱伤,各自都损失惨重。虽然都不愿承认,实际上他们对争斗都有一些厌倦了。在法兰西,安特卫普和汉堡的银行,由于英国人垄断国际贸易,导致它们被迫关门大吉;同样,船只满载货物停靠在伦敦湾,却找不到市场可以把货卖出去;伦敦和巴黎的资金在日益减少。无论海峡哪一边的商人、金融家、上层精英们,都想增进交流理解,都在秘密地小心翼翼地推进媾和。但是拿破仑认为和平并没有他蠢笨的哥哥约瑟夫的西班牙王冠和姐姐夏洛特的那不勒斯后冠重要。于是,他中断了由荷兰费尽力气才推动的协商,用武力迫使同盟封锁英国的船只。他还多次写信给沙俄,威胁沙皇必须参与大陆封锁。冲动再次战胜了理智。倘若主和派不鼓足勇气采取行动的话,烽烟可能再起,并永久持续下去。

在这些夭折的与英国人的谈判中,富歇也曾发挥过作用。他找了一个法国金融家充当皇帝和荷兰国王的中间人,这个人又和一个丹麦金融家有联系,丹麦金融家又找了一个英国金融家。通过这个久经考验的金桥的几番努力(历次战争和所有时代都是如此),交战各方已经通过秘密协商达成谅解。但此时,皇帝突然直接宣布中断进一步的谈判。这可不符合富歇的想法。讨价还价、承诺许愿、用花言巧语牵着人们的鼻子走,这些才是他的快乐源泉。于是,他做了一个大胆的决定——他要自己把这个事承担起来。也就是说，他要装作表面上就是奉行皇帝的旨意谈判，所以英国的代理人和外交部才会洗耳恭听，认为皇帝要和谈。而实际，是奥特朗托公爵在操纵这一切。真是疯狂的骗局！胆敢肆无忌惮假借皇帝的名义、滥用自己部长的职权，这绝对是史无前例的放肆行为！而富歇，天生的阴谋家，发现这个令人着迷、扑朔迷离、含混不清的危险游戏，可以同时迷惑三或四个人，他又怎么能放过？他十分享受背着拿破仑自作主张，就像一个捣蛋的孩童，在老师的背后做鬼脸；孩童甘愿冒着被骂的风险，也要肆无忌惮地沉浸在自己的快乐中，他也一样。在富歇的职业生涯中，他乐此不疲地上百次地搞这样的政治阴谋，但没有一次如此莽撞大胆，没有一次像这样为了满足个人意愿而故意玩火：表面上打着皇帝的名义，背地里违背他的真正旨意，继续和英国外交部进行旨在实现英法和平的谈判。

这次密谋策划得天衣无缝。他的主要帮手是一个背景可疑、鲜为人知的银行家、曾经几次差点入狱的奥沃拉德。他因声名狼藉而招致拿破仑的痛恨；但是富歇曾经与他在证券交易所共过事，对此毫不在意。富歇多次帮助他脱离困境，可以牢牢地将其掌控在手中。还有一个在荷兰有着举足轻重的地位、名叫拉布切尔的银行家也参与进来。他是荷兰人，是与英国内阁有着密切联系的英国银行家巴兰的女婿。除了富歇，所有的缔约方都满怀诚意。奥沃拉德确信富歇是奉皇帝的旨意行事，他还向拉布切尔和丹麦政府保证过此事。英国政府又被这份保证的表象所蒙蔽，他们也相信自己在和拿破仑谈判。事实上，和他们谈判的只是约瑟夫·富歇。当然富歇也在小心谨慎地不让主人知道这件事。他要等到瓜熟蒂落,要等到扫清所有障碍,然后像解围之神一样公开自己,告诉皇帝和法国人民:"这就是与英国的和约。一个你们热切盼望的东西,但没有一个外交官能够拿到,只有我,奥特朗托公爵,独自一人将它拿到了。"

但遗憾的是,一个小小的不经意的插曲,让这个处心积虑的计划功亏一篑,过早地流产了。拿破仑和他的新婚妻子玛丽亚·路易丝一同前往荷兰,拜访弟弟路易①。喧闹的欢迎仪式让拿破仑暂时忘记了政治。然而,国王路易和其他人一样,理所当然认为目前皇帝正和英国进行着秘密和谈。一天,他问拿破仑谈判进行得怎么样了,是不是很快就可以和英国达成和解。拿破仑感到震惊。于是他迅速回忆,好像在安特卫普看见了讨厌的奥沃拉德。那个家伙在那里干什么?最近英国和荷兰之间频繁的往来意味着什么?拿破仑掩饰着自己的惊讶,他恳请国王路易,如果方便的话,把这位荷兰银行家的来往信件给他看看。路易答应了他的请求。在返回巴黎的途中,拿破仑通过信件了解了他闻所未闻的与英国媾和的细节。当他意识到奥特朗托公爵再一次越过领地,跑到别人的地盘偷猎探险,真是气坏了。身边有个这样诡计多端的人,拿破仑也变得更加足智多谋了。他暗藏真实想法,表面上依旧是彬彬有礼,以免打草惊蛇,让富歇找到机会掩盖事实。拿破仑只把这件事告诉了自己最信任的大臣罗维戈公爵、宪兵队的总指

---

① 路易·波拿巴,拿破仑的弟弟,被拿破仑册封为荷兰国王。(译注)

挥官——萨瓦里①，命令他迅速秘密地逮捕奥沃拉德，并截获了这位银行家的所有文件。

6月2日，在下达这道谕旨后的三个小时，皇帝召集所有大臣到圣克卢宫。他开门见山，质问奥特朗托公爵对奥沃拉德最近的行程有什么想法，是不是将其派往了阿姆斯特丹。富歇有些吃惊，但远没有意识到自己正在落入圈套。通常遇到困境，他总会通过抵赖以及污蔑自己的同僚和共犯，获得解脱，如同大革命时期他对待肖梅特、督政府期间对待巴贝夫那样。"哦，是的，奥沃拉德，这个令人讨厌的家伙，什么事情都想插手。而且，这件事只是一场儿戏，是个玩笑，不要当真。"但拿破仑不会轻易放手。"这绝不是一件无关紧要的小事"，他步步紧逼，"一个大臣背着他的君主私自和敌人谈判，而谈判的条件他的君主一无所知或者永远不可能同意，这是前所未有的不忠行为。这样的渎职行为，就算是最软弱的政府也不能容忍。必须立即逮捕奥沃拉德。"最后一句话戳到了富歇的痛处。逮捕奥沃拉德？他会把所有的秘密泄露出去的。于是富歇使出浑身解数想让拿破仑取消这个让他伤脑筋的决定。但是皇帝知道萨瓦里已经秘密逮捕并关押了这个银行家，便满脸嘲讽地假装听他的辩解。富歇无疑是这个危险计划的主谋，从奥沃拉德处截获的文件会揭开这个阴谋的来龙去脉。

矛盾一触即发。多年来的猜疑积聚而成的紧张情绪终于释放出来。

---

① 安尼·让·雷尼·萨瓦里（1774—1833），法国军事家、政治家，追随拿破仑，忠心耿耿。（译注）

第二天就是星期日，拿破仑去做弥撒，因为几年前逮捕教皇的人现在已经成了虔诚信奉天主教的皇帝的女婿。接着，他召开了清晨议会，把所有大臣和宫廷显贵都召集起来。只有一个人没来，奥特朗托公爵，因为他没有被召见。皇帝让大臣们就座，没有任何铺垫，便说道："如果一个国家的大臣，利用他的职务之便，背着君主，公开和外国建立联系，凭着自己的设想和外国达成外交协议，违背了国家的政策。你们对这样的人怎么看？这样的人应该受到什么样的惩罚？"粗暴地说完这些话，拿破仑环顾左右，希望谋士和奴才们会匆忙地建议放逐这个冒犯君主的家伙，或者采取其他措施羞辱他。可是大臣们，尽管很快猜到箭头所指，却保持了令人尴尬的沉默。内心里，他们却赞成富歇的积极努力是为了谋求和平。这些心怀不满的仆人很乐于看见有一个人敢和他们的主人——这个独裁者对抗，敲打一下子他。塔列朗（虽然已经不是大臣，但作为贵族，也参加了会议）回忆起两年前所受的屈辱，暗自冷笑。因为他既不喜欢拿破仑也不喜欢富歇，所以很享受看到他们卷入纷争。最终，国务大臣康巴塞雷斯[①]打破沉默，说道："这样的错误确实要受到严厉的惩罚，除非冒犯者是由于过分热情导致了这个错误。""过分热情！"拿破仑生气地怒吼道，因为这不是他想要的答案。他不想看到有人为富歇开脱，他想听到的是能够杀鸡儆猴的建议，能够惩罚这种令人不安的擅自做主的行为。他讲述了整个事

[①] 让·雅克·雷吉斯·德·康巴塞雷斯（1753—1824），法国律师、法学家、政治家，大革命时期曾任国民公会议员、司法大臣、第二执政等职，协助编纂整理《拿破仑法典》。（译注）

件的经过,说富歇将被辞退,让大臣们推荐一个继任者,但所有的大臣都不情愿提这个建议,因为他们对富歇的恐惧仅次于拿破仑。最终还是像以往碰到令人难堪的局面一样,塔列朗用几句俏皮话为大家解了围。他转向旁边的同事,用低沉却清晰可闻的声音说道:"确实富歇先生做了无可原谅的事情,依我看也应该有人取代他。我的意见是用富歇先生取代富歇。"拿破仑对大臣们极其不满,但也是他把他们变成自动人偶和毫无主见的马穆鲁克人的。他宣布散会,把国务大臣叫入自己的房间。"跟这些先生们讨论真是不值得。不要指望从他们口中得到任何建议!其实您早就应该猜到在询问他们之前,我已经有了人选,罗维戈公爵将继任警务大臣。"当晚,根本没有给萨瓦里机会表达是否愿意接替富歇,就任这个棘手的职位,皇帝就用简单粗暴的语言欢迎他:"您现在是警务大臣了,请宣誓就职,立即开始工作!"

富歇被免职的消息立即成了公众讨论的热门话题,人们都一边倒地支持他。因为在自由思想浸润下,法国这一代人对拿破仑通过革命建立独裁统治日益不满,而富歇反对的正是皇帝毫无约束的专制,所以这个两面三刀的部长从来没有获得过这么多支持和同情。除了这个原因,人们也觉得违背这个战争狂人的意志,努力推动法国和英国达成一个早就应该签订的和约,也不应该承担什么罪名。各派人士,如保王派、共和派、雅各宾派,以及各国外交使节都对法国最后一位有独立意识大臣的失势感到惋惜,因为这预示着和平运动的失败。即便是在皇宫,在他的寝宫,拿破仑也被富歇的说情者搞得心烦意乱,因为玛丽亚·路易丝像约瑟芬一样,也支持富歇。在给她的父亲——奥地利皇帝的信中，路易丝说，对丈夫解雇了自己身边最值得信任的人——富歇感到十分震惊。富歇失去拿破仑的欢心，却在公众面前提高了威望，再也没有比这个更能表达当时法国人民的情绪了。富歇的继任者萨瓦里用十分精辟的语言描述了他的前任被免职引起的巨大反应："我怀疑，即便是瘟疫爆发的消息也没有我被任命为警务大臣的消息更让人恐慌。"无疑，这 10 年来，约瑟夫·富歇先生是和皇帝同时强大起来的。

通过这样或那样的方式，拿破仑肯定也风闻了公众的感受。因此，当用铁手一拳将富歇打下去之后，他又努力减轻这件事带来的后果。如同 1802 年，这次免职以委任新的职位作为借口，又镀了一层金。失去了警务大臣之位后，奥特朗托公爵得到了枢密大臣的职位作为补偿，还被任命为罗马大使。皇帝的情绪在恐惧与愤怒、责备与感激、愤慨与和解之间纠缠，他在写给富歇私人的告别信中直白地表达了这种情绪。内容如下："奥特朗托公爵先生，我知道您为我尽心竭力，也相信您对我本人的忠心，以及对工作的热忱。但是我已经不可能让您继续担任大臣，否则，我无法秉持公正。警务大臣这个职位我要交给绝对信任的人，但是由于您上一次损害我和国家的安宁，这种信任已经不复存在了。即便您的动机是好的，但也不能作为借口。您对警务大臣职位的责任与义务的独特认识和国家的利益已经不相容了。虽然我毫不置疑您对我的忠诚，但也不得不把您置于我的监视之下，这让我十分厌烦，我也不希望继续这样下去。之所以要义不容辞地近距离监视您，是因为您总是按照自己的意志去做很多事，而不考虑是否符合我的心意和计划……我不能希望您能有所改变，因为这么多年来您做的让我不满的突出的事例和证据说明，您并不想有任何改变。您自以为目的纯粹，但没有意识到即使动机是好的，也会办很多坏事。我仍然坚信您的能力和忠诚，希望可以找到机会证明我对您的信任，并让您的能力和忠诚为我服务。"这封信揭开了拿破仑内心对约瑟夫·富歇的真实感受。再读一遍这篇短小的杰作，会让人们看得更明白，拿破仑的每一个句子都交织着对富歇的同情与反感、喜欢与憎恶、恐惧与敬畏。这个独裁者需要一个奴隶。当他发现这个人有独立思想时，自然会十分恼怒。拿破仑想要摆脱富歇，又不想与他为敌。他很遗憾失去了一个得力助手，同时又庆幸摆脱了这个危险的人物。

但随着拿破仑的自信心迅速增长，富歇的自信心也日益膨胀，而且公众的同情使后者腰杆儿更硬。奥特朗托公爵可不是那么轻易被辞退的。要让拿破仑知道，赶走了约瑟夫·富歇，警务部将如何运转；也要让萨瓦里明白，取代富歇，他坐上的不是一个舒适的部长的位子，而是捅了一个马蜂窝。富歇花了 10 年的时间辛苦工作、日夜冥思苦想调试出来的一把音色绝伦的机器，现在怎么能任由一个蠢笨粗鲁的军人、对外交工作一窍不通的白痴据为己有，并作为政绩肆意夸耀？事情不会像拿破仑和萨瓦里想象的那样顺利进行。他们会很快知道，约瑟夫·富歇不像其他人会轻易屈服，他会让他们尝到厉害的。

事实上，富歇早就决定对被免职一事绝不善罢甘休。他不会接受强加的和平，也不会接受忍气吞声的屈从。当然，他不会愚蠢到公开抵抗，这也不是他的行事风格。他开了一个玩笑，一个小小的欢快的玩笑。要让萨瓦里看看，在奥特朗托公爵的地盘上，可是设置了很多陷阱和机关的。了解富歇的人都知道他那古怪的恶魔般的性格，一旦处于极度愤怒的状态，他就会想对冒犯者搞个恶作剧；当怒火升级，他不是勃然大怒，而是荒诞异常和危险至极。对付敌人，他从不挥拳相向，而是装疯卖傻。正是用这种方式，他把别人弄得更像傻瓜。这个心机深沉、深藏不露的家伙所具备的本能的激愤，在这样的时刻，便会如同泡沫一般剧烈喷发出来。在他愤怒却装作快乐的时候，也正是我们窥见他性格中的疯魔的最佳时刻。

于是他和继任者开了一个欢快的小玩笑。设计这样一个玩笑很容易，尤其是和一个糊里糊涂的蠢货打交道时。当萨瓦里来就职的时候，奥特朗托公爵穿上制服，以最谦恭的态度迎接他。他对罗维戈公爵说了很多殷勤的话语。奥特朗托公爵不仅祝贺萨瓦里荣幸地获得了皇帝的甄选，还宣称自己能从这个职位卸任感到十分高兴，因为在这个位子的时间太长了，自己已经感到疲惫不堪。在完成如此繁重的工作后，能够得到休息是件多么高兴的事情啊！他还说，这个工作辛苦繁重，吃力不讨好，萨瓦里很快就会体会到这一点,尤其萨瓦里对此还不习惯。富歇继续说，当然他也很愿意协助老朋友尽快把一切安置好——因为免职来得太突然，有些事情还没有安排稳妥，还需些时日。但是，如果罗维戈公爵同意，富歇也很乐意承担这小小的工作，提供额外的服务；同时，奥特朗托公爵夫人也需要足够时间安置新家。忠厚的萨瓦里——罗维戈公爵，从来没有想过这是佛口蛇心。他又惊又喜，没想到被人们冠以恶毒狡诈污名的富歇，是个这么善良友好的人啊！他对奥特朗托公爵的热情友好表示感谢。当然，只要富歇觉得必要，他想在警务部待多久都可以。这位继任者，深深鞠了一躬，第一次和这位善良却被误解和恶意中伤的人握了手，便离开了。

当房门对已经上当受骗的继任者关上的那一瞬间，我们没法看到约瑟夫·富歇的嘴脸，真是遗憾。"这个傻瓜真的相信我会把一切安排得妥妥当当再交给他？我在办公室通过10年辛勤努力耕耘积累起来的全部秘密，认认真真整理成文件和记事表，全部留给他，以便他查阅和用于工作？我自己发明的并且打造到极致完美的机器，能够悄无声息、毫无痕迹地将全国的消息搜集起来并加以提炼，现在让我为他擦拭干净并加满润滑油？白痴！几天之后，一定让他目瞪口呆！"

一个疯狂的行动开始秘密展开！富歇找了一个信得过的朋友帮忙。他关上房门，两个人在办公室里开始迅速从档案中移除所有重要文件。任何日后可能对萨瓦里有价值的、可能会泄露机密的，或者对富歇自己有用的文件，都抽出来备用，剩下的立刻、全部付之一炬。圣日耳曼郊区、军队和宫廷里那些作为警务部密探的时尚人士，凭什么要把他们的名字提供给萨瓦里先生？这也未免太便宜这个家伙了。把这些密探名单也付之一炬！只把那些低级的爱搬弄是非和通风报信的人的名单，提供不了什么有价值线索的人，例如看门的和妓女，留给萨瓦里。富歇以迅雷不及掩耳的速度将所有文件清空。那些载有流亡在外的保王党人和秘密通讯员名字的名单全部消失不见了。所有一切都搞得乱七八糟的：原始的目录被毁；文件被故意错误编号；即将到任的新大臣手下的人都被收买，成为已经卸任的原大臣的密探，将向这位原主人报告新主人的所有行踪。这样一来，庞大机器的所有重要部件都被转移，齿轮之间也不再紧密咬合。结果就是毫不知情的继任者想让机器转动起来的时候，它们是拒绝执行任务的。如同俄国人放火烧了圣城莫斯科，以至于拿破仑进入这座城后，自己和军队都无处安身一样，富歇也摧毁了毕生最得意的作品。壁炉烧了四天四夜，谁也没想到那些重要的机密就这样变成了灰烬，或者被秘密转移到富歇在费里埃的私宅中。

于是富歇再次友好地接见了继任者。他超乎寻常地热情亲切：很高兴见到您！别客气，赶快请坐！握手之后，可怜的萨瓦里还表达了对富歇的诚挚谢意。其实现在奥特朗托公爵应该立即出发前往罗马就任公使，他却返回费里埃的家中，每日焦急不安地等待。约瑟夫·富歇竖起耳朵等着聆听继任者发现他的诡计后，发出的哀鸣。

这可真是一个精心准备、大胆执行的天大玩笑！但是富歇暗自得意实施这个神秘骗局的时候，却忽视了重要的一点。他所做的只是戏弄一个毫无经验、半吊子的继任者——罗维戈公爵，那个如同雏鸟般稚嫩的大臣，但他忘了萨瓦里背后站着的是拿破仑——一个容不得别人愚弄自己的人。他一直盯着富歇，满腹狐疑：为什么职务交接花费了这么长时间？为什么新任大使还在费里埃，而没有去罗马？而且，在对奥沃拉德调查的过程中发现，富歇通过另一个中间人曾经向英国内阁传递过消息。迄今为止，还没有一个人因为欺骗拿破仑逃过惩罚。拿破仑向费里埃发去了一封言辞犀利的手谕，突如其来，如同抽了富歇一鞭："奥特朗托公爵先生，您为了试探威尔斯利侯爵，曾拜托法根先生给他捎去了一封信。法根先生将侯爵先生的回信也带回来了——我对这封回信一无所知。"这刺耳的喇叭声连死人都能叫醒。但此时的富歇，骄横不可一世，盲目自信，并没有及时回复拿破仑。与此同时，杜伊勒里宫陷入了一片慌乱。萨瓦里发现办公室的档案惨遭洗劫，便将此事上报给皇帝。手谕接二连三发到富歇那里，命令他立即交出"警务大臣的所有文件"。接着，内阁秘书亲自到费里埃，接管所有奥特朗托公爵非法从警务部拿来的文件。闹剧结束，战斗开始。

闹剧已经结束，富歇真的应该认清这一点。但是，他好像被魔鬼附身，决心要和这个世界上最强大的男人——拿破仑比个高下。他公然掩盖事实，告诉来使说，很遗憾，他并没有这些文件，他已经将它们全部烧毁了。自然没人相信富歇的鬼话，尤其是拿破仑。他第二次派人警告富歇，这次口气更加严厉和凶狠，因为耐心向来不是这位皇帝的美德。但是漫不经心变成顽固不化，顽固不化变成放肆无礼，放肆无礼变成公开违抗。富歇一再坚持说他没有文件，并以勒索的口吻辩解他缘何毁了皇帝的私人文件。他用嘲讽的口气说，他曾经很荣幸获得皇帝陛下的信任。无论皇帝陛下的哪个兄弟惹皇帝不高兴，他，约瑟夫·富歇，总是被委派去告诉冒犯者们如何回到正途。因为皇帝的每个兄弟都写信向富歇发泄自己的不满，富歇认为留存这些信件是不适宜的。而且，皇帝的姐妹们无一例外遭人诽谤中伤，皇帝也吩咐他去搜集和传送有关诽谤、丑闻的报告，让他调查到底是她们的哪些不检点行为"遭人非议"。更有甚者，富歇还暗示皇帝，因为他知道的太多了，不能容忍皇帝把他当作仆人一样看待。信使意识到自己听到的话暗含威胁，即便将富歇嚣张的回复修饰之后，也很难用体面的方式报告给皇帝。拿破仑听后怒气冲天，大发雷霆。马萨公爵[①]不得不出面劝说，让他息怒。为了摆平这件麻烦事，马萨公爵还自告奋勇前去拜访桀骜不驯的富歇，试图劝说他返还被窃取的文件。罗维戈公爵也做了类似的努力。但不管对谁，富歇都是客客气气地同样回复：他非常非常地抱歉，可能他犯了过于谨慎的错误，将所有文件都烧了。在法兰西，第一次有人公开违抗皇帝的意志。

这可让人忍无可忍了！毋庸置疑，这10年，拿破仑低估了富歇；富歇也同样低估了拿破仑，他以为用泄露一点皇帝亲戚们的丑闻做筹码，便可吓唬住拿破仑。在这个人面前，德意志和意大利的皇室像学童在校长面前一样战栗不已；在他面前，欧洲的所有军队全然没有抵抗力。而这个面色苍白如同木乃伊、形容枯槁的穿着新的公爵礼服的阴谋家胆敢当着大臣们的面公开反驳他、违抗他的命令？还没有人这样对待拿破仑而免受惩罚。他怒火冲天，召见了秘密警察的头子迪布瓦，破口大骂富歇卑鄙无耻下流。他在房间里来回踱步，大声嚷道："他别指望能像对待上帝、国民国会、督政府一样对待我，他卑鄙无耻地背叛了他们，又出卖了他们！我可比巴拉斯的眼神毒辣多了，可不是那么容易对付的！再警告他，他手里有我的一些手谕，让他交出来。如果拒绝的话，派十个宪兵把他抓起来，扔到修道院监狱。我向上帝

[①] 克洛德·安布卢瓦兹·雷尼耶（1746—1814），拿破仑在位时期的大法官、司法部部长，1809年，被拿破仑封为马萨公爵。（译注）

保证，要让他看到，我能多么迅速地让一个人尝到苦头！"

皇帝的怒火越烧越旺，富歇的鼻子甚至都能闻到烧煳的味道了。当迪布瓦到来，曾经的警务部部长富歇不得不交出所有他现有私藏的文件，任由昔日的下属查封。如果多天前，这个狡猾的老狐狸没有提前准备，将许多真正重要的文件放置在安全的地方，那么今天的事情就变得很麻烦了，也可以说有些危险了。富歇也渐渐发觉，自己现在是白费力气。于是他急忙一封接着一封写信，一封给拿破仑，其他的写给大臣们，痛苦地抱怨皇帝对所有仆人中最诚实、最正直、最有原则、最任劳任怨的自己缺乏信任。在这些信件中，有一句最有意思，这句话正是人类变色龙——富歇亲笔写的："Il n'est pas de mon caractère de changer."[①]就像 15 年前，对待罗伯斯庇尔一样，现在他用这招对付皇帝，仍旧希望用马后炮式的迅速和解化险为夷。他驱车赶回巴黎，想亲自向皇帝解释，或者进行道歉。

一切为时已晚。他这场赌局玩得时间太长，玩笑也开得太久，现在已经不能和解，也没有协商的余地了。谁公然违抗拿破仑，谁就得承受被公开羞辱的代价。皇帝不可能见他，却给他送去一封言辞更加犀利和刻薄的信，这个独裁者貌似还没有给其他大臣写过这样的信。这封十分简短的信，轻蔑地在他的解雇之路上来了临门一脚："奥特朗托公爵先生，您的服务已经不再合我心意，请您在 24 小时之内离开参议员之位。"信中丝毫没有提及富歇去罗马就任大使的事情，就

[①] 法语，"变化无常不是我的性格"。（译注）

是直白的公开解雇，外加流放。同时，新上任的警务大臣奉命监督这道敕令立即执行。

弦紧易断，过于冒险容易孤注一掷，现在意想不到的事情发生了：富歇垮台了。他就像一个梦游人，不知不觉爬上了屋顶，却被吼声惊醒。这时他才被自己所处的危险处境吓瘫，六神无主，然后倒栽葱似的跌落到地面。这个若干年前，在面临被处决的危险时，还能保持镇定自若、头脑清醒的男人，如今被拿破仑猛击一下，便可怜地崩溃了。

1810年6月3日，是约瑟夫·富歇的滑铁卢。如同惊弓之鸟，他匆忙取得了一本护照，然后马不停蹄地赶往意大利。在那里，他就像一只在失火的房子里惊恐万状的老鼠，漫无目的地东奔西跑，一会在帕尔马，一会在佛罗伦萨，一会在比萨，一会在里窝那。他跑来跑去，并没有像预定的那样，就任艾克斯的参议员。他要逃离拿破仑的地盘，逃到这个恐怖的掌权者够不着的地方。即便在意大利，他也感到不安全。因为意大利在欧洲，整个欧洲都属于这个令人胆寒的家伙。在里窝那，他租了一条船，准备去美国，那个既安全又自由的国家。但很快，恶劣的天气、晕船、对英国巡洋舰的恐惧，又把他吓退了。所以他又一次乘坐马车从一个港口驶向另一个港口，从一个城镇驶向另一个城镇，乞求拿破仑的姐妹们为他说情，恳求一些有权力的诸侯王公和朋友们帮助自己。他时而消失，时而再次出现，这让奉命跟踪他的警察密探大为恼火，因为他们动不动就找不到他的踪迹。总之，他就像一个四处游荡的疯子，精神完全错乱了。这个有着钢铁般意志的人，在他的人生中第一次呈现出精神彻底崩溃的样子。拿破仑从来没有只需打个手势或者挥一下拳头,就能将对手彻底击垮,而这一次他就是用这样的方式击溃了自己最为胆大包天、最为沉着冷静的仆人。

富歇时隐时现,精神错乱地从一个地方游荡到另一个地方,接连好几个星期都是这样,无人知道他到底想干什么,就算写他的传记最好的作者马德林也不知道,或许富歇自己也不知道。我们权且认为坐在马车里、远离盛怒之下的皇帝让他感到安全些吧!实际上,富歇消失不见后,皇帝可能早就不把他放在心上了,更不用提将这个桀骜不驯的仆人置于死地。拿破仑只是要推行自己的意志,要回属于自己的文件,而这些目的已经达到。因为,正当被恐惧支配变得歇斯底里的富歇驾着马车,沿着意大利的驿道疯狂行驶时,他在巴黎的妻子则表现得理智多了。她代替富歇投降了。很显然,奥特朗托公爵夫人为了拯救丈夫,悄悄地把富歇秘密扣下的文件交还给了拿破仑。这些富歇威胁皇帝、作为勒索借口的绝密文件,日后一个也没有被公诸于世。人们知道皇帝从巴拉斯,还有其他了解拿破仑步步高升内幕的容易带来麻烦的人那里买回了(或得到了)同样有失体面的文件,也包括富歇搜集的文件,所有的有关拿破仑的部分都消失得无影无踪。即便不是拿破仑自己,也可能是日后的拿破仑三世销毁了这些文件,将有损拿破仑光辉形象的一切证据都清扫干净。

最终,还是因为妻子的介入,富歇才得到恩准回到艾克斯,就任参议员之职。暴风雨已经停歇,虽然闪电暂时将他吓得六神无主,但他的精髓并未受到伤害。9月25日,惊恐万分的富歇回到庄园,他"面色苍白，疲惫不堪，思想混乱，语无伦次，已经神情恍惚了"。但他将有足够的时间休养生息了，因为倘若有人对抗拿破仑，那么他将有很长一段时间不被允许参与公共事务。他必须为自己的小玩笑付出代价。海浪再次将他冲入深渊。3年时间，富歇没有任何职务。他的第三次流亡生活开始了。

7

被迫出山
1810—1815

　　约瑟夫·富歇的第三次流亡开始了。奥特朗托公爵,前内务大臣,住在艾克斯富丽堂皇的城堡里,犹如拥有领地的诸侯王公。他已经52岁,尝遍了生活的酸甜苦辣,经历了政治生涯中所有的紧张与快乐、成功与挫败,也懂得命运的潮汐在潮涨潮落中的永恒变换。他体会过当权者的恩宠,也感受过失宠时的绝望。他曾经穷困潦倒到为第二天晚餐的面包担忧,而现在他腰缠万贯。他受人喜爱,又遭人憎恨;被人尊崇,又被人唾弃。现在他是公爵、参议员、阁下、卸任的内务大臣、枢密院顾问、百万富翁,只服从自己的意志,终于可以在黄金海岸休息了。他可以舒服地坐着自家装饰豪华的马车,拜访贵族名流,接受来自本省民众的敬意,也能听听巴黎传来的窃窃私语和同情之声。他不必每日耗费心神,忍受愚蠢下属的折磨,更不必在专横的主人面前委曲求全。如果人们相信他表现出来的心满意足的样子是真的,那么也可以认为奥特朗托公爵确实感受到解甲归田的自在。但是他那个令人非常值得怀疑的回忆录里有一段确信无疑是真实的话可以告诉人

们,他心满意足的样子是骗人的①:

"想知道一切已经成了我的第二本能。舒适惬意却单调乏味的流放生活,让我的这种渴求变得更加强烈。"而且,他(在回忆录)告诉我们,他的流放生活之所以"魅力无限",并不是因为普罗旺斯惬意迷人的风景,而是因为,即便他在那里,也能搜集整理来自大城市的秘密报告。"在值得信任的朋友和三个忠实的信使的协助下,我延续了一个秘密通讯的通道,来自不同渠道的常规报告补充着通道信息……总之,我在艾克斯有自己的秘密警察。"这个不安分的人,不能再以官员身份执行的公务,现在却被他拿来当作消遣。自从被禁止进入各部办公室,他就乐此不疲地利用他人的眼睛从锁眼里偷看,通过他人的耳朵偷听谈话,打探是否有一个机会可以让他重回政治舞台,能让他再次挤到历史的赌桌旁。

但是他还要少安勿躁,耐心等待一阵子,因为拿破仑还不需要他。皇帝正处于权力的巅峰时刻:他征服了欧洲,做了奥地利皇帝的女婿;他成就了自己最大的愿望——成为一名父亲,罗马王②的父亲。德意志和意大利的君主们③在他面前阿谀奉承、卑躬屈膝,对他恩准他们继续戴着王冠而感激不尽。就连英国,他最后一个敌人,现在也摇摆

---

① 目前,我这部作品几乎没有引用1824年巴黎出版的《奥特朗托公爵——约瑟夫·富歇先生回忆录》的内容。这个回忆录出版于富歇死后3年,很显然是别人拼凑起来的,当然某些内容也是真实的。这个永恒的说谎精到底在他们筹备回忆录时参与到什么程度,一直是学术界争论的话题,而且至今无解。我们不妨引用亨利希·海涅描写虚伪者中的大师——富歇的一句俏皮话:"他虚伪到死后还要发表虚伪回忆录的地步。"(作者注)
② 拿破仑的第二任皇后玛丽亚·路易丝为他所生的儿子,被封为"罗马王"。(译注)
③ 当时的德国和意大利都处于分裂状态,由很多小国组成。(译注)

不定了。这个男人如此强壮有力，他可不需要像约瑟夫·富歇这样不可靠的帮手来服务。而富歇，也需要利用这大把空闲的时间静静思考，他或许会认识到和世界上最强有力的人较量是多么不自量力。拿破仑甚至都没有屈尊对失势的奥特朗托公爵表示仇恨。当他攀登至权力的高峰，就已经不在意曾经藏在白色貂皮大衣里讨人厌、又被他愤怒甩出去的小虫子了。他根本不在意富歇的纠缠不休，甚至根本没注意富歇不在眼前。因为他已经将富歇从自己的名单中淘汰了。富歇最终被允许回到费里埃的乡间别墅，对这位前部长来说，再也没有什么事情比这件事更能表明拿破仑对他有多么蔑视，因为从费里埃到巴黎，只有不到两个小时的车程。但是，迄今为止，皇帝仍然禁止这个公然违抗自己的仆人靠近巴黎和杜伊勒里宫。

在这无所事事的 2 年中，约瑟夫·富歇只被召见入宫一次。拿破仑想要发动对俄战争，几乎所有大臣都反对，于是富歇被要求发表他的看法。他对此提出严正警告，并将此事收进在回忆录内可以找到的备忘录中——如果我们可以相信富歇的话（当然，他也可能事后对此进行了篡改）。但是，多年来，拿破仑只想听自己想听到的建议，以此来证实自己的决策。那些反对战争的建议就是在置疑他的伟大。因此，富歇被冷冷地打发了。他被送回费里埃继续单调乏味的流放生活；而皇帝则率领 60 万大军，开启他一生中最冒险、最疯狂的事业——进军莫斯科。

约瑟夫·富歇不可思议、命运多舛的人生被赋予了奇怪的节奏。当他处于上升期，事事皆顺，心想事成；当他处于低谷时，事事不顺，厄运连连。现在,他备受冷落,忧郁愤懑,被排除在各类事件、运动之外,只能赋闲在家。现在,他失望至极,需要精神上的支持、友好的谈心和温柔的慰藉。而恰好这时,他失去了20年来对他忠贞不贰、全心全意爱着他、在他所有艰难时刻都陪伴、支持着他的妻子。在第一次被流放期间,在那个狭窄的阁楼上,他失去了两个最宠爱的、也是所有孩子中年纪最大的孩子;在第三次被流放期间,爱侣也离他而去。妻子的死深深刺痛了这个貌似毫无感情的人的内心。虽然这个令人捉摸不透的人对所有党派和思想毫无忠诚,态度变化多端,但对丑陋的妻子来说,他又是体贴入微、温柔无比的丈夫;对孩子们来说,他更是一位和蔼可亲的父亲。在枯燥乏味、苦心钻研的面具背后隐藏的是一个醉心于冷酷玩笑的阴谋家;在危险又不可靠的灵魂深处,同样隐藏着一个中产阶级的忠实可信、来自法兰西地方省份的丈夫。这个男人,只有坐在自己的壁炉旁,被家庭包裹着,才会感到最安全和满足。这个女人,一定意义上使他从充满不安、危险和变数的政治生涯中得到解脱并保持平衡。在政治生涯戛然而止的时候,她何尝不是一处优良的避风港?而现在,在最需要她的时候,他却被剥夺了这个权利。人们第一次看到了这个冷酷的人显而易见的真情流露。人们第一次在他的信件中听出了一种温暖的、真诚的、充满人性的声音。这时,他的继任者,罗维戈公爵成了全巴黎的笑柄,一个半疯半傻的人发动了一场荒唐的暴乱,而罗维戈公爵处理这件事时闹了一个大笑话(他被叛贼擒住了)。富歇的朋友便敦促他努力争取机会再次执掌警务部,他却拒绝了重返政治舞台的任何建议。"我对人类的这些蠢事已经关上了心门。权力于我而言也没什么吸引力了。静养对我目前的处境来说不仅适合,还十分必要。公共事务只会让我感到躁动不安、心烦意乱、危机重重,别无其他。"这个聪明人,第一次接受命运的教训,似乎变得真正聪明起来。如今他变老了,失去了一生挚爱;他那颗无节制的野心极度渴望休息,感受永恒的宁静。他对阴谋诡计的兴致似乎已经消亡,对权力的执念已经破灭,曾经数十年来被它们永不停息驱使着的灵魂安静下来。

但就在这时,命运又跟他开了一个天大的玩笑。这是第一次,也是唯一的一次,野心勃勃、极不安分的富歇渴望宁静、不想要任何职务的时候,他的对头——拿破仑却要硬塞给他一个职位。

迫使拿破仑再次要求富歇为自己效劳的原因,不是出于喜爱、出于好感、出于重建自信,而是由于他感到极度的不安全,因为这次他作为败军之将回到了巴黎。这一次,他没有不可一世地骑在高头大马上,在战鼓声声、旌旗招展中率领军队穿过凯旋门,而是悄悄地在夜间回到首都,还用围巾包裹住下巴,以防被认出。他指挥的那支最精锐的部队在俄国被摧毁,战士们冻死在大雪之中;他不可战胜的神话被打破,朋友们也纷纷离他而去。昨天还对他卑躬屈膝的各国王公,现在突然在战败的皇帝面前想起了自己的尊严。一个世界揭竿而起,反抗这位严苛的主人。俄国的哥萨克骑兵正快马加鞭冲向法国;拿破仑的老对手贝纳多特正作为敌人从瑞典赶来;他的岳父——弗朗茨皇帝,在波希米亚整装待发;被劫掠和奴役的普鲁士人已经准备好了一场复仇。在无数的战争中,他播下了仇恨的种子;如今,在备受蹂躏的欧洲大地上，武装起来的人们如种子发芽般纷纷涌现，决心将他置于死地，收获就在今秋莱比锡①平原的田地里。他独自建立起来并维持了10年之久的巨型大厦正摇摇欲坠。他的兄弟们，从王座上被驱逐，正纷纷从西班牙、威斯特伐利亚、荷兰、意大利逃离。现在，拿破仑必须孤注一掷。他以令人惊叹的洞察力、多于平时十倍的干劲，准备好最后的决战。在法兰西，任何能背上小背包或者骑上马的人，都被征召入伍；有经验的老兵从西班牙和意大利被召回，以补充被俄国"冬将军"②吞噬的士兵；兵工场所不分昼夜地生产刀剑和大炮；金币从隐藏的宝库中被取出；杜伊勒里宫的积蓄被拿出来使用；所有的战略要塞都在加紧维修。各路军队从东西两面同时向莱比锡挺进，外交工作也在繁忙开展。每一个薄弱的地方必须要加强防御。包裹法兰西的防御网中，不能有任何薄弱的地段。每一种可能性都要预见到，无论前方还是后方都要充分防御。绝不能重蹈俄国战役的覆辙。绝不能让一个蠢货或者坏人动摇民众对拿破仑的信任。不可靠的人必须跟着他到前线，危险分子也必须在近距离、严密的监督之下。

在准备这场决战的时候，皇帝考虑到了所有力量，想到了每一个可能发生的危险。因此，他自然也不会忘记一个可能会很危险的人物——约瑟夫·富歇。人们明白拿破仑绝不会忘记富歇。只有他强大

---

① 指莱比锡战役，又被称为"莱比锡民族会战"，发生于1813年10月16日至19日之间，拿破仑的军队惨败于俄、奥、普等国组成的反法联军。1814年3月，反法联军攻入巴黎，拿破仑被迫第一次退位，被流放至厄尔巴岛。（译注）
② 对俄国冬天寒冷天气的戏谑。俄国寒冷的天气不仅打败了拿破仑，还打败了希特勒。（译注）

的时候，才会藐视富歇。此时，他权力的根基正在动摇，必须尽一切努力保住它。任何一个可能的敌人都不能在他背后捣鬼，他们都不能待在巴黎。既然，拿破仑并没有把富歇当朋友，于是他决定，让富歇离开巴黎。

将他逮捕，然后幽禁在某个堡垒，可能是防止这个乐此不疲的阴谋家耍诡计的最佳方式。但不幸的是，没有充分的理由可以这么做。当然也不能让他自由自在，想干什么就干什么。因此，解决困难的最好办法就是将他的双手捆绑在一个职位上，最好还是一个远离巴黎的职位。在德累斯顿的总司令部，事务纷繁复杂，战事准备紧张忙碌，皇帝却发现好像很难找到一个空缺着的、看着很体面的、又能将富歇安全地固定在那里的职位。但是拿破仑已经迫不及待地想把这个惯于搞阴谋诡计的家伙调离这座大城市（巴黎）。既然没有现成的职位，那就虚构一个新的。奥特朗托公爵被派往空中楼阁任职：管理普鲁士被占地区。无疑，这是一个相当体面的职位，但它有一个缺点，就是富歇想就职，必须得拿破仑先占领了普鲁士再说。而如今的战事还让人看不到这样的希望，因为布吕歇尔①已经压向皇帝的萨克森军队侧翼。所以，5月10日，拿破仑写给富歇的信说到这件事更是让人觉得荒唐透顶，"我要告诉您我的目标，就是我一旦占领了普鲁士国王的领土，便会召见您，让您担任那个国家的首脑。不要透露这件事的半点消息，必须要让人们认为您准备回

---

① 格布哈德·列博莱希特·冯·布吕歇尔（1742—1819），普鲁士王国元帅，拿破仑的劲敌之一。他在击败拿破仑的莱比锡战役和滑铁卢战役中战功卓著。（译注）

乡间别墅，事实上您已经到了这里，但人们相信您还在家中。只有皇后知晓您出发的时间。我很欢迎不久的将来您有机会再次为我效劳，来证明您对我的忠诚。"皇帝之所以这样写信，是因为他不相信约瑟夫·富歇会对他"忠诚"。同样，奥特朗托公爵，也看穿了主人的真实用心，便极不情愿、满腹狐疑地起身前往德累斯顿。"我立刻就明白了"，他在回忆录中写道"皇帝将我召至德累斯顿，唯一的理由就是害怕我留在巴黎，他想把我当作人质"。因此，这位未来普鲁士的摄政王，慢悠悠地前往德累斯顿参加国务会议，直到5月29日才到达。皇帝欢迎他时的第一句话就是："公爵先生，您来迟了。"

当然，在德累斯顿，拿破仑只字未提让他掌管普鲁士这样一个滑稽戏般的任命。形势如此严峻，不适合开这种玩笑。皇帝做的最伟大的事情就是把富歇稳稳地控制在手中，而且更幸运的是，这时正好有一个职位空出来，正适合将富歇送到更远离政治中心的地方。这次不是那个著名的在空中楼阁或者月亮上的普鲁士摄政，而是远离巴黎的几百公里之外。这次是真的要做摄政：担任伊利里亚的摄政。这个省的总督原来是拿破仑的老战友朱诺将军，他不知道怎么突然就疯了。这正是可以把这个不服管制的仆人塞进去的好位置。因此，皇帝毫不遮掩嘲讽之意，将这里的统治权授予了奥特朗托公爵；而公爵先生，一同往常，不做任何反抗，顺从地鞠了一躬，表示立即准备动身前往南方。

伊利里亚，有点像舞台剧里的名字。其实，它是从弗留利、卡林西亚、达尔马提亚、伊斯的利亚和的里雅斯特撕下来的碎片中拼凑起来的一个奇怪国家。一个没有统一思想的国家，没有存在的意义，也没有目标，以一个叫卢布尔雅那的乡村小镇为首都，根本是一个雌雄难辨、没有生命力的怪物，是痴迷于独裁统治和盲目外交的产物。富歇发现那里国库空虚，只有几十个百无聊赖的政府官员，寥寥无几的士兵，心怀不满、只等法国人撤走的民众。随处可见木材堆砌、偷工减料建造起来的大厦正在崩坏，只需开上两炮，这些建筑便会轰然倒塌。当然，弗朗茨皇帝马上就要开炮，直接打向他的女婿——波拿巴皇帝，短暂辉煌的伊利里亚即将走向尽头。富歇也没指望他率领的两三个军团能做激烈抵抗。这些士兵绝大多数是克罗地亚人，一旦战事打响，他们肯定会投向昔日战友的怀抱。因此，从一开始，富歇只为撤退而努力准备。为了掩护撤退，他表面摆出麻木不仁的统治者姿态，举行各种舞会和晚宴，还时不常地检阅军队。晚上，他却将国库里的钱财和政府机密文件偷偷地运往的里雅斯特。他别无选择。作为这个荒唐国家的统治者和领主，他只能谨慎小心，一步一步的以最小的代价撤出来。在这次战略性的撤退行动中，他再现了昔日的冷酷镇定、精力充沛、迅捷果敢。而且，他一步一步、毫无损失的从卢布尔雅那撤到格尔茨，从格尔茨撤到的里雅斯特，从的里雅斯特撤到威尼斯，几乎完整无缺地将政府官员、国库的财宝和珍贵的资料从短命的伊利里亚带了出来。失去了一个可笑的小省又算得上什么？就在这几天，拿破仑失去了他所进行的最后一次伟大战争里最重要的一场战役的胜利，他在莱比锡各民族大会战中遭到惨败，进而也输掉了对世界的统治权。

富歇完成了自己的任务，而且无比体面、无比高效地完成了。现在，再没有一个伊利里亚需要掌管，他觉得自由自在，该返回巴黎了。但拿破仑没有任何意向允许他回到巴黎。皇帝在德累斯顿说过："在目前的形势下，没有任何理由能让富歇这样的人留在巴黎。"莱比锡战败后，更不能让他回去了。要不惜一切，让富歇远离首都。在进行抵御五倍于己的敌军这个艰巨工作的同时，拿破仑还是挤出时间给富歇委派了另一个差事，使他在余下的战事中能够安分守己。让他做些外交方面的差事，让他搞点阴谋诡计，防止他不安分地跑去巴黎捣鬼。因此，皇帝先把他派去了那不勒斯（那不勒斯够远了吧！），看他能不能说服缪拉①（那不勒斯国王，拿破仑的妹夫，比起关心帝国的安全，更关心自己王国安全的人）来增援皇帝。富歇到底是怎样执行这个任务的，是真的极力劝说这位昔日风度翩翩的骑兵将军忠于职守，还是秘密鼓励他坚持叛逆之心，历史并没有明确记载。无论如何，皇帝的主要目的达到了。四个月以来，富歇在阿尔卑斯山的另一端、远离法兰西首都一千英里以外的地方，为没完没了的谈判忙得不可开交。当奥地利、普鲁士、英国的军队一齐向巴黎进发的时候，富歇却不得不且毫无意义地在罗马、佛罗伦萨和那不勒斯之间、卢卡和热那亚之间来回奔忙，为根本无法解决的问题浪费着时间和精力。因为就在南部，奥地利人已经势不可挡。追随着伊利里亚的脚步，委派富歇管理的第二个王国——意大利也很快沦陷了。最终在3月初，拿破仑皇帝再也

---

① 若阿尚·缪拉（1767—1815），法国军事家，拿破仑麾下的著名元帅，娶了拿破仑最小的妹妹卡罗琳，后来成了那不勒斯国王。（译注）

没有法国以外的领地可以打发这个令人生厌的仆人了,甚至在法兰西境内,他也失去了可以发号施令的权力。于是,3月11日,约瑟夫·富歇翻越阿尔卑斯山,回到故乡。因为皇帝的先见之明,四个月里富歇无可挽回地被阻止在外,不能在法兰西的土地上施展政治阴谋。当他终于挣脱锁链,已经晚了四天。

抵达里昂的时候,富歇得知联军正在向巴黎进军。要不了几天,拿破仑将被推翻,一个新政权即将建立。毫无疑问,富歇已经急不可耐地想要插手,然后为自己分得最大的一杯羹。但直达巴黎的路已经被敌军堵住了,他只能绕了一大圈,取道图卢兹和利摩日,终于在3月8日,坐着驿车驶入巴黎。他看了一眼,就知道自己来得太迟了。他也知道,晚来者要付出代价。在还有一丝机会可以浑水摸鱼的情况下,拿破仑却将他摒弃在中心之外,让他为自己的朝三暮四和诡计多端付出代价。巴黎已经宣布投降,拿破仑被废黜,路易十八做了国王。在塔列朗的领导下,新政府成立。这个该死的瘸子及时赶到现场,倒戈的速度比富歇都快。沙皇亚历山大下榻塔列朗的府邸,新国王也不断用事实证明对他十分宠信。塔列朗按照自己的喜好,将所有大臣的职位安排完毕,偏偏遗漏了奥特朗托公爵,一个位置都没给他留。没有人等他,没有人理会他,没有人想从他那里得到什么,也没有人想得到他的建议和帮助。如同之前很多次那样,约瑟夫·富歇又一次完了。

他久久不愿相信,人们对他如此冷漠。他,可是拿破仑最大的对头啊!他开始公开或者秘密地主动请缨。人们到处都能看见他的身影,他一会儿在塔列朗的前厅,一会儿去拜访国王的弟弟,一会儿去会见英国大使，一会儿又在参议院的会议厅里。但没人搭理他。富歇一封接着一封写信，寄给拿破仑，劝他移居美国，与此同时还将信件的副本寄给国王路易十八，巴结讨好。国王也不理他。他恳求大臣们能给他留一个合适的职位，大臣们礼貌地接受了他的请求，但都冷冰冰的，看不到任何行动。他还借助太太们作为引荐人，请求昔日受其恩惠的人帮助他渡过难关，结果也是徒劳。因为他犯了政治上不可饶恕的错误——他来得太晚了。所有的位子都已经被占满，没人会为奥特朗托公爵留出空位而选择辞职。他的野心受挫，在这里无所事事，于是这个可怜人被迫整理行装，回到费里埃的府邸。他的妻子已经去世，留给他的帮手只有一个——时间。一直以来，时间都在帮助他，希望这一次还会如此。

果然，时间再次助他一臂之力。他的鼻子灵敏如常，不久便在空气中闻到了火药味。他的听力也一样的敏锐，即便在费里埃，国王宝座裂开的不祥响声他也听得见。新的统治者，国王路易十八，接连犯下错误。他想要无视革命，想要忘记经过20年市民阶层统治的法兰西是不会恭恭敬敬地向20个贵族家庭弯腰鞠躬的。他更忽视了禁卫军和将军团体对他王位终身制的威胁，他们的薪水被降了一半，已经对新国王的吝啬极端不满了。他们其中的一些人窃窃私语，都认为，如果拿破仑能够东山再起的话，他们将再次拥有一次光辉荣耀的战争，可以再次征伐劫掠，立下赫赫战功，再次统治一切！可靠的信使已经奔走于各个军营之间，一场叛乱正在军中酝酿。而富歇从来没有完全和他的嫡系警察切断联系。他听到了一些消息，让他希望重燃。他暗自欣喜："我们善良的国王如果任命奥特朗托公爵为警务大臣，自然就会听到这些消息。"但是，干吗要提醒这些宫廷马屁精？而且，一直以来，都是革命、风云突变让富歇青云直上，因此，他不能暴露自己的意图，他要袖手旁观，屏住呼吸，就像临战的摔跤手一样。

1815年3月5日，一个信使冲进杜伊勒里宫，气喘吁吁报告了一个消息：拿破仑离开了厄尔巴岛，并率领600人于3月1日在弗雷瑞斯登陆了。600人？可笑至极！这个蠢材真的相信他率领这么点人就能对抗国王路易？国王可拥有强大的军队，并得到整个欧洲的支持啊！不用担心！只需要少数的宪兵就能把这少得可怜的冒险家们制服了！拿破仑的老战友，米歇尔·内伊[①]，奉命处理这个问题。内伊向国王夸下海口，不但要把这个捣蛋分子不费吹灰之力抓回来，还要把这个科西嘉人装在铁笼里带回巴黎。整整一个星期，路易十八和他可靠的大臣们在巴黎招摇过市，丝毫不把这件事放在心上，连《箴言报》也是以玩笑的口吻报道整个事件。不久，坏消息传来。除了安提贝的官员和宪兵抵抗了拿破仑，派去其他地方阻截的军队，根本没有阻拦他的道路，反而投靠他，使他原本兵力很少的军队不断壮大。就连米歇尔·内伊也忘记了自己的豪言壮语，抛弃了国王而投入了旧日主人的怀抱。拿破仑已经在格勒诺布尔，已经在里昂。再过一个星期，他的预言将实现，皇室的雄鹰将再次栖息在巴黎圣母院的钟楼之上。

[①] 米歇尔·内伊（1769—1815），拿破仑手下著名元帅，作战勇敢，被称为"勇士中的勇士"。（译注）

王宫陷入一片恐慌之中。现在该怎么办？怎么做才能阻止雪崩？国王和他的贵族顾问们现在才意识到，脱离民众，装作忘记在1792年至1815年之间，在法兰西还有一个叫做革命的东西，是多么愚蠢！但他们认识得太迟了。而现在他们唯一能做的就是尽快争取民心。国王想方设法要让愚蠢的民众相信，他真的爱他们，尊重他们的意愿和权利，他要以共和与民主的方式统治这个国家。皇帝们和国王们总是在为时已晚的时候认识到自己还有一颗民主的心。怎样才能把共和主义者拉拢过来呢？那太简单了。把他们其中一个彻头彻尾的激进分子吸收进来当部长，不就给王室的百合徽章①涂上了一抹红色吗？上哪儿找一个这样的人呢？他们对着一个又一个名字讨论了半天，最终有一个人提到了约瑟夫·富歇。前几个星期，他频繁造访各部接待室，锲而不舍请求晋见，不厌其烦地给大臣们提各种建议，给国王陛下写信。他就是他们要找的那个人！召之即来，来之能战！赶紧把他弄出来，再次起用。每当政府陷入困境，无论是督政府、执政府、帝国还是王国，每当需要一个中间人、和事佬、恢复秩序的人时，人们总会想到这个扛着红旗的人、性格最不可靠但又最可靠的权谋家——约瑟夫·富歇。

现在奥特朗托公爵心满意足了。几个星期前，同样的一批伯爵和亲王们，对他态度冷淡，现在却满怀敬意地找到他，请求他出任大臣，简直是热情地把大臣的权柄硬塞到他的手里。但昔日的警务大臣深谙政治形势的玄妙，他可不想在最后关头还为波旁王朝卖命。他确信，

---

① 波旁王朝的标志。（译注）

他们这样如此急迫地召集富歇医生前来，一定是病人已经到了弥留之际。因此他找出各种借口，婉言谢绝他们的提议，还温和地暗示，他们也来晚了。但拿破仑的军队离巴黎越近，王室的尊严丧失得就越多，他们对富歇越是纠缠不休，催促他出来掌管政府，甚至国王的弟弟查理①也出面邀请富歇私下会谈。但这一次富歇坚持自己的立场，这倒不是出于对某种突如其来的信念的坚持，而是因为他不想买一堆臭鱼；也是因为自己在路易十八和拿破仑之间的跷跷板上起起伏伏，感到极度惬意。于是他告诉查理不必惊慌，当务之急，国王路易应该寻找一个安全的避难之所。拿破仑的冒险之旅不会持续太久，在这个过程中，富歇会尽一切努力去阻止皇帝的，他们需要完全信任他。一方面，他要千方百计获得波旁王朝的青睐，如果他们能够继续掌权，自己将成为其中的一个帮手；另一方面，如果拿破仑获胜，他便可以骄傲地说，他拒绝了国王给的好处。脚踏两条船的把戏他以前经常用，十分有效。于是这一次，他也要用同样的办法，要同时做两个主人——皇帝和国王的忠实仆人。

但这一次他的策略有了一个令人欢快的结局，甚至比以往更加欢快，尽管在富歇人生的决定性时刻，悲剧总是会转变成一场喜剧。至少，波旁王朝在拿破仑那里学会了一样东西，那就是在危急时刻，将富歇这样的人放在背后是不明智的，因为他会在背后扎刀。因此，在国王逃离巴黎的前两天，当拿破仑已经逼近首都时，警察奉命准备将富歇

---

① 查理·菲利普·波旁（1757—1836），即查理十世。（译注）

作为嫌疑分子逮捕,以他拒绝国王的任命为由,将其押解出巴黎。

历史总是喜欢搞一些稀奇古怪、令人意外的段子。现任警务大臣布列纳①被委派执行逮捕富歇这令人不快的命令。他是拿破仑青年时代的密友、军校的同学、出征埃及时期的战友,他做过皇帝多年的秘书,认识皇帝所有心腹,当然也非常了解富歇。当国王路易命令他逮捕奥特朗托公爵,他自然感到有些吃惊。于是他大胆质疑,这样做是否合适。国王重申命令,布列纳仍旧摇头,说此事未必有那么容易。富歇是条诡计多端的老狗鱼,那么多险境都能成功脱逃,怎么会在光天化日之下束手就擒?如此冒险的捕鱼工作,捕鱼手需要时间认真仔细地部署。但,他还是奉命下达了逮捕令。果然,1815年3月16日上午11点钟,奥特朗托公爵外出兜风,警察在大路上包围了他的马车:依据布列纳的命令,宣布他已经被捕。富歇从不慌乱,他轻蔑地一笑,说道:"曾经的部长和参议员是不能当街被捕的。"于是,在众多曾经做了他多时属下的警察密探面前,在他们还没缓过神来,富歇就命令车夫策马扬鞭,全速返回家中。警察们站在那里瞠目结舌,将车轮扬起的尘土都吃了进去。布列纳是对的。怎么能轻易抓住这个人?他可是逃离过罗伯斯庇尔的抓捕、对抗过国民公会的命令、即便公开违抗拿破仑的意志也能毫发无伤的人啊!

当警察们向他们的长官报告,富歇已经在他们眼前跑掉时,布列

---

① 路易·安托万·福弗莱·德·布列纳(1769—1834),法兰西第一共和国外交官,曾在布里埃纳军事院校学习,与拿破仑是同学。著有回忆录。(译注)

纳立即采取了更为严厉的行动。这关系到他如何维护自己的威信，他要让人们看到，没人敢愚弄他。他立即派人将切卢蒂大街的这栋房子包围起来，守住大门，一队全副武装的警察爬上楼梯，进入房子抓捕逃犯。但富歇又跟他们开了一个玩笑，一个绝无仅有、令人拍案叫绝的玩笑。他总是在最为困难的情况下，才能弄出这样的动静。人们不止一次看到这样的富歇：越是身处险境，他越是渴望捉弄别人，将他们耍得团团转。这个惯于故弄玄虚的老油条以异乎寻常的热情接待了前来抓捕他的警察，还要求看了逮捕令。是的，逮捕令没问题，他就是被捕名单上的人。毋庸赘述，他并不想违抗陛下的命令。但可能需要客人们都坐下来，耐心等上片刻，等他处理几件琐事，然后就会和他们一起走。富歇礼貌地说完，便退回到隔壁的房间。富歇在卫生间梳洗，其他人都在外面恭恭敬敬地等着。毕竟，一个参议员、昔日的内务大臣、宫中显贵，不能像扒手那样被揪着领子、戴着手铐拖走啊！他们恭敬地等着，等了很长时间，直到时间长到令他们生疑，富歇还是没有出来。他们不得不走进隔壁房间，发现富歇早已经从他们眼皮子底下溜走了，这可真是政治动乱中真正的喜剧场景。这个56岁的老男人，就像一百年后发明的电影里的演员演的那样，跑进花园，在墙上架了一部梯子。警察们在会客厅恭敬地候着，他却以无比矫健的身手爬进隔壁奥坦丝王后[①]的花园，然后从那里逃之夭夭了。当晚，

[①] 拿破仑的继女，是约瑟芬与前夫所生。奥坦丝嫁给了路易·波拿巴，成为荷兰王后。她的儿子便是拿破仑三世。（译注）

整个巴黎都在笑谈富歇这次成功的金蝉脱壳。当然，奥特朗托公爵人所共知，他不可能隐藏太久，笑谈也不可能持续多久。富歇再一次计算精准。他知道自己只要隐藏几个小时就足够了。因为如果不想被拿破仑快速行进的骑兵队捉住，国王和他剩下的亲信们也不得不跑路了。杜伊勒里宫内，人们在匆忙地收拾行李，路易十八的一道逮捕令只给富歇提供了一个完美的效忠皇帝（其实并不是）的证明，其实拿破仑自己也不相信的忠诚。当皇帝听说这个政治家里的艺术家的完美把戏后，也不禁哈哈大笑，既气恼又惊叹地说："Il est décidément plus malin qu' eux tous！"——"他才是所有逃跑者中最诡计多端的那个！"

8

与拿破仑的最后一战
1815,百日王朝

　　1815年3月19日午夜，黑暗寂静的街道空无一人，12辆马车驶入了杜伊勒里宫的庭院。一个侧门被打开，一个仆人手持火把走了出来。在他后面是一个身材臃肿的男人——路易十八，他由两个贵族搀扶着，缓慢艰难地行走，咳嗽气喘，上气不接下气。这位年老多病的国王，结束了将近25年的流放生活，最近才返回自己的国家，现在不得不在三更半夜再次逃亡。此情此景，让在场的人不由产生深深同情。当人们将因衰老失去尊严、在这样的年纪又遭遇如此悲惨命运的老人送入马车后，都不由被触动，屈膝而跪。马的缰绳拉紧，车轮滚动，其余的马车随即跟上。几分钟后，护卫国王的禁卫军马队一路小跑，踩在砾石小路上，发出哒哒哒的响声。最终，宽阔的广场再次陷入黑暗沉寂，直至黎明。3月20日清晨，是从厄尔巴岛归来的拿破仑皇帝百日王朝[①]

[①] 百日王朝（1815年3月20日—6月22日）：拿破仑被流放厄尔巴岛后，他趁复辟的波旁王朝统治混乱之机，偷偷返回法国集结军队，并于3月20日回到巴黎，恢复法兰西第一帝国。滑铁卢一役中，拿破仑的军队被反法同盟联军击败。6月22日，拿破仑再次退位，被流放至圣赫勒拿岛。这次帝国的短暂复辟被称为"百日王朝"。

的第一个清晨。

最先凑到王宫的是喜好打听消息的人——商人、游手好闲的人和早起散步者。他们拼命张大鼻孔,在王宫附近嗅来嗅去,想要知晓在皇帝到来之前,国王是否已经逃走。他们的性格和心情各不相同,一些人惶恐不安,一些人兴高采烈。他们交头接耳,打探最新的消息。大约10点钟,拥挤的人群聚拢过来。人多了,彼此互相壮个胆,最终人群中有人怯怯喊出:"Vive l' empereur!"[①] "A bas le roi!"[②] 接着骑兵疾驰而来,他们中的一些人是在波旁王朝复辟期间被减俸一半的军官。他们预感还将战事不断,将有事可做,将再一次获得满薪,还能荣获勋章,加官进爵。总之,好战的皇帝归来,他们将好处多多。他们群情激昂,在艾克赛尔曼斯[③]将军的领导下,没有遭遇任何抵抗就占领了杜伊勒里宫。因为政权交接顺利,都没有流血,当天上午证券交易所的指数还迅速上升了好几个点。到了中午,不费一枪一弹,三色旗再次飘扬在皇宫之顶。

早已有上百个希望通过皇帝归来而渔利的人到达现场:宫女,仆役,总管,御厨,昔日的枢密院议员和典礼官;所有被百合徽章弃用的人;在革命废墟中,拿破仑提拔起来的新兴贵族。将军们、低阶的

---

① 法语,"皇帝万岁"。
② 法语,"打倒国王"。
③ 雷米·约瑟夫·伊西尔多·艾克赛尔曼斯(1775—1852),在法国大革命期间,他曾为缪拉的副官,参加了众多战役。1814年,拿破仑第一次退位,他投靠了波旁王朝。听闻拿破仑从厄尔巴岛偷偷离开的消息,他又号召帝国老兵支持拿破仑。滑铁卢战役后,他流亡国外。1851年,被路易·波拿巴封为元帅。第二年,坠马身亡。

军官们、贵妇们，都盛装出席。钻石再次发出耀眼光芒，刀剑铿锵作响，镶嵌珠宝的勋章闪闪发光。所有房间四敞大开，准备迎接新主人的到来。国王的徽章以最快的速度被撤走，宝座上的丝绸套子呈现的不再是王室的百合花，而是象征拿破仑的蜜蜂。所有人都希望及时到达现场，让皇帝一眼就看出自己是"忠臣"。夜幕降临，就像举办盛大的舞会和晚宴，身着制服的仆人点燃了枝状烛台和吊灯。再一次成为皇宫的杜伊勒里宫灯火通明，照亮了凯旋门，吸引无数好奇的民众前往皇宫花园。

晚上9点钟左右，一辆马车飞奔而来，前后左右簇拥着各级别的骑兵，他们热情挥舞着很快就要用来对付欧洲联军的佩刀。喧闹拥挤的人群大声欢呼"Vive l' empereur"，犹如爆炸声，在皇宫四面的墙壁上回荡。热情洋溢的民众像汹涌的波涛一样冲向皇帝的马车，护卫们不得不用佩刀的刀尖阻挡过于热情的迎接，以确保皇帝的安全。接着，卫兵们毕恭毕敬地举起他们的神明、伟大的战神，在一片震耳欲聋的欢呼声中，将皇帝抬进宫殿。拿破仑被士兵们抬在肩上，双眼紧闭，感到无比幸福。三个星期前他从流放的厄尔巴岛离开，最终又回到了法兰西皇帝的宝座上，嘴角不禁扬起一丝怪异的、梦游一般的笑容。这是拿破仑·波拿巴最后一次凯旋。他最后经历了一次不可思议的飞升，梦幻般地从晦暗无名直冲权力巅峰；最后一次双耳充斥来自万千民众的欢呼——"Vive l' empereur"。这呼声如同浪涛怒号，接连不断地涌来，一分钟，十分钟，他沉浸在这令人心醉的灵丹妙药之中。接着，他下令关闭宫门，让军官们撤回营房，召集大臣们，开始工作。

他要捍卫命运的赏赐。

大厅里人头攒动,大家都在等待流放归来的皇帝。但第一眼就让拿破仑失望透顶。留下来表示效忠的都不是他仆人中最出色的、最聪明的和最重要的。他看到的只是文武百官和谦谦君子、渴求一官半职和猎奇的人——制服很多,智囊很少。所有的大元帅、所有帮助他飞黄腾达的真正伙伴都不在。他们要么隐居田园,要么投靠国王。保持中立算是好的,绝大多数人都变成了敌人。所有大臣中最有能力、经验最丰富、最聪明的塔列朗,缺席了;拿破仑敕封的新国王和新王后,他的兄弟姐妹缺席了;最令他沮丧的是,他的妻子和儿子也缺席了。人群中,他看到更多的是阿谀奉承的小人,鲜有忠实正直的帮手。万众欢呼的惬意和美好已然褪去,一贯的敏锐让他在取得胜利的当晚就已经感到危险的来临。突然,在前厅传来了一阵既惊讶又惊喜的窃窃私语,身穿制服和宫廷服装的人们恭敬地让出了一条路。一辆马车来到门口,奥特朗托公爵来了。虽然来得很晚,但他是心甘情愿来的;虽然没有到场恭候皇帝到来,但他表示愿意效劳,且也不像那些巴结逢迎的朝臣那样急不可耐。他步履缓慢,面无表情,眼帘低垂,和以往一样的难以捉摸。他走过人群让出的小路,并没有向人们致谢。他那令人熟悉、一如既往的平静反而激起了人们的热情。"快给奥特朗托公爵让路!"仆人们大声喊道。更加熟悉他的人换了一种方式重复喊道:"是富歇啊!给富歇先生让路!"他们认识到富歇才是皇帝此刻最需要的人。皇帝还没来得及做决定,民意已经选中了他,将他认定为重要人物。富歇不是来求恩宠的,他代表了一种势力,威风凛凛,庄严郑重。拿破仑并没有让他等待,立即召见这位所有大臣中资历最老的、敌人中最忠诚的人,进行了单独会面。关于这次会谈的细节和第一次会谈一样,无人知晓。第一次会谈,富歇帮助从埃及逃回来的波拿巴成了执政,和他结盟,对他表示效忠却又不忠。而这一次会谈持续了一个小时,富歇走出房间,再一次,也就是第三次成为拿破仑的警务大臣。

《箴言报》报道了拿破仑任命奥特朗托公爵为大臣。但墨迹未干,主人和仆人都暗自后悔再次和对方纠缠不清。富歇很失望,因为他期待的是一个更重要的职位,一个小小的警务大臣早已无法满足他的野心了。1799年,对于饥寒交迫、遭人鄙夷、备受冷落的前雅各宾派成员约瑟夫·富歇来说,这样的职位是诺亚方舟一样的存在,也是对他的赞赏;1815年,对家财万贯、备受尊重的奥特朗托公爵来说,这就是个微不足道的闲职。他的自信心随着个人成就日益增长。现在只有宏大的世界政治赌局才能令他心满意足:将整个欧洲大陆作为赌桌、欧洲各国的命运作为赌注的紧张刺激的欧洲外交。与其实力相当的塔列朗阻挡他的晋身之阶长达10年。如今这个最难缠的对手正在组织武装力量反对拿破仑:他在维也纳集结全欧洲的军事力量,要推翻皇帝的统治。富歇要求掌管外交部,因为他觉得自己是唯一可以胜任这个职位的人。但拿破仑有充分理由怀疑富歇,不想把如此重要的职位交到这个聪明绝顶却又极不可靠的人手里。皇帝只能勉强任命他做警务大臣,因为皇帝知道,得把一点权力交给他,至少可以让他的野心得到一定满足,否则他会因此报复。即便这样,皇帝还是不放心,他在富歇身边安插了一个间谍:任命富歇的死对头罗维戈公爵担任宪兵头子。于是主人和仆人再续前缘的第一天，旧日的猫鼠游戏也再次上演：拿破仑预留了警察力量，用来防备自己的警务大臣；富歇背着皇帝，推行自己的那套政策。他们互相欺骗，又搞得明目张胆。时间会证明谁会笑到最后，是那个更强大的人还是更精明的人，是热血的人还是冷血的人。

虽然极不情愿，富歇还是接受了警务部。这个出类拔萃、激情四射的赌徒有个致命的缺点：在这场赌局中，他不能袖手旁观；哪怕是一个小时，他也不能容忍自己只是做个看客，旁观事态发展。他必须保持自己手里有牌，能够投下全部赌注；他必须骗过对手，让他们误入迷途，然后挑战他们，最终打掉他们的王牌。他必须时刻坐在某张赌桌旁边，不管是哪一张，不管它是国王的、皇帝的，还是共和国的；只要他在场，只要他能"avoir la main dans la pâte"①，只要他能分一杯羹，管它是谁的蛋糕；只要他能当上大臣或者部长，也不管它是左派的、右派的，还是皇帝的或者国王的。于他而言，只有一件事是重要的：取得政治权力。他从来不讲道德伦理；对于扔过来的权力的残羹冷炙，也从来没有拒绝的审慎和傲气。他会接受人家给的一切职务。任何人或者事，对他来说都一文不值，他在乎的只有赌博。

拿破仑同样也不情愿接受富歇的再次效劳。他认识这个暗中捣鬼的家伙已经 15 年了。他深知富歇从没有真心为他人效力，参与赌局也只是为了高兴；也知道富歇会时刻准备把他当作一个榨干的橙子一样扔掉；在最危急的关头，富歇也会时刻准备将他抛弃，就像之前抛

---

① 法语，"把手伸入面团"，插手、干涉之意。（译注）

弃吉伦特派、恐怖分子、罗伯斯庇尔、热月党人，抛弃和背叛救命恩人巴拉斯、督政府、共和国和执政府那样。但是拿破仑需要富歇，或者他认为需要富歇。正如拿破仑用自己的天才吸引富歇，富歇也用自己的可用之处吸引拿破仑。对富歇视而不见是极其危险的，即便是拿破仑，也不敢冒险在这样复杂多变的形势下将富歇变成敌人。两害相权择其轻，于是拿破仑给他职位，让他忙于对自己并不忠诚的服务。"只有从叛徒那里，我才能听到事实。"这是后来拿破仑被废黜，流放到圣赫勒拿岛，想到富歇时说的话。即便在极度愤怒的时候，拿破仑对这个能力超群的梅菲斯特式①的人还是敬佩的，因为天才最不能容忍的就是平庸之辈。尽管他知道富歇欺骗自己，但心里觉得富歇还是懂自己心思的。就像一个快要被渴死的人，即便他知道水有毒，还是会喝下去，皇帝也是宁可任用一个聪明而不可靠的阴谋家，也不会任用一个忠诚无能的人。10年强烈的敌意比平淡无奇的友谊更能将人们紧密地捆绑在一起。

　　10年或者更长的时间，富歇为拿破仑、大臣为主人、能人为伟人效劳；10多年来，富歇仰人鼻息。但1815年，两人最后角逐，拿破仑已经比较虚弱了。他再一次也是最后一次沉醉于荣耀，雄鹰的翅膀将他从地中海的一个小岛直接送上皇帝的宝座。派去抵挡他的军队，百倍于他的队伍，一看到他的大氅，便阵前倒戈。这个被流放的人，仅率领600军士出发，只用了三个星期，便汇成一支大军冲进巴黎。

---

① 梅菲斯特，《浮士德》中魔鬼的名字。（译注）

耳畔伴随着成千上万民众的欢呼声，他再一次睡在了法兰西国王的床榻之上。但醒来后，痛苦随之而来。面对严酷的现实，美梦也迅速褪去。是的，他再次成为皇帝，但只是名义上的。因为，从前跪倒在他脚下的世界，已经不承认他是主人了。他接连写信，发布公告，热情洋溢地传达确保和平的意向，但读完信件的人都耸动肩膀，轻蔑一笑，对此置之不理。他向奥地利皇帝派遣信使，但他们在半路被粗暴地拦截了。只有一封信几经辗转到达了维也纳，但梅特涅看都没看，直接就扔在了办公桌上。他的四周已经空无一人。旧日的朋友和军中伙伴早已飘零四方。贝尔蒂埃①，布列纳②，缪拉，欧仁·博阿尔内③，贝纳多特，奥热罗④，塔列朗，他们全部都安静地待在自己的庄园里，更有甚者，成了敌人的帮凶。他想要自欺欺人，但一切都是徒劳。他将皇后和罗马王的府邸重新装饰得富丽堂皇，期待他们明日就能回宫。但现实是，玛丽亚·路易丝正和她的情人奈伯格风流快活；而他的儿子被皇帝弗朗茨严密监控，正在美泉宫玩着锡制的奥地利士兵。即便在法兰西，三色旗也不被承认。南部和西部，起义不断；农民对没完没了的征兵已经厌恶透顶，向将他们的马匹征去拉拽大炮的宪兵队开火。在街上，

---

① 路易斯·亚历山大·贝尔蒂埃（1753—1815），曾任拿破仑的参谋长、元帅，被拿破仑器重。"百日王朝"期间，未再支持拿破仑。1815 年 6 月初，意外坠楼身亡。（译注）
② 原文为"Brienne"，根据前文，应为"Bourrinne"，即布列纳。（译注）
③ 欧仁·博阿尔内（1781—1824），拿破仑的继子，约瑟芬与前夫所生。追随拿破仑征战欧洲，是一名出色的军事统帅。（译注）
④ 查尔斯·奥热罗（1757—1816），法兰西第一帝国元帅、军事家。波旁王朝复辟时，投靠路易十八；"百日王朝"期间被拿破仑斥责为叛徒，后退隐庄园。（译注）

四处张贴着以拿破仑名义签署的讽刺墙报:"第一条,每年必须向朕提供30万炮灰;第二条,如果有必要,这个数字将提高到300万;第三条,所有的祭品将通过驿站送往大屠宰场。"毫无疑问,世界渴望和平,如果这个不速之客不能保证和平的话,理智的人们将会送他见撒旦。但是,他的处境有些悲惨!因为皇帝在他的人生中第一次真正想要为自己和世界谋求和平的时候(当然,前提是人们肯让他掌权),全世界已经不再相信他了。正直的市民担心他们的收入是否稳定,可不像那些只领半薪的军官和职业好战分子一样兴高采烈,毕竟和平对后者来说是阻碍了发财之路。所以,不出所料,当拿破仑赋予市民选举权后,他们便给了他一记响亮的耳光,将15年前被拿破仑迫害和弃用的人,也就是1792年的革命者——拉斐特和朗热内[①]选了出来。拿破仑在法兰西之外没有任何同盟,在国内没有死心塌地的拥护者。他也没有一个可以敞开心扉、畅所欲言的人。他坐立不安,忧心忡忡,一个人在空荡荡的宫殿里游荡。他的神经失去控制,时而暴躁异常,时而昏睡不醒。他经常在白天睡觉,像是被疲劳打倒了似的,一躺就是几个小时。这种疲劳不是来自身体,而是来自心灵。一次,卡诺发现他在寝宫,注视着儿子罗马王的画像,眼中噙满了泪水。他向知己抱怨,幸运已离他而去。内心的磁铁也在提示他,政治生涯的巅峰时刻已经过去。因此,他意志的指针在两极之间漫无目的地不停摇摆。

[①] 让·德尼·朗热内(1753—1827),法国政治家、历史学家、律师、记者,反对拿破仑独裁统治,拥立君主立宪制度。(译注)

最终，这个一贯取胜的男人极不情愿，也不抱任何希望，出发前往战场，接受与敌人和解。但一切都是徒劳的，因为胜利女神只会将胜利的桂冠戴在自信者的头上。

于是，1815年，拿破仑享受着命运的短暂眷顾，表面上依旧是主人，依旧是皇帝，但实际只是披了一件权力的影子外衣。而站在他身旁的富歇，此时正精力充沛。他，理智如匕首一样锋利、如钢铁一般坚硬，锋芒和光芒都藏在诡诈的剑鞘内，不像永不停歇旋转的精力消耗得那样快。在帝国重建到被推翻的百日之间，富歇完美地展现了他的聪明能干、圆滑狡诈和大胆自信。因此，人们期待的目光不是投向拿破仑，而是投向富歇，将他视为救星。人们更加信任皇帝的大臣而不是皇帝，这事儿确实奇怪。路易十八、共和党人、保王党人、伦敦、维也纳，都把富歇作为唯一可以进行有效谈判的人。他冷静、精于算计的理智比拿破仑忽明忽暗、随风不停摆动的天才让心力交瘁、渴望和平的世界有了更多信心。那些拒绝给予皇帝"波拿巴将军"称号的人，却尊重富歇的个人信用。同样的边境线，法兰西帝国的信使无一例外地被逮捕和被当作灾祸拦截下来，但在奥特朗托公爵的密使面前就像被施了魔法，四敞大开。威灵顿公爵、梅特涅、塔列朗、奥尔良公爵、沙皇、国王们，都乐于接见他的信使，并礼遇有加。于是富歇，曾经欺骗所有人的人，现在被视为世界政治赌局中最可信赖的操盘手。他只需动动手指，一切都会按照他的意愿发展。旺代省发生叛乱，有可能演变为一场血腥斗争。富歇只派了一个信使过去，就制止了这场内斗。他坦诚地给斗争双方算了一笔账，就让他们握手言和。他问道：

"为什么在这种时候还要牺牲法兰西的鲜血?几个月后,皇帝要么胜利要么战败。为什么要为可能不需要战斗就能获得的东西而战呢?放下你们的武器,静观其变吧!"于是保王党的将军们,信服这套冷静、理智的说辞,签订了预备协议。无论国内还是国外,每个人首先都要请示富歇。议会的决议都要经过他的赞同。拿破仑只能无力地看着仆人制约自己的行动,操控选举来反对他,像变戏法似的弄出一个有共和味道的议会阻止他的独裁意志。拿破仑想要摆脱富歇,但这是徒劳的。独裁专制的光辉时代已经过去,用百万金钱作为补偿换取奥特朗托公爵退休也不可能了。现在,奥特朗托公爵将皇帝推下宝座可比皇帝剥夺他的大臣头衔容易多了。

这几个星期富歇推行的看起来随心所欲但实际深思熟虑、实际又清晰明确的政策,在世界外交史上也是最杰出的。即便是拉马丁,富歇的对头,一个理想主义者,也不得不称颂富歇马基雅维利式的天才。这位伟大的法国诗人写道:"我们不得不承认,富歇展现了罕有的勇气和处变不惊的充沛精力。他随时可能为自己的计谋掉脑袋。一旦拿破仑感到耻辱或者勃然大怒,那么富歇就处在随时可能被碾得粉碎的险境。在国民公会时期幸存下来的人之中,只有他的意志没有被磨灭,只有他的勇气丝毫未减。尽管富歇夹在想要死灰复燃的暴力专制和想要复兴的自由之间,夹在为了个人利益想要牺牲法兰西的拿破仑和不甘为了某个人的利益而搭上整个国家的法兰西之间,处境微妙,但他能够恐吓皇帝,稳住共和党人,安定法兰西。他向欧洲各国挥手致意,向路易十八微笑,和各国宫廷谈判,通过各种方式和塔列朗先生互通消息，让一切都保持在悬而未决的状态。他扮演了一个极其复杂又相当艰难的角色，既卑微又高尚，同时又非常了不起的角色，一个还没有引起史学家们充分注意的角色。这个角色没有高贵的灵魂，但又不乏爱国主义和英雄主义精神。他将自己放置在和君主同等的高度，将一个大臣的权力凌驾于国家的最高统治者之上。他充当帝国、复辟王朝、自由的仲裁人，但通过两面三刀的方式。历史在谴责富歇的同时，也不能否认在百日王朝时期他采取行动的大胆果敢、处理党派纷争的驾轻就熟、搞阴谋诡计的卓尔不群。如果评价一个真正的政治家，不考虑人格尊严和个人美德的话，富歇绝对可以算得上这个世纪第一流的政治家。"

同时代的诗人、政治家拉马丁是在他对这些历史事件记忆犹新时做出如此精辟的论断的。50年后，数以千万的死者早已腐烂，化为尘土，将士们残肢断臂的尸体已被掩埋，欧洲已从千疮百孔中恢复过来，再谈起拿破仑的传说，人们自然对富歇的看法更加苛责、更加不公平。每一个英雄的传说总会成为某种意义上的历史的精神后方。它和任何后方一样，自身没有的美德却要求他人轻松做到：毫无节制牺牲人的生命，倾尽全力追寻英雄的幻象。英雄早已死在遥远的过去或者遥远的地方，却让他人在同等条件下表示毫无意义的忠诚。因此，通过非白即黑技巧加持的拿破仑传说，只会展示那些对英雄忠贞不贰或背叛英雄的人。它对先前的拿破仑和后来的拿破仑不加以区分。先前的拿破仑是执政官，凭着自己的精明才干和充沛活力赐予了这个国家和平与秩序；而后来的拿破仑，妄自尊大，是战争的始作俑者，为了满足权力的欲望，一次又一次疯狂地将世界拖入到残酷血腥的冒险中。他曾对梅特涅说过一句颇具帖木儿①精髓的话："我这个人，视百万生命如同草芥。"每一个理智的法兰西人都想遏制这个妖魔附体男人的疯狂野心；在他盲目冲向毁灭的时候，他们都想适度劝说；他们拒绝像奴隶一样被拴在他的重型战车之上。于是，拿破仑式的传说便用但丁式的怒火，将他们都打入地狱。塔列朗、布列纳、缪拉都是被诅咒的人。尤其是富歇，被认为是头号叛徒，是 advocatus diaboli②。

根据拿破仑的传说，富歇在 1815 年加入警务部，目的就是为了抢占一个有利位置，在合适的时机，在皇帝的后背扎上一刀，因为他早已投靠了路易十八和欧洲列强。他一定在国王逃跑的时候，让人捎话给保王党人："你们拯救了国王陛下，我将拯救君主制度。"据说，他在接受重返的皇帝授予的职位当天，曾对他的朋友卡尼尔宣称："我的首要职责就是破坏皇帝的计划。不出三个月，我将要比他更加强大。倘若他不能将我射杀，我就让他跪在我的脚下。"这个预言的日期过于精确，不可能不是事后编造出来的。

但是，如果认为富歇在百日王朝一开始就与路易十八勾结在一起，是国王花钱雇的潜入拿破仑机要部门的间谍，那太低估富歇了，也彻底误解了这个有着复杂心理的人和他闪耀着神秘莫测色彩的性格。我这样说并不是要否认富歇是个完全没有道德感的人或者不是一个彻底

---

① 埃米尔·帖木儿（1336—1405），蒙古贵族，曾建立帖木儿帝国，历史上著名的嗜血暴君之一，其后代建立了印度的莫卧儿帝国。（译注）
② 拉丁文，译为"魔鬼的辩护士"。（译注）

的马基雅维利主义者。如果需要,他一定会做出这样的或者类似的背叛行为。但对这个胆大妄为、嗜赌如命的赌徒来说,传说赋予他的如此卑劣的行径实在是过于简单、过于枯燥乏味了。他才不屑于只欺骗一个人,哪怕这个人是拿破仑。他唯一的乐趣是欺骗所有人,不会向任何人承诺。他引诱每个人,同时为各方服务又暗中反对各方,他从来不按套路出牌,全凭瞬间变化驱使行动,如同普罗透斯,即变化之神。他不是弗朗茨·摩尔①或理查三世②,一眼就能被看穿是阴谋家的人。只有闪闪发光、让他自己也感到意外的角色,才能将他对弄权之术的热情激发出来。他因是困难而喜欢困难,并会让困难加倍、三倍,甚至变成四倍。他是一个全方位的叛徒。最了解他的拿破仑,曾在圣赫勒拿岛深刻地评价他:"我只认识一个真正的完完全全的叛徒,他就是富歇。"一个完完全全、彻彻底底、真真正正的叛徒,不是偶尔为之的叛徒,而是天生的叛徒。如此评价他,并不是因为他背叛的目的和技巧,而是要说明背叛是他内在的本质。我们将战争时期耳熟能详的双面间谍与富歇类比,或许最能够把握富歇的本质。这些双面间谍给各国列强传递秘密情报,目的是能够从列强那里打探更多的秘密,然后再传递出去。如此一来,在这场交易中,他们最后也不清楚自己到底是为哪个国家效力了。他们被双方收买,但对哪一方都不忠诚,他们真正忠于的只有这场参与的游戏,一个夹在两方之间、来来去去

---

① 席勒戏剧《强盗》中的人物,是主人公卡尔·摩尔的弟弟,外表丑陋,狡诈阴险。(译注)
② 莎士比亚戏剧《理查三世》的主人公,外貌畸形丑陋,为谋朝篡位,不惜屠杀手足。(译注)

的游戏。他们效劳的只是致命恶毒的虚幻欲望。直至天平绝对地倾向其中一方,理智恢复对赌博激情的控制,这时,赌客才可能安全地将盈利收入囊中。富歇就是这样,他从来都是在胜负已分的情况下才做决定。他在国民公会时如此,在督政府、执政府、帝国时都是如此。战斗进行中,他从不站队;战斗结束,他选择胜利者。如果格鲁希①及时赶到,那么富歇(无论如何,至少有一段时间)还能做拿破仑的大臣。拿破仑战败了,富歇便推他下台并背叛他。他不为自己辩解,而是用一贯玩世不恭的态度对自己在百日王朝的所作所为,说出了颇具讽刺意味的话:"是滑铁卢背叛了拿破仑,不是我。"

不难理解,拿破仑会被他的大臣的两面三刀气得七窍生烟,因为他知道,这一次关乎他的性命。和10多年前一样,每天清晨,这个瘦削、双颊深陷、面色比以前更加苍白无血色的人,身着镶边的深色制服,来到他的房间,向他做形势分析报告。报告做得清晰明了,无可挑剔。没有人对事态进展的理解能比他更为清晰,也没有人对世界局势的认识能比他更为透彻,他能够洞悉一切。拿破仑意识到这一点,但同时也感到富歇总是有意隐瞒了什么没有向他报告。皇帝知道奥特朗托公爵暗中接见外国列强派来的信使;他的内阁大臣每天上午、中午和晚上,都紧闭大门和保王党的探子秘密会谈。这些相关事件,富歇走入皇帝内室报告时,却只字未提。果真像富歇想让他相信的那样,这些

---

① 艾曼努尔·格鲁希(1766—1847),法国元帅。滑铁卢一役中,他未及时率部增援拿破仑,导致拿破仑惨败。(译注)

秘密的会见只是为了获取情报？或者他们正在策划一个大的阴谋来反对他？皇帝就像一个猎物，被猎人追捕，四周被无以计数的敌人包围，令人恐怖的不安！拿破仑时而友好地向富歇询问，时而对富歇进行警告和劝诫，时而气势汹汹地对富歇恶语相加，表示自己对他的怀疑，但这些全都没用。富歇薄薄的嘴唇紧闭，眼睛如玻璃一样平静无光，让人难以捉摸。拿破仑根本没办法和他真正地沟通，也没法从他的嘴里套出秘密。拿破仑心急火燎。他该怎么办？怎样才能知道看过每个人的底牌、但把自己的底牌隐藏起来的富歇到底出卖的是谁？是他还是他的敌人？怎样才能抓住这个难以捕捉的人？怎样才能看透这个深不可测的人？

终于，绷紧的弦松下来了：一个线索浮出水面，简直可以说是一个证据！4月份，皇帝用来监视警务大臣的私人秘密警察有了发现：假装是维也纳一家银行某个职员的特使刚来到巴黎，就立即去找了奥特朗托公爵。这个特使迅速被捕。当然，并没有通知富歇，而是被直接带往爱丽舍宫的一座凉亭，带到拿破仑面前。在那里，他受到威胁和恐吓，被告知，如果不从实招来就立刻枪毙他。他最终供认，此行给富歇送来了一封梅特涅用隐形墨水写的信；信中说要在巴塞尔安排一次双方代表的秘密会谈。拿破仑勃然大怒：自己的大臣与敌人的大臣用如此方式暗中勾结，这就等同于通敌叛国。拿破仑的第一个念头就是立即逮捕富歇，没收他的文件。但亲信劝阻了他。他们说目前还没有富歇叛国的直接证据，而且奥特朗托公爵一向谨慎，即便他真的有罪，也不会留下任何书面材料。于是，拿破仑决定先测试一下富歇是否忠诚。他召见了富歇。皇帝很不自然地仿效富歇的做法，虚情假意地和他聊天，试探地询问这位臣子（法兰西）是否有和奥地利谈判的可能性。富歇根本不知道维也纳的特使已经将整件事据实相告。他讲了有关谈判的看法，但绝口不提梅特涅的那封信。最后，拿破仑假装很平静，将他打发走了，但绝对确信富歇在弄虚作假。为了拿到这个人的罪证，拿破仑安排了一出喜剧，一出严肃、却和莫里哀喜剧一样令人发笑的喜剧。从维也纳来的这个特使口中，拿破仑已经得知了去巴塞尔接头的暗号和口令，于是皇帝就派了一名私人密探伪装成富歇的密探前往瑞士，奥地利的密探一定会深信不疑，这样一切就真相大白了。拿破仑不仅能够知道富歇背叛他，还能知道背叛到什么程度。过不了几天，富歇就会自投罗网了，还是他自己编织的网。

但是，无论你的速度有多快，也不要赤手空拳地捉鳗鱼或者蛇。皇帝安排的喜剧，和每一个优秀的喜剧一样，都是双情节喜剧，是有反转的。拿破仑有私人警探监视富歇，富歇同样安插了间谍盯着皇帝的一举一动。他的密探干起活来和皇帝的一样手脚麻利。就在拿破仑派遣特务前往巴塞尔"三王"大酒店的当天，富歇从早已收买的拿破仑的一个"亲信"那里得到了风声。他本应被皇帝突袭，却在第二天上午的例行报告时间里，突袭了皇帝。他们正讨论其他事情，富歇突然用手拍了一下前额，就像不经意忘记了一件微不足道的小事："对了，陛下，我收到了一封来自梅特涅的信件。我的脑子整天被各种重要的事情塞得满满的，忘了向您禀告这件事。而且，他的特使没有把显影药粉给我。起初，我怀疑他在故弄玄虚。但它不过是封信，在这里。"

皇帝再也无法抑制愤怒，他大喊道："富歇，你这个叛徒！我应该下令把你绞死！"

"陛下，我不这么认为。"富歇如同往常，泰然自若回答道。

拿破仑气得发狂，这个 Fra Diavolo[①]出乎意料地提早交代问题，再次从他手中逃脱。此外，几天后，派出去的特务从巴塞尔回来，报告和梅特涅的特使会面的情况，也没有有价值或者特别重要的情报，反倒有不好的消息。因为从奥地利特使的行为上可以看出，富歇过于谨慎小心，过于狡猾，不会把自己牵扯进去。他只是在玩自己最心爱的游戏，将所有的可能都牢牢抓在自己手中。相当令人不快的消息是各国列强达成一致，接受任何形式的法国政府，拿破仑·波拿巴政府除外。皇帝紧咬嘴唇，感觉自己一下子被击垮了。他想出其不意抓住富歇，但失败了。富歇毫发无损，继续躲在背后搞阴谋。这场暗中较量的结果是，皇帝留下了致命伤口。

富歇的抵挡，使拿破仑错过了时机。皇帝说："我现在十分确信他出卖了我。很遗憾，我没有在他告诉我正在和梅特涅互通消息之前除掉他。现在我缺少借口将他免职了。否则，他肯定会到处制造舆论，说我是疑神疑鬼的暴君，没有什么正当理由就把他变成牺牲品。"皇帝心里十分清楚，他现在处于劣势。但他决定战斗到最后一刻。拿破仑抱着一丝希望，看是否能够将这个两面派争取到自己这边，或者将他扳倒，彻底整垮。拿破仑用尽了一切办法：他尝试对富歇表示信任、

[①] 意大利语，"恶魔的兄弟"。（译注）

友好、宽容，当然也十分谨慎，但他坚强的意志撞到这块冰冷、耀眼、磨得完全没有棱角的石头上，完全没有用。你可以将一颗钻石砸碎，扔掉，但你永远看不透它。最终，拿破仑紧绷的神经彻底崩溃了。他受够了怀疑的折磨。卡诺曾经描述过这样一个场景，戏剧性地揭露了皇帝对折磨他的人无可奈何。在一次内阁会议上，拿破仑对着富歇大喊："奥特朗托公爵，你背叛了我！我有证据！"他一把抓起桌子上的象牙小刀，继续道："用这把刀扎进我的胸膛，都比你现在做的一切都显得忠诚！如果我愿意，现在就能把你枪毙，而且全世界也都赞成这一举动。你或许想问，我为什么没有这么做，那是因为我鄙视你，因为你在我的眼中一文不值！"人们看到，他的猜忌已经变成愤怒，痛苦已经变成仇恨。富歇知道拿破仑永远不会忘记和宽恕向他挑衅的人。但他也预感皇权在快速式微。"不出四个星期，这个野蛮人就彻底完蛋了！"他轻蔑但斩钉截铁地对朋友说。这就是他为什么根本不想回击。他们肯定要有一场决战，之后，其中一人必须让路。他知道拿破仑说过，第一个将捷报带回巴黎的人也将带着富歇的免职令，或许可能是逮捕令。时钟拨回20年前——1794年，那时权力最盛的是罗伯斯庇尔，他也同样斩钉截铁地说过：两周之内必然有人头落地，不是富歇就是他自己。但是，从那以后，奥特朗托公爵的自信爆棚。当一个朋友警告他，惹怒拿破仑很危险时，他提到了之前的那次威胁，微笑着补充了一句："他的脑袋落地了。"

  6月18日，巴黎荣民院的炮声隆隆作响，民众蜂拥前往。过去的15年里，每个巴黎的民众对这个炮声太熟悉了。据《箴言报》报道，一场战斗结束了，皇家军队获得胜利，布吕歇尔和威灵顿公爵被彻底打败。街道被聚集的人群挤得水泄不通，如同庆祝节日。前几日情绪还摇摆不定的人们，突然间就成为热情忠诚的皇帝拥护者。但交易所的股息降了四个点，因为拿破仑每一次胜利都代表着战争的延长。听到这些消息，至少有一个人会战栗不止——富歇，因为暴君的胜利会要了他的脑袋。

但命运就是这么讽刺。就在巴黎用法兰西枪炮向胜利致敬的同时，英国的枪炮在滑铁卢彻底消灭了皇帝的步兵和近卫军。当天晚上，首都正张灯结彩，普鲁士的骑兵却疾驰而来，踏向丢盔弃甲的最后的法国残余部队。

毫无察觉的巴黎又满怀信心地过了一天。20日，不幸的消息接连传来。人们面色苍白，抽动着嘴唇，低声传递着令人担忧的消息。议会里、大街上、证券交易所内、兵营里，人们到处议论着大祸即将临头，尽管各类报纸像瘫痪了一样保持沉默。京城到处充斥着悲叹、牢骚、恐惧，还有期待。

只有一个人在采取行动：富歇。他一收到法国军队在滑铁卢惨败的消息（不消说，他比所有人先得到消息），就已经把拿破仑看成一具令人生厌的死尸了，得尽快除掉才好。他立刻拿起铁锹开始为拿破仑刨坑挖坟。没有片刻迟疑，他立刻写信给威灵顿公爵，预先和胜利者建立联系；他凭着无与伦比的心理学的洞察力，警告议会代表们，拿破仑的第一个行动就是把他们都撵走，赶回家去。富歇说，皇帝归来后一定会比以前更加暴怒，他一定会立即要求独裁统治。必须阻止他的计划！20日晚上，议会已经被富歇左右，内阁会议也被他争取过来，决定反对拿破仑。如此一来，拿破仑保留权力的最后一丝机会也被毁掉。皇帝还没有踏上巴黎的土地，一切都准备就绪。这时的英雄已经不再是拿破仑·波拿巴，而终于，最终，是约瑟夫·富歇了。

黎明之前，黑夜如同巨大的斗篷还覆盖着天空，皇帝坐在破败不堪的马车里（他的皇家马车、皇冠、财宝、佩剑和重要文件，已经成了布吕歇尔的战利品），穿过巴黎街道，驶向爱丽舍宫。6天前，他还在军令中豪情万丈地强调："对每一个勇敢的法国人来说，不胜利、毋宁死的时刻已经到来。"他没有取得胜利却也没有选择死亡，尽管6万将士在里尼和滑铁卢为他阵亡。他只是匆忙赶回巴黎，就像当年他从埃及和莫斯科赶回来一样。当年，他从埃及赶回来，是为将攫取权力而雀跃；而现在，和他从莫斯科赶回来一样，是为了尽可能维持权力。他故意放慢了脚步，以便在夜幕的掩护下悄悄进城。他没有选择回到杜伊勒里宫，因为他可能要在皇宫会见人民代表；他选择了更小的、更为偏僻的爱丽舍宫来隐藏内心的焦躁不安。

一个疲惫不堪、心力交瘁的男人从马车上下来。他语无伦次，嘟囔着一些含混不清的话，想为自己的失败辩解，为难以掩盖的事实找些借口。洗了一个热水澡后，他稍微恢复了点元气，开始召开内阁会议。大臣们都惴惴不安，听着打了败仗的皇帝在云里雾里、如同得了热病似的高谈阔论。他们的心情在愤怒和同情间摇摆，表面都毕恭毕敬，内心却毫无敬意。皇帝说，他要征用全国所有的车马（所有人心里都清楚，在这片兵力枯竭的土地上，征募100个士兵都相当困难），不到两个星期，他就能率领20万新军开往前线,对抗欧洲联军。大臣们,包括富歇,都站在那里,低着头。他们知道,这样的痴心妄想只不过是那个巨大的权力意志的最后抽搐而已,权力意志在这个日渐腐朽的巨人身上依旧垂死挣扎。正如富歇的预言,皇帝要求独裁统治,所有权力,包括军事权和政治权,都要集于他手。然而,他提出这样的要求,可能就是期待遭到大臣们的拒绝。这样,日后他就可以把罪责推到大臣们的身上,说是大臣们剥夺他取胜的最后机会。现代历史刚好有类似的情形。

大臣们都谨慎应答着,因为他们都不情愿地说了难听的话伤害了这个备受折磨的人,这个像得了热病而精神错乱的病人。只有富歇不需要说什么。因为他早已经采取必要措施来挫败拿破仑想要继续把持权力的念头。就像医生冷静地观察一个垂死病人的最后抽搐,站在纯医学的角度研究脉搏何时停止跳动、何时终止对死亡的对抗,富歇也同样冷静地听着这些白费力气的痴心妄想,没有丝毫怜悯。一句话都没有从他那薄薄的苍白的嘴唇吐出来。拿破仑已经日暮西山、注定失败、马上垮台,他说的话又有什么意义呢?富歇明白皇帝正在自我陶醉,而且正拼尽全力、用这些虚妄之言让听众们也陶醉其中。离这儿不足一英里的杜伊勒里宫,议会已经无情地按照富歇的意志和逻辑做了决定,再也没有什么可以阻碍他了。

事实上,6月21日富歇并没有出现在众议院,如同热月9日,他没有出现在国民公会一样。对他而言,在暗处足矣,因为他已经装备好了弹药、拟定好了作战计划、找到了合适的人在合适的时间发动袭击。这个提线木偶就是拿破仑的颇具悲剧色彩、有些怪异的对手——拉斐特。25年前，他作为参加过美国独立战争的英雄回到法国。一个年轻的贵族，身披两个世界的荣光，革命的热烈拥护者，新思想的开拓者，人民的宠儿，很早、可以说过早地品尝到了权力令人销魂的滋味。结果，突然从巴拉斯的卧室冒出来一个小个子的科西嘉人，一个披着破烂斗篷、穿着鞋跟都塌掉的皮鞋的中尉，用了几年时间便将拉斐特刚刚开始建立的一切霸占了，还夺走了他的地位和名声。如此恶毒的行为令他永生难忘。这个备受屈辱的贵族远居乡间别墅，满怀怨恨。而拿破仑，穿着白貂皮的皇袍，接受欧洲各国君主的致敬和效忠，用天才专制代替世袭专制。这颗冉冉升起的太阳并没有把一丝恩典的阳光照向那座偏远的乡间宅第。一次，拉斐特侯爵装扮朴素，来到巴黎，这位暴发户根本没有注意到他，因为将军们和陆军元帅们闪闪发光的军装和他们用杀戮的鲜血铸就的名字完全淹没了拉斐特早已过气的名望。拉斐特早已被遗忘，已经20年没人提起他了。他的头发已经变得灰白，伟岸的身姿变得干瘪瘦削。没有人召集他进军队或者元老院，就让他在拉格兰奇种植玫瑰、给土豆锄草。但一个有野心的人是不会忘记这些怠慢的。1815年，当人们再次回忆起革命，便再一次将他们曾经的宠儿选为代表。拿破仑被迫与他对话，而他态度冷淡、矜持。拉斐特过于高傲，过于诚实，过于直率，一点也不隐藏他的敌意。

如今，他被富歇推到台前，成为万众瞩目的人物，长久以来积攒的仇恨，让他看起来聪明睿智、精力充沛。昔日的旗手再次走向讲坛："这么多年后，我再一次提高我的声音，以便自由的老朋友们能够听出来。我感到迫切需要和你们说一下我们祖国所面临的危险，拯救祖国只能依靠你们了。"自由这个词,再次被大声说出口,在这个关头,自由就意味着摆脱拿破仑。拉斐特提议,永久保留议会,任何想要解散议会的行为都是叛国罪,以防止再一次发生政变。人们热情地接受了提议。

大家都清楚,这个决议是针对谁的。当拿破仑接到这个决议,感觉就像脸上被扇了一巴掌。"我在上前线之前,就应该把这些家伙统统轰走。"他气愤地说道,"现在一切都晚了。"实际上并不算太晚,他还是有路可以走的。他只要大笔一挥,签署逊位诏,便能保住他儿子的皇冠和他个人的自由。或者,还有另一个选择,他只要从爱丽舍宫走一千步,走进议会大厅;只要他出现,就能把自己的意志强加给那些比羊群坚定不了多少的家伙。但是历史一次又一次出现同样令人错愕的现象。这些最具能量的人,在他们职业生涯中最关键的转折点,却诡异地犹豫不决了,就像灵魂被麻痹了一样。华伦斯坦[1]在叛逃前夕,热月9日夜里,罗伯斯庇尔和上一次战争[2]的领袖们,也是在即便鲁莽行事也不会铸成大错的关键时刻,表现了致命的优柔寡断。拿破仑在大臣面前含糊其词、东拉西扯,而大臣们却漠不关心地听着。在决定他未来命运的一小时里,他却讨论过去所犯的错误。他抱怨,他幻想,他像演戏一样,充满感情,但他没有拿出勇气。他说了很多,但没有行动。

似乎历史会在一个人的生命中不断重演,似乎在政治上采取类似的行动不总是最危险的错误,就像雾月18日,他自己没有去议会,而

---

[1] 阿尔伯莱希特·华伦斯坦(1583—1634),杰出军事家,三十年战争(1618—1648)中,为神圣罗马皇帝的军队统帅。他背叛皇帝,与瑞典国王暗中结盟,最后被杀。(译注)
[2] 指第一次世界大战。(译注)

是派了弟弟吕西安去争取议员。但现在的形势已经完全不同了。雾月18日，吕西安有他哥哥取得的胜利作为最老练的雄辩士，拿破仑有彪悍的掷弹兵和果断的将军们作为同伙。此外，拿破仑忘记了一个极其关键的事实：过去的15年里，有上千万人为他的战争付出了生命。现在，吕西安谴责法兰西人民忘恩负义，在拿破仑处于困境的时候，弃他而去。大失所望的法兰西人民对法国人的刽子手的怒火从拉斐特那里爆发出来，变成了令人难忘的话，如同一个火星掉入了火药桶，立刻将拿破仑的最后一丝希望炸成了碎片："什么？！"他怒吼道，"你竟然敢谴责我们对你的哥哥做得还不够！你难道忘记了？到处掩埋的我们的兄弟和儿子的尸骨证明了我们的忠诚吗？在非洲的荒漠，瓜达尔基维尔河和塔霍河畔，维斯杜瓦河边，俄国的冰原中，在过去的10年或者12年间，共有300万法兰西人因为这个人而丢了性命。而今天这个人仍幻想用我们的鲜血与欧洲作战。我们已经为他做得够多了。我们现在的责任就是拯救我们的祖国。"这个报告赢得人们的热烈欢呼。有人认为，雷鸣般的掌声会让拿破仑明白，他该退位了。但这世上似乎没有什么牺牲比自愿放弃权力更难了。拿破仑犹豫不决，这个犹豫不决使他的儿子丧失了继承皇位的机会，他也失去了自由。

富歇已经失去了耐心。如果这个人不能主动退位，那就强行把他赶走。只要支点合适，一根杠杆就能将巨型雕像掀翻。夜里，他极力发动听命于他的那些议员。第二天早晨，议会断然宣布拿破仑退位。即便如此，对一个热烈渴望权力的人来说，这也不够清楚明白。拿破仑还是继续各种谈判，直到拉斐特在富歇授意下，说出那句决定性的话:"如果他还迟迟不肯退位,那么我将建议把他废黜。"

他们留给这位世界的主人一个小时做最后的决定,体面地下野,最终宣布放弃权力。他没有利用这一小时处理最后的政治问题,而是用来演戏,正如前一年(1814)他在枫丹白露被将军们围绕时所做的一样。"什么?"他大发雷霆,"使用暴力?如果用暴力威胁,我将绝不退位。议会不过是雅各宾派和野心家这些乌合之众,我早就应该在全国人民面前揭露他们,将他们赶回老家。但现在我可以把失去的时间找回来了。"他实际上想要人们急切地恳求他,这样便使他的牺牲显得更为重要。事实上,正如1814年枫丹白露的将军们,现在的大臣们确实也是恭恭敬敬地敦促他退位的。只有富歇一言不发。时间无情地流逝,一个小时所剩无几。最后,据目击者说,皇帝瞥了富歇一眼,带着讥讽,又充满恨意。"写信给那些先生们,"他嘶吼道,"告诉他们放宽心,他们会得偿所愿。"于是,富歇在纸上草草写了两三行字,告诉他在议会的幕后牵线人,拿破仑会主动离开,没必要费力把他踢出去了。拿破仑回到密室,向他的弟弟吕西安口述退位敕文。

几分钟后,他从密室出来,问谁将接受这份颇有分量的文件。极具讽刺意味的是,他将文件交给了逼迫他退位的人,这个人像赫耳墨斯[①]一样的无情信使,正一动不动地站着等待。拿破仑一言不发,将敕文交

[①] 赫耳墨斯:古希腊神话中的小偷、商人、路人和畜牧的保护神,是众神的使者,是宙斯的传旨者和信使。(译注)

到富歇手中。富歇也一声不吭，接过了那封历经艰苦斗争才得来的文件，鞠了一躬。

这是富歇最后一次向拿破仑鞠躬。

议会开始时，奥特朗托公爵——富歇并没有出席。而现在，胜券在握的他，手里拿着那份著名的退位敕文，迈着缓慢的步伐走了进来。他昂首挺胸，无比自豪，因为他又一次战胜了法国最强大的人。对他来说，6月22日是热月9日的再现。在他讲话的时候，周围安静得可怕。他冷漠镇定，为昔日主人说了几句送别的话，如同在新坟上撒了几把人造的假花。此后，就再也没有任何悲伤。他从巨人手中夺取权力，不是为了把它扔在地上，任由他人拾取。他要自己抓住权力，要充分利用这个期盼多年的大好时机。于是，他提议，要立即委任一个临时政府，选举五人组成一个督政府，而且他胸有成竹，自己一定能够当选。然而，他期盼已久、自信可以掌控的机会又一次差点从手中溜掉。虽然他成功地用卑鄙的手段将最危险的竞争对手、为人正直、秉承共和主义信念、为他充当先锋的拉斐特挤出五人阵营，但在第一轮选举中，卡诺得到了324票，富歇只有293票，屈居第二，临时政府的主席自然应该由卡诺担任。

眼看着离目标只有一步之遥，在这决定性的时刻，富歇，这个技术娴熟的赌徒，使出了他所有招数中最为成功也是最为卑鄙无耻的一招。如果卡诺当选新督政府的主席，富歇将只能是政府里的第二号人物，但是他立志最终要坐头把交椅的。因此，他用了一个狡诈的计策。五人政府刚刚开会、卡诺正要坐上主席位子的时候，富歇制止了他，并提议他们应该自己组阁,就好像在提议一件理所当然的事情一样。"我们自己组阁?您的意思是?"卡诺吃惊地问道。富歇一脸天真地回复:"我的意思是有必要由我们自己选出主席和秘书。"接着,他假装谦虚地补充了一句:"不用多说,我肯定投票选您担任主席。"卡诺根本不知道自己上当,还礼貌地回答:"那我也投您一票。"实际上,有两人早已被富歇争取过来。就这样,富歇三比二赢了卡诺。卡诺还没有意识到自己被骗,富歇就已经坐上了主席的位子。继拿破仑和拉斐特之后,卡诺也中了他的诡计。于是,富歇这个最狡猾的人取代了最受欢迎的卡诺成为主宰法兰西命运的主人。五天时间,从6月13日到6月18日,皇帝失去了权力;也是五天时间,从6月17日到6月22日,富歇上至权力巅峰。最终,他不再是仆人,而是唯我独尊的国家统治者;他可以自由自在,像神仙一样自由自在地参与到令人神魂颠倒的世界政治的大赌局中了。

他的第一个措施就是把皇帝彻底赶走,即便是拿破仑的影子也会让他坐立不安。就像拿破仑做皇帝时,一想到深不可测的富歇还留在巴黎就浑身不自在;现在,做了临时政府主席的富歇,一想到他和灰大衣[①]还没有远隔千里,就觉得呼吸不畅。他绝不和拿破仑单独会面!何必浪费感情?!一开始,新任领导者只给刚卸任的领导者送去一道道的命令,用薄薄的纸包裹着,写着亲切的话语;但是很快,他连信封都省掉了,毫不留情地让拿破仑体会无权无势的刺痛。前皇帝写给

---

① 拿破仑经常穿一件灰色大衣。(译注)

军队的饱含深情的告别文告，也被富歇扔进了废纸篓里。第二天早晨，拿破仑在《箴言报》上遍寻不着自己的文告。富歇禁止发表它！富歇竟然敢给皇帝禁言！拿破仑简直不敢相信自己的眼睛：从前的仆人竟然敢压制他，这简直让人难以置信！而且这只无情的大手不断施压，势不可挡。不久皇帝就被迫移往马尔迈松宫。到了那里，他死命坚持了几天，怎么也不想离开。尽管布吕歇尔的龙骑兵已经步步逼近，富歇给拿破仑发出一个接一个的警告，言辞越来越激烈，让他理智点儿，赶紧离开，但拿破仑越是感到自己倒台的现实到来，越是想拼命抓住权力不放。最终，旅行的马车已经停在院子里，一切准备就绪，他还是一副威风凛凛的样子：他，皇帝，要求作为普通的波拿巴将军领导一支军队作战，要么获胜，要么战死！但头脑冷静的富歇，断然拒绝了这个罗曼蒂克的建议："这个人是想嘲讽我们吗？"他愤怒地喊道。"他率领军队将会是对欧洲新的挑衅。拿破仑的性格让我们无法相信他对权力毫无兴趣。"富歇斥责了传递消息的贝克尔将军，告诉他：与其报告这样的消息，不如快马加鞭把皇帝送走；回到马尔迈松宫，看着皇帝离开，这才是他的本职工作。至于拿破仑本人，富歇都懒得搭理。他可不想把笔墨浪费在手下败将身上。

现在他自由自在，达到自己的目的了。除掉了拿破仑以后，约瑟夫·富歇，奥特朗托公爵，在他56岁的时候，终于爬上了权力的顶峰。回首25年的政治生涯，他实在是了不起啊！从一个商人之子变成半剃度的修道院教师，然后成为保民官和地方总督，再变成奥特朗托公爵和皇帝的臣子，现在一跃成为法兰西的统治者，而不是任何人的奴仆。

阴谋战胜了理想，敏锐战胜了天才。同时代注定英名永存的人都深埋地下或是消失在茫茫人海，只有他幸免于难。米拉波死了，马拉被暗杀，罗伯斯庇尔、德穆兰、丹东被送上断头台；他在里昂的同僚科洛·德布瓦被流放到圭亚那热病流行的岛上接受惩罚；拉斐特被他淘汰出局。他革命时期的伙伴们，不是死了就是不值一提。现在他被各个党派推选出来，主持关乎法兰西命运的大事。而拿破仑，做了多年的世界主人，如今却乔装改扮成一副可怜模样，拿着一本假护照，冒充一个小军官的秘书，仓皇逃往海边；内伊和缪拉等待年底被执行枪决；波拿巴家族的其他成员，倚仗拿破仑的恩典成为国王和王后的那些人，如今穷困潦倒，四处游荡，从一个藏身之处逃往另一个藏身之处。众人皆沉沦，唯独富歇扶摇直上。这要得益于他暗中策划和擅长搞地下活动的能力，得益于他无人能敌的耐性。部长们、上下议院的议员们，在他面前卑躬屈膝；不可一世的将军们，为了得到自己的养老金，奴颜婢膝，拼命要赢得这位新主席的欢心；整个国家都听命于他。路易十八向他派遣信使，塔列朗对他表示问候，滑铁卢战役的胜利者——威灵顿公爵，暗中给他发送机密消息。各国命运的线索公开而又自由地在他的手中穿行。

一个极其重要、难以估量、艰巨无比的任务等待着他。他必须保护战败的祖国免遭日益挺进的侵略军铁蹄的践踏，阻止徒劳无益的抵抗，争取公平合理的条件来保障和平，为国家寻求最好的政体和确定最好的领导者，在一片混乱中创建新制度和新秩序。这需要过人的才智和灵活多变的思维。确实，在其他人无计可施的时候，富歇展现了无与伦比的精力。他拟定的多边行动的计划展现了惊人的稳健与自信。为了迷惑大家，他对每个人都十分友好，以便可以随意去做他认为适宜的和有用的事情。在议会面前，他表现出要拥立拿破仑的儿子；在卡诺面前，他表示支持共和；在同盟者面前，他支持奥尔良公爵。但背地里，他早已经一声不响地筹划着路易十八的二次复辟。连最亲近的同僚都不知道，他其实早已手脚麻利地改变了路线。在内阁和国会，他仍然装作是波拿巴主义者和共和党人，但实际上他已经划过一片贿赂的泥沼，与保王党人建立联系，通过交易，将万民托付给他的政府送给了波旁王朝。从心理学的角度来看，这是唯一正确的解决办法。只有迅速向国王投降，才能使饱受流血牺牲和外国军队铁蹄践踏的法兰西得到安宁和守护，顺利过渡。富歇是个务实的人，只有他懂得这么做的必要性，因此不顾内阁、国会、军队和人民的反对，凭借自己的经验，按照自己的意志和方式，采取行动。

这些天，他展现了自己的各种聪明才智，唯独一样，也是最后的、最高的、最美好的那样他没有：他不能为了事业忘记自己，忘记自己的利益。这就是他的悲剧！当时他56岁，处于事业的巅峰，是千万富翁，是备受时代和历史尊崇的大人物，最后的智慧告诉他，完成这一壮举后，应该急流勇退。但20年来，他一直渴求权力；20年来，一直对权力欲求不满，他是不可能主动放弃的。就像拿破仑，如果不是被从马上拽下来，富歇也是不会松开缰绳的。现在他已经没有主人可以背叛，他只能背叛自己，背叛自己的过去。在这样的紧要关头，将战败的法国交还给昔日的统治者，是一件大事，是明智而大胆的决策。但为了这个决定，接受复辟王朝大臣的职位作为酬劳和个人服务的小费，这就是卑鄙无耻，是犯罪行为，是愚蠢的错误。但是，为了让自己能更长久地"分得一杯羹"，野心勃勃到近乎疯狂的富歇就干了这件蠢事。这是他干的第一件大蠢事，一件无法补救的蠢事，因为在历史的审判台前，他永远抬不起头了。他灵巧、敏捷、耐心地爬了上千个台阶，只是一个毫无必要的笨拙的屈膝，便使他一头从楼梯上滚了下去。

富歇如何将政府出卖给路易十八、换取一个大臣职位这件事，很幸运地被记载在一份特殊的文件中。这是一份十分少见的世代传承下来的文件，它逐字逐句记载了富歇一次外交谈判的对话（这个灵活机敏的阴谋家通常不会留下此等被人抓住把柄的东西）。百日王朝期间，王室唯一坚定不移的支持者是维特罗勒男爵，他纠集了一支军队企图袭击皇帝，被俘后押往巴黎。皇帝想要立刻枪毙他。但是富歇一向对日后可能对他有利的敌人显得很仁慈，为了个人利益，他出手阻拦。于是维特罗勒男爵被囚禁在军事监狱，等待军事法庭的审判。然而，6月23日，当维特罗勒男爵夫人听说富歇做了法兰西的统治者，就急忙来找他，恳求他放了自己的丈夫。富歇立即批准，因为赢得波旁王朝阵营的好感十分重要。第二天，维特罗勒男爵，获释的保王党人的领袖，求见奥特朗托公爵，以示谢意。随之而来的就是他们进行的下面这番对话。

富歇问维特罗勒男爵："那么，您下一步有什么打算？""我想去根特①。我的邮车已经在外面等了。""这确实是您最明智的选择。您在这里不安全。""您就没有什么让我捎给国王的吗?""噢,不,没有。不过,您可以告诉国王陛下,他可以期待我对他的忠诚。而且,他很快就能返回杜伊勒里宫这件事,要是能取决于我就好了。""但是,至少从我看来,他不久能否返回,取决于您。""事情不是您想的那样。困难非常大。当然,议会把局势简单化了。我觉得,您一定知道,"富歇微笑着继续道,"议会好像要拥立拿破仑二世②。""什么?拿破仑二世?""对,现在只能这么做了。""但是,我认为这件事不会当真吧?""您懂的,我越是思考这件事,越发自信它没有任何意义。但您可能不相信,还有很多人珍视这个名字,包括我的一些同事,尤其是卡诺,他们坚信,只要拥立拿破仑二世,一切就能化险为夷了。""这出闹剧还要持续多久?""当我们能够彻底摆脱拿破仑,这出闹剧也就结束了。""那么您打算怎么做呢?""我也不知道。在目前这种状态下,很难知道明天会发生什么事。""但是,如果您的同僚卡诺先生认为让拿破仑二世称帝很重要的话,您可能很难阻止这个结局。""荒唐!您不了解卡诺,想让他改变主意,只要大声喊几句'法兰西人民'就足够了。'法兰西人民'!真是天大的笑话!"

两人开怀大笑。一个是保王党的特使,一个是奥特朗托公爵,后者还是被共和党人投票推选出来的,而他现在却在嘲笑自己的共和党

---

① 地名,在比利时境内,路易十八当时的老巢。(译注)
② 指拿破仑与路易丝的儿子(罗马王),但其实此人从未登上皇位,一直在奥地利流亡。(译注)

同僚——卡诺。两人开始进一步增进了解。当欢乐的插曲结束,严肃的对话继续进行。

"真是个好主意啊!不过,我希望您与拿破仑二世和法兰西人民了断后,能否考虑一下波旁王朝?"维特罗勒男爵说。"那是当然,不过,下一个该轮到奥尔良公爵了。""什么?奥尔良公爵?您好好想想,用这样的方式轮了一圈的王冠,国王能屈尊接受吗?"

富歇神秘地笑了笑,没有作答。

但维特罗勒男爵基本摸清了情况。通过明嘲暗讽、似是而非、貌似漫不经心的对话,富歇已经表明了他的真实意图。通过寥寥数语,他已经暗示维特罗勒男爵:他,富歇,可以提出异议。无论是拥立拿破仑二世为帝,还是让法兰西人民当家作主,或是由奥尔良公爵掌握最高权力,都取决于他的态度。但他特别不想这么做,他准备为了拥护路易十八,而对这三个竞争者不理不睬,只要……这个"只要"富歇并没有说出口,但通过嘴唇翕动或者某个手势,意思已经传达给了维特罗勒男爵。总之,维特罗勒男爵立即改变了主意,不去根特了。他要留在巴黎,以便和富歇保持密切联系,唯一的要求是保持和路易十八的通信联系。他提出了其他的条件:首先要给他的特务提供25份护照,这样他们便能畅通无阻前往根特——路易十八的总部。"50份,100份也行,您要多少都可以。"表面上的共和国警务部部长回答共和国敌人的代表。接着维特罗勒男爵还要求:"我请求每天与您会一次面。"公爵愉快地回答道:"一天一次恐怕不够吧!每天早上和晚上各一次吧!"于是维特罗勒男爵就在巴黎待了下来,在奥特朗托公爵的保护下，与国王保持通信自由，向国王报告巴黎的大门对他随时敞开，只要……这里重点强调一下，只要国王路易十八在他的新政府里给约瑟夫·富歇一个大臣的职位。

当有人向路易十八建议委任富歇一个职务、以便日后更容易打开巴黎大门的时候，看起来一向唯唯诺诺的波旁王室统治者突然暴怒。他对着那几个胆敢提议的人大喊："绝对不行！"确实，让他把一个弑君者、无神论者、拿破仑的走狗，吸收进来，变成他的忠实仆人，这简直太荒谬了！怎么能让杀他哥哥的凶手做官？但是，人们都清楚，绝大部分情况下，"绝对不行"从国王、将军、政治家们的嘴里说出来的时候，也就意味着离投降不远了。"巴黎就值一台弥撒！"[①]他最著名的祖先亨利四世为了坐上法兰西的王座，放下了自己的精神信仰和良心，不就是认为值得吗？于是，在各方面的逼迫下——他的廷臣们、将军们、威灵顿公爵，特别是塔列朗（这个结婚还俗的主教，至今还难以被宫廷接受）的逼迫下，路易十八开始动摇。他们一起劝说，让他相信，只有富歇才能打开巴黎的大门。富歇和各党各派都保持着联系，各种思想流派都能接受，他能把每一个有志坐上王位的人扶上去，只有他可以阻止这场不可避免的流血斗争。此外，这个老雅各宾派，早就成了一名优秀的保守分子。他已经迷途知返，潇洒利落地背叛了拿破仑。最终，国王被迫让步。他感到良心不安，诚心诚意忏悔了一

[①] 亨利四世的名言。亨利四世（1553—1610），波旁王朝的创建者。他原为胡格诺教徒，为了继承王位，改信天主教。（译注）

次（据说，他对自己喊道："我可怜的哥哥，你要是看到我这个样子，一定会原谅我的。"）。国王同意在纳伊接见富歇。这次会面是秘密进行的。因为不能让巴黎的任何一个人猜到：一个人民选举出来的领袖正在为了一个大臣的职位出卖国家，一个觊觎王位的人正在用自己的荣誉换取一顶王冠。于是，只有昔日欧坦主教在场作证，这个现代历史上最无耻之极的交易暗中完成了。

我们可以想象那个场景，气氛阴森诡异，充满刺激，可与莎士比亚或者阿雷蒂诺①的戏剧场景媲美。路易九世的后裔——路易十八接见了杀死他哥哥的凶手之一——富歇，这个国民公会、帝国和共和国的部长，这个七次违背誓言、可能要第八次宣誓效忠的人。塔列朗，同样是多次卖主求荣的人（从主教到共和党人，从共和党人到皇帝的大臣，然后又成了国王的仆人），带着他的伙伴（富歇）走了进来，并将其介绍给新主人。因为腿脚不便，他还得把双手搭在富歇的肩上，才能走得稳当些，正如夏多布里昂②嘲讽的那样"邪恶搀扶着罪恶"。就这样，两个无神论者、极端机会主义者，如同兄弟般走到圣路易的继承人面前，深深鞠躬。这个弑君者的面色比以往更为苍白，因为他在给"专制君主"下跪、亲吻"暴君"的手背、以上帝的名义在他曾经劫掠和亵渎过的教堂宣誓效忠。即便对富歇本人来说，这剧情也过于跌宕起伏。

---

① 彼得罗·阿雷蒂诺（1492—1556），意大利剧作家，以讽刺喜剧著称。（译注）
② 夏多布里昂（1768—1848），法国政治家、作家。（译注）

这就是为什么奥特朗托公爵从国王的会客室出来的时候,面色显得比平时更加苍白,甚至需要腿脚不利索的塔列朗的搀扶才勉强走出去。来的时候,可是他搀扶塔列朗的。富歇一句话也没说。就算一向玩世不恭、无所顾忌的前主教,这个在教会做弥撒毫无敬意、就像玩纸牌游戏一样的家伙,对富歇冷嘲热讽了一番,也没能将沉默失神的他唤醒。当天夜里,富歇兜里揣着国王路易十八的大臣委任状,驱车赶回杜伊勒里宫,回到那些毫不知情的同僚当中。明天,他将把这些人全部驱逐;后天他将剥夺这些人受法律保护的权利。尽管他一向厚颜无耻,站在他们中间也一定感到些许不自在。这个最不忠不义的仆人有那么一刻已经获得了自由,可以掌控自己的命运,但命运就是爱捉弄人。仰人鼻息的灵魂无法享受自由,总有一种不可抗拒的力量迫使他们回归被奴役的地位。因此,昨日坚强自信的富歇,今日便甘心对新主人俯首称臣。他再一次将自己拴在了权力这艘苦役船的长凳上。不久,他将被打上苦役犯的烙印。

第二天早晨,联军军队进入巴黎。根据秘密协定,联军占领了杜伊勒里宫,禁止议员们进入议会大厅。富歇装作十分震惊和愤怒的样子,于是他提议,为了对侵略者的刺刀表示抗议,议会应该罢工。悲情动人的表演使这群蠢蛋全部落入圈套,欣然同意了他的建议。于是,就像之前约定的那样,王位空缺,巴黎当天也没有政府主持。当路易十八走进城门口,受到了事先已被新任警务大臣贿赂的"民众"的热烈欢迎,他们将其视为救世主。就这样,法兰西再次变成王国。

这时,富歇的同僚们才反应过来他们是如何被骗的;通过翌日的

《箴言报》，他们才知道富歇叛国通敌的酬劳是什么。诚实正直、忠于信仰、两袖清风、尽管可能有些呆头呆脑的卡诺怒火冲天。"你这个叛徒，现在我该去哪儿啊？"他轻蔑地向新任的王室警务大臣怒吼道。"你爱去哪儿去哪儿，傻瓜。"富歇同样轻蔑地答道。

两个老雅各宾派（最后两个热月9日的忠实拥护者）以言简意赅的对话，合上了现代历史上最为精彩绝伦的戏剧的幕布，包括革命以及它熠熠生辉的幻影——横扫历史舞台、波澜壮阔的拿破仑征战。一个英勇冒险的时代已经落幕，平平无奇的市民时代开启。

9

下野与沦亡
1815—1820

　　1815年7月28日,拿破仑百日王朝的插曲结束。国王路易十八乘坐套着白马的王室马车再次返回巴黎,受到了民众的热烈欢迎;拥有这一切,富歇劳苦功高。兴高采烈的民众列队街道两旁;窗口飘扬着白色的旗帜;没有现成白色百合花旗帜的,就把白色桌布和床单绑在拐杖上临时充当替代品。夜晚,整个城市灯火通明。人们无比欢乐,连法兰西的女人们也和盎格鲁-普鲁士占领军的军官们跳起了舞,看不到对外国军队的任何敌意。因此为了维持秩序、以备不时之需而安排的宪兵队,也显得无所事事了。约瑟夫·富歇,笃信基督教的国王的警务大臣,为了他的新主人简直创造了奇迹。一个月前,奥特朗托公爵还是杜伊勒里宫里皇帝拿破仑最忠心的仆人之一;现在,他却在这里恭候国王路易十八——那位"暴君"的弟弟。22年前,他投票将"暴君"送上断头台;如今,他却向圣路易的子孙深深鞠躬。现在,在给国王的奏折中,他最后都会签上落款"诚惶诚恐,陛下最忠心最赤诚的仆人"——这样的落款在十几份亲笔奏折中都能看到。他像表演杂技一样,从一个位置跳到另一个位置。所有跳跃中,这一次最大胆、最惊险,但也是他在政治这根紧绷的钢丝上的最后一跳。

事实上,刚开始,似乎一切都进行得非常顺利。国王的宝座还没有坐稳,他还需要利用富歇先生,这个善于耍诡计的费加罗。首先,国王路易必须要在人民的议会当中获得多数议席,那么选区就必须要进行不公正的重新划分,谁能比这个"值得信赖"的共和党人和人民代表更有效率地提前做好安排呢?其次,还有很多令人不快的、手上要沾血的工作需要人去做。为什么不假富歇之手去做,然后再把这只脏手套扔掉?这样,国王陛下便可让自己高贵的双手洁净如昔了。

在二次复辟的头几天,就有这样一件令人厌恶的事情需要处理。流放中的国王曾郑重许诺,(复辟后)要进行大赦,对那些在百日王朝期间为篡权者服务的人员不采取报复性措施。但是筵席散了,一切却都变了。君主们从来不认为他们应该信守自己觊觎王位时的许诺。现在国王再次坐上王位,心存报复的保王党人,为了炫耀自己的忠诚,便叫嚣着惩罚那些投奔从厄尔巴岛回来的拿破仑的人。路易十八被这些保王思想比自己还严重的贵族们搞得焦头烂额,最终不得不做出让步。因此,拟定一个"众望所归"的流放者的名单,这个令人难堪的任务就落在了警务大臣的肩上。

奥特朗托公爵反感这个任务。真的至于因为这么点小事儿惩罚人吗?难道就因为明智地选择了势力更强的党派或者倒向胜利者一方,便惩罚他们?况且,倘若真的如此,笃信基督教的国王的警务大臣应该明白,在这样一份名单上的头一个名字就应该是百日王朝时期拿破仑的警务大臣——约瑟夫·富歇，奥特朗托公爵。这是多么令人难堪的事情啊！富歇试图耍个小伎俩蒙混过关。国王期望拟定的是一份只有三四十个他认为十恶不赦的罪犯名单，富歇却拿来了整整两大页的名单，上面至少有三四百人（根据一些数据，说足足有20页）。他要求惩罚所有名单上的人，否则谁也不惩罚。他希望国王没有勇气采取这么大规模的行动，这样就达到了让国王大赦的目的。但可惜啊，内阁会议主席——塔列朗和他一样，也是个老狐狸。他发觉这颗药对富歇来说是颗苦药，让这个老朋友难以消化，于是决定让富歇吞下去。他仔细检查名单，无情地在上面勾勾画画，最后只留下了50个需要处死或者流放的罪犯名字。然后他把名单还给警务大臣去签字执行。

很显然，此时富歇最明智的做法就是立即辞职。但是我们反复提到富歇的弱点，野心让富歇精明异常，但也让他缺失了在这样的时刻做出最精明决断的能力——他不懂得如何舍弃。他宁可遭人忌恨，也不愿主动放弃手中的权力。因此，由这个老雅各宾派签署的、包含了法兰西最高贵的名字的放逐名单一经公布，马上招致众怒。名单上有"L'organisateur de la Victoire"[①]和共和的缔造者——卡诺，有常胜将军、远征俄国的法国大军残部的拯救者——内伊元帅，有那些和他在省府一起签署命令的同僚，还有国民公会和大革命时期幸存下来的战友。过去20年里功勋卓著、给法国带来荣耀的所有人的名字都在这个可怕的名单上。唯独缺了一个人的名字，那就是奥特朗托公爵——约瑟夫·富歇。

[①] 法语，"胜利的组织者"。（译注）

确切地说,他的名字也在名单上面,但并不是以遭放逐的皇帝拿破仑的臣子出现在名单上,而是以国王路易的大臣和刽子手的名字出现的,是他把自己的同僚都送去处死或者流放。

经历了如此的自我羞辱,这个老雅各宾派正承受着难以克服的良心谴责。于是国王路易不得不补偿了他。因此,现在约瑟夫·富歇,奥特朗托公爵,得到了很高的荣耀,也是宠臣的最高荣耀。鳏居几年后,他决定再次走入婚姻。这个曾经渴望痛饮"贵族之血"的男人,如今要给职业生涯加一顶"贵"冠,他决心要娶卡斯特拉内伯爵小姐为妻———一个出身于古老贵族世家的女子,一个 20 多年前他在讷韦尔说过的"必须要死于法律剑下的犯罪团伙"的成员。但是从此,那个曾经的雅各宾主义者、嗜血如命的约瑟夫·富歇,彻底改变了观点。1815 年 8 月 1 日,他走进了教堂。这一次可不像 1793 年,是为了用铁锤砸烂十字架、圣坛和"狂热主义可耻的标志",而是为了和流淌蓝色之血①的新娘一起寻求头戴法冠的主教的祝福。但在 1793 年,他还曾派人将法冠挂在一头驴的两只耳朵上,以示嘲讽。而且奥特朗托公爵知道,根据古老的贵族惯例,要和卡斯特拉内伯爵小姐结成伴侣,结婚契约要由地位显要家族的首要人物共同签署。于是路易十八作为地位最显赫的见证人第一个在上面签了名,成为谋杀他哥哥凶手的婚礼的最体面也是最不体面的见证人,同时造就了这份世界历史上绝无仅有的文件。

富歇简直创造了一个奇迹!甚至大于一个奇迹!一个"弑君者"

---

① 指代贵族或出身名门。(译注)

胆敢让死在铡刀之下的国王的弟弟做他的证婚人！这个放肆大胆的无耻行径，在贵族中激起了强烈的愤怒。这个卑鄙的不速之客和投降分子，这个前天才加入的保王分子，还真把自己当成宫廷和贵族的一分子了！况且，这个"le plus dégoûtant reste de la révolution"①，还继续留着他有什么用？难道任由他用令人反感的存在来玷污内阁吗？确实，是他帮助国王重返巴黎，用唯利是图的手驱逐了法兰西最优秀的革命者，把他们送上不归路。但这些都已经结束了，是时候让他滚蛋了！就是这些贵族，当日国王焦躁不安地等在巴黎城外的时候，他们催促国王任命奥特朗托公爵为大臣，说这是不经过流血冲突占据巴黎城的唯一方法；现在，也是这些人，拒绝承认奥特朗托公爵。他们只记得约瑟夫·富歇这个人，在里昂杀死了几百个神父和贵族；在国民公会，投票判处路易十六死刑。奥特朗托公爵已经察觉到，当他穿过国王的前厅时，一些朝臣对他不理不睬，甚至不屑一顾地背对着他。攻击"里昂刽子手"的讽刺文章流传开来。一个新成立的爱国团体"Francs régénérés"②，"Camelots du Roi"③的前辈们和"觉醒的匈牙利"的最初团体，都举行了会议，都直接要求将这个污点从百合花旗帜上清除。

但是富歇不可能束手就擒，轻易地交出权力。在那些天派去监视

---

① 法语，"这个最令人厌恶的革命余孽"。（译注）
② 法语，"复兴的法国人"。（译注）
③ 法语，"报贩联合会"，在两次世界大战期间，在法国由出售保王党报纸的报贩组成的组织。（译注）

他的一个密探的报告中，人们可以看出，富歇正试图寻求一切可能的帮助和支援。外国的君主们仍在法国，他们可以保护他不受国王路易那些过度保王的仆人们的攻击。他去觐见俄国沙皇；每日和威灵顿公爵，以及英国公使会谈。他使用各种花招，一边利用民众的不满，谴责侵略军，获得民众支持；一边通过夸大其词的报告恐吓国王要体察民意。他说服了滑铁卢一役的胜利者面见国王路易十八，为其求情；还把银行家们、贵妇太太们、他最后的朋友们都动员起来。他不能放弃来之不易的权力，因为自己已为它付出了沉重的代价，就算拼命，也要牢牢抓住。几个星期以来，他就像一个技术成熟的游泳运动员，不停地变换着游泳姿势，在政治的水面上保持不下沉。从那个密探的报告中可以看出，在这段时间里，他看起来信心十足，或许他确实很自信。过去 25 年的岁月沧桑，他总是让对手甘拜下风。是啊，一个敢于和拿破仑、罗伯斯庇尔对抗并最终将他们干掉的人，没必要害怕区区几个头脑简单的贵族！这个一向玩世不恭的人，已经战胜了历史上最伟大的人物，活得比他们更长久，更是相信自己不需要害怕任何人了。

但是这个成熟老练、经验丰富的投机分子，仍有一点没有学会，因为也没人能够学会——如何与鬼魂作斗争。他忘记了一件事，王宫里还有一个像复仇鬼魂一样游荡的故人，昂古莱姆公爵夫人。她是国王路易十六和玛丽·安托瓦内特的女儿，那场大屠杀后，这个家庭唯一的幸存者。国王路易十八或许能够宽恕富歇，毕竟要感谢这个雅各宾分子帮他获取了王位。面对这个弑君者时，他的恨意也有所减轻。因为他没有亲身经历过那个恐怖时代，宽恕也是很容易做到的。但昂古莱姆公爵夫人却拥有难以忘却的回忆,有着终其一生都无法磨灭的仇恨。她所遭受的身体和心灵的折磨过深过重,使她无法宽恕这个雅各宾派的人,这个恐怖分子。她还是个小女孩时,就在圣克卢宫的宫殿里经历了那个如同梦魇般的夜晚。那些无套裤汉杀死了门卫,穿着滴着鲜血的鞋子,冲到她的父母面前。那个夜晚,他们四个人,父亲、母亲、弟弟和她——"面包师,面包师的妻子,面包师的孩子们"①挤在一辆马车里,到处是嘲笑的人群,死亡随时降临。他们被送进了巴黎,送回了杜伊勒里宫。她经历了8月10日,一群暴民手持利斧,劈开了她母亲房间的门;他们还满脸嘲讽地将一顶红色的帽子扣在她父亲的头上,用长矛抵住他的胸口。她也经历了在塔楼监狱那些可怕的日子和令人恐惧的时刻,她母亲的朋友——朗巴勒公主的头颅被人割下,插在一根长矛的尖上,突然伸进他们的窗户。她怎么可能忘记那个告别了即将被送上断头台的父亲和被送入狭小地牢、慢慢等死的弟弟的夜晚?她怎么能忘记,富歇那些戴红帽子的伙伴们日复一日折磨她,逼迫她作为证人控告她的母亲玛丽·安托瓦内特和她可怜的小弟弟之间的乱伦关系?她怎么能忘记母亲被人从她的手中生生拽走,扔进咯吱作响的死囚车,送上断头台?路易十八或许是从报纸上看到这些恐怖事件,抑或是听别人说的,但是对于她,国王路易十六和玛丽·安托瓦内特的女儿,这些恐怖事件已经深深烙在她的肌体,像伤疤一样永远刻在她饱受折磨的灵魂深处。她对谋杀父亲、折磨母亲的

---

① 路易十六逃亡时,曾用面包师身份作掩护。(译注)

凶手的仇恨，对所有雅各宾派和革命者的仇恨，永远不会消除；而且，她还没有报仇雪恨！

昂古莱姆公爵夫人发誓，永远不把手伸向她叔叔的大臣、杀害她父亲的凶手之一——富歇；也永远不和富歇在同一个房间呼吸同样的空气。她在整个宫廷面前，公开挑衅般表达她对富歇的蔑视和仇恨。但凡有这个弑君者、信念背弃者在场的节日庆典，她从不出席。她对这个投降分子的狂热般的憎恨产生了感染力。最后，王室所有成员联合起来力劝路易十八，现在他的王位已经坐稳，是时候驱逐这个杀死他哥哥的凶手，让其灰溜溜地滚出杜伊勒里宫了。

细细回想，路易本来也是极不情愿接受了富歇，并任命其为自己的大臣的。而且，他这样做的唯一原因是富歇似乎是个不可或缺的人才。而现在，富歇也没什么用了，他很高兴能够摆脱此人。"可怜的公爵夫人将不会再面对这个令人生厌的家伙了。"国王笑眯眯地说道这个仍把名字签上陛下"最忠心的仆人"的大臣。另一个投降分子塔列朗，则奉命让富歇（这个国民公会和帝制时期的同僚）明白，他在杜伊勒里宫已经是不受欢迎的人了。

塔列朗很乐意接受这个任务。他发觉自己也很难迎着保王党的狂风扬帆远行了。如果能扔掉船上的一些压舱物，他还能航行得灵活自由些。在内阁，他最大的压舱物（累赘）就是这个弑君者、他的老同事——富歇。把富歇从船上抛下去，这看起来十分棘手的任务，塔列朗以过人的能力和无比优雅的姿态就执行完毕了。他没有直白地告诉老伙计滚蛋或者让其辞职。作为熟练掌握各种礼仪的大师、出身显赫的贵族，他当然不会这么做；他采取了一种令人愉快的方式让富歇先生明白，终场已至。这位18世纪最后的贵族总是喜欢在宴会厅上演好戏和施展他的诡计；而且这一次，他尽可能用最温文尔雅的态度，将令人难堪的信息传达出去。12月14日，塔列朗和富歇在一个晚宴上相遇。他们一起用了晚餐，还交谈片刻，塔列朗似乎格外幽默风趣。一群人围绕着他，貌美如花的贵妇、宫中的高官显贵、年轻有为的晚辈们，都想聆听这位精通交谈之术的前辈如何妙语连珠。今晚他的谈吐也格外地优雅迷人。他谈到了一些往事，谈到了为了躲避国民公会的追捕，曾穿越大西洋，逃往美利坚合众国。他盛赞美国是个壮丽秀美的国家：难以穿越的密林中栖息着棕色皮肤的原始部落；藏着众多未知的江河湖泊，有汹涌澎湃的波托马克河和烟波浩渺的伊利湖；还有在充满英雄主义和罗曼蒂克情调中孕育成长起来的新种族，他们有着钢铁般的健壮身体，朝气蓬勃，精明能干，经受住了战争的磨练，誓死守卫自由，生活在令人称羡的法治社会之下。总之，这是一个有着无限潜能的地方。是的，它还有很多地方值得我们学习，可以在那里开启一段新的更美好的生命旅程，远比生活在破败不堪的欧洲更有前途。他热情无比地说道，应该去那里生活，去那里开辟一番事业，什么能比做驻美公使更有吸引力呢？

突然，他满脸的热情仿佛中断了。他恢复平静，扭头对富歇说："奥特朗托公爵，难道您对这样一个职位没有兴趣吗？"

富歇这才明白。他怒火中烧，这只老狐狸太狡猾了，当着众人的面，当着整个宫廷的面，手脚麻利地把他给撤职了！富歇一句话也没说，几分钟后便离开了。回到自己的书房,他写了辞呈。塔列朗神采奕奕,在晚宴上继续把酒言欢。在回家的路上,他向朋友吐露心声,一脸坏笑地说:"我可算是彻底把他的脖子拧断了。"

不能让民众看出富歇是被直接赶走的,还是要给它披件体面的外衣,于是这个已被免职的大臣被授予了一个相当无足轻重的职位。所以,《箴言报》上登载的消息不是"弑君者"约瑟夫·富歇被免去了警务大臣之职,而是国王路易十八陛下亲切、愉快地任命奥特朗托公爵阁下为驻德累斯顿宫廷的公使。显而易见,每个人都期望他会拒绝这次任命,毕竟这个职位既不匹配他的品阶,也不匹配他政治家的地位。但这样的事根本没有发生!其实稍微动脑子想想这件事,富歇就会明白,仅凭"弑君者"这个罪名,他在反动君主制下当官的希望就已经彻底破灭了;而且再过几个月,可能连德累斯顿公使这根可怜的骨头都要从他的嘴里被夺走。但是对权力的极度渴求,让这个本来像狼一样大胆的人变得像被鞭笞的野狗那样卑贱。就像拿破仑,即便在最后一刻,也要紧紧抓住自己的地位和皇家威严的假象不放手,因此,远比他卑微的富歇,也会抓住这个有些荒诞可笑的只是挂名的公使头衔。他就像蜡一样黏附在权力的最后一点残迹上。作为永远的仆人,尽管他愤怒得想要喷火,但这一次还是服从了他的主人!57岁的高龄,身家超过两千万的富翁,低三下四地给六个月前靠着他的恩典才再次当上国王的人上书:"陛下,我怀着万分感谢,接受陛下赐予的可以安度晚年的公使职务。"他收拾好行囊,举家搬迁到小小的德累斯顿宫廷,把自己的寓所布置得像个王公贵族的府邸,仿佛真的打算作为国王路易的公使在那里安度余生。

但是他担心许久的事情,还是发生了。因为有将近25年时间,富歇一直拼命反对波旁王朝复辟,主要出自一种本能,坚信他们最后一定会清算他曾经说出的"死刑"那两个字,是他推了一把,将路易十六送上断头台。然而,后来他又愚蠢地希望,通过打入他们的内部,把自己装扮成一个对国王忠心耿耿的人,就可以骗过他们。但是这一次,他没有骗过任何人,只是欺骗了自己。他还没来得及将德累斯顿的宅邸重新装饰一新,还没来得及把床和桌子搬进去,法国议会就已经掀起暴风雨了。现在没人再提起"奥特朗托公爵",没人记得是拥有这个称号的贵人将他们的新国王路易十八凯歌高奏地送回巴黎。人们说的是"富歇先生",或者来自南特的弑君者——约瑟夫·富歇,那个1792年判处国王死刑的"里昂刽子手"。于是,议会以334票对32票的绝对多数,将这个"公然谋害天选之子"的贱民排除在大赦之外,并将他永远逐出法国。当然这也意味着他被免除了公使之位。富歇先生不再是阁下,不再是荣誉骑士团的指挥官,不再是参议员,不再是大臣,不再是达官显贵,而是被人毫不留情、轻蔑傲慢地踢到了大街上。与此同时,法国官方通知萨克森国王,如果萨克森政府允许富歇继续留在德累斯顿,法国将会十分不快。他曾将上千人送去流放,而20年后,现在,这个国民公会最后一个老兵,却无家可归、遭人唾骂、被人放逐。自从他变得无权无势,丧失法律权益,所有党派将他们的新仇旧恨一股脑地全部倾泻在这个倒台的巨头身上,就像当初他权倾朝野,这些党派一致向他示好一样。诡计、抗议、请愿,全都无济于事。他就是那种天下最可怜的人，一个丧失了权力的人，一个落魄的政治家，一个无计可施的阴谋家。富歇从未真正为一种思想服务过，从未对人类福祉表示出半点热情，他毕生追求的只是眼前利益和短暂易逝的恩宠；虽然为时已晚，他最终要为这些所犯的罪过付出代价，高额的利息也必须要偿还。

现在他该去往哪里？虽然奥特朗托公爵被法国流放了，但起初他毫不担心。他不是沙皇的宠臣、威灵顿公爵的心腹、奥地利最有权势的政治家梅特涅的密友吗？贝纳多特不是得感激他将自己推上瑞典的王位吗？巴伐利亚的统治者不也是这样，欠他一个感谢吗？这么多年来，他不是一直和外交界的主角们保持亲密的关系吗？欧洲所有王公贵族们不是都渴望得到他的青睐吗？他认为，只要稍加暗示，很多国家都会争相为他这个被流放的阿里斯提德①提供避难所。但是，像其他人一样，他很快发现，同样一个人，世界对他大权在握和黯然下野的态度简直太不同了！他暗示了几次之后，来自沙皇宫廷的邀请始终没有如期而至；威灵顿公爵也没搭理这位流放者；布鲁塞尔拒绝接纳他，因为那里的雅各宾派避难者足够多了；巴伐利亚表示敬谢不敏。连梅特涅王公都表现得出奇冷淡：如果，奥特朗托公爵一定想来的话，可以欢迎他来奥地利的领土；奥地利宽宏大量，同意接纳，没有异议。但是他不能来维也纳，也禁止越境意大利。最多也就允许他在一些省

---

① 阿里斯提德，古希腊政治家、军事家，为人正直、诚实、无私，声望极高。公元前482年，他被雅典人放逐。（译注）

属的小镇落脚,但又不能在下奥地利境内,就是说也不能靠近维也纳。除此之外,在奥地利的其他地方都可以,但要规规矩矩的,像个来访者。毫无疑问,老朋友梅特涅没有表现出特别想要邀请他的样子。就算身家千万的奥特朗托公爵许诺用他的财产投资奥地利的地产或者奥地利国债,将他的儿子送到奥地利皇家军队服役,梅特涅的态度也没什么改变。当奥特朗托公爵提出要参观一下维也纳,遭到了梅特涅委婉地拒绝。他被告知,最好以个人身份悄悄去布拉格,并不要炫耀此事。

就这样,富歇在没有任何正式的邀请、没有任何体面的仪式,与其说是请求,不如说是被人容忍的情况下,从德累斯顿搬迁到布拉格,在那里住了一段时间。他的第四次也是最后、最残酷的一次流放生活开始了。

布拉格民众对这个曾经地位显赫的人的到来并没有表示出特别的欢喜。尤其是那些老波希米亚贵族,对这个初来乍到者很冷淡。他们读法国报纸,报纸上对富歇"先生"的描写仍充满了强烈的攻击,详细描述了这个雅各宾派在1793年的里昂是如何劫掠教堂、在讷韦尔是如何洗劫人们的财富的。所有的穷酸文人,过去在警务大臣面前瑟瑟发抖,被迫把愤怒都吞到肚子里;现在,他们将怨恨都吐到这个毫无招架之力的流放者身上。真是风水轮流转!过去曾监视半个世界的人,现在处于众人监视之下;这个天才精心设计的警察手段,现在被他的属下们用来对付他这个曾经的上司。奥特朗托公爵的信件,无论是他发出的还是收到的,都要经过一个"小黑屋",全部被拆开和复制;密探们监听他的谈话,然后报告给上级;和他有来往的人也都受到监视；他感觉自己时时刻刻都在被人窥探。他试图摆脱这些屈辱，保护自己，也是徒劳。他曾写信给国王路易十八，但国王并不打算给这个已经下野的大臣回信，如同当日富歇不回复已经退位的拿破仑一样。他写信给梅特涅，梅特涅让下属官员代笔，假声应承，草率应付。他只能忍受众人的不停鞭打，什么也做不了。他真的应该停止抱怨和抗争了。这个因令人恐惧而受到尊崇的人，现在因他已不再令人恐惧而遭到鄙视。这个最伟大的政治阴谋家已经黔驴技穷了。

过去的 25 年中，他灵活得像条鳗鱼，一次又一次逃脱命运的掌控。但现在，当他彻底被击倒在地，便遭受命运无情的暴击。在布拉格，约瑟夫·富歇，无论是作为一个人还是一个政治家，都品尝到了身处卡诺莎①的感觉（受到了极大的屈辱）。1817 年在那里发生的一切只是个小插曲，但没有一个小说家能构思出这样一个故事，生动形象地说明他承受的屈辱有多深重。事情的滑稽可笑又增加了它的悲剧色彩。富歇不仅作为一个政治家感到屈辱，作为丈夫也一样。我们可以理所当然地认为，一个如花似玉、芳龄 26 的贵族小姐嫁给一个其貌不扬的老鳏夫，肯定不是因为爱情。但是，在 1815 年，这个令人反感的求婚者是法兰西第二大富翁，是阁下，是公爵，还是那位笃信基督教的国王最受尊重的大臣。于是来自外省、貌美如花却又穷困潦倒的伯爵小姐满怀憧憬：倘若她嫁给奥特朗托公爵，她就能在宫廷庆典上、

---

① 意大利的一个市镇。公元 1077 年，神圣罗马皇帝亨利四世悔过时遭受屈辱的地方。（译注）

在圣日耳曼区一众显赫而又时尚的法国贵妇中大放光彩。起初,她确实梦想成真。国王陛下作为主要证婚人之一,优雅地在她的婚书上签字;宫廷贵族和夫人们争相向她祝贺;首都的一座宫殿,普罗旺斯的两座庄园和一座富丽堂皇的城堡,都抢着让奥特朗托公爵夫人前去下榻。为了荣华富贵、为了能够成为这个超级富翁的妻子,野心勃勃的伯爵小姐不惜出卖自己,嫁给秃顶、干瘦、长相丑陋、已经56岁的糟老头。她以为把自己出卖给魔鬼便可得到想要的一切,殊不知,她换回的早已变成了一嘴的尘土和灰烬。刚刚度完蜜月她就发现,自己根本不是备受尊敬的大臣的夫人,而是法兰西最被人瞧不起、最遭人忌恨的人的老婆,是被人到处驱逐、被人流放、被全世界嘲笑的富歇"先生"的老婆。公爵的显赫和辉煌烟消云散,留下的只是这个愤愤不平、心存怨恨的干瘪老头。因此,在布拉格,他的妻子和一个同被流放的共和党人的儿子——年轻的蒂博多产生"amitié amoureuse"①,也不足为怪了。当然,人们也不太清楚,多大程度上是"amitié"(友谊),多大程度上是"amoureuse"(爱)。不管怎样,富歇家里爆发了多次激烈的争吵。富歇禁止蒂博多再来家里。不幸的是,夫妻间的口角已经成为公开的秘密。保王党的报纸总是想抓住一切时机整治这个曾经令他们瑟瑟发抖的男人,于是对他的家庭纠纷写了很多语言恶毒的文章。为了取悦读者,他们还将公爵夫人和她的情人私奔的谣言散播得沸沸扬扬。在布拉格时,每当奥特朗托公爵出去参加社交活动,就不

---

① 法语,"爱的友谊"。(译注)

得不忍受三五成群的贵妇们意味深长地笑着、嘲讽地看着他，明显是在将他如花绽放般的妻子和他老态龙钟的样子做比较。这个曾经将散播谣言当作职业、耗费半生搜集各种丑闻的人，现在才通过亲身体验，理解了被谣言中伤的受害人有多么痛苦；也懂得了面对这些中伤是多么无能为力，最好的办法就是逃离他们。这次不幸的经历让他认识了自己到底沦落到什么地步，布拉格的流放生活对他而言已成地狱。他请求梅特涅，批准他离开这座无法忍受的城市，并在奥地利寻找另一处安身之所。等待了许久，最后梅特涅才允许他去林茨。现在，受尽屈辱、极度失望、疲惫不堪的他前往林茨，躲避这个曾经被他踩在脚下的世界的仇恨和嘲讽。

提起林茨，人们会不由自主地笑起来，因为这个名字和"Provinz"①正好押韵。确实，这是一座死气沉沉的乡下小镇，市民由主要出身农村的小资产阶级构成，还有多瑙河上的船工、手工业者。尽管一些乡下贵族有房产在这里，但绝大多数是穷人。这里不像布拉格，有伟大的光荣传统；这里没有歌剧院、图书馆和剧院，也没有像省府波希米亚那样有多姿多彩的社交活动。对富歇而言，这只是一个枯燥乏味的老年避难所，别无其他。他带着儿子和两个年纪相仿的女人——他的妻子和女儿，在那里定居下来。他租了一栋豪华的房子，装饰得美轮美奂，可把当地的零售商们高兴坏了，毕竟像他这样的百万富翁消费者实在稀有。一些居民也很乐意尝试和这个令人感兴趣的外来户结交，

---

① 德语，"外省，偏远地区"。（译注）

因为不管怎么说，有钱让他看起来应该也挺有地位的样子。但出身于卡斯特拉内伯爵家的小姐和小商人之子的富歇"先生"，地位可是天差地别，而且富歇"先生"那件公爵的斗篷还是拿破仑第一次披在他瘦削干瘪的肩膀上的——在人们眼中，拿破仑就是个冒险家。同时，官员们接到了来自维也纳的秘密指示：尽可能不要和富歇交往。结果，过去忙于周旋于各色人等中的富歇，发现自己几乎生活在与世隔绝的状态中，完全被人们厌弃了。有一本同时代的回忆录中，生动描写了富歇参加舞会时的情景："最值得注意的是，公爵夫人备受瞩目，而她的丈夫却被视若无睹。他中等个头，身材偏瘦但还算强壮，相貌丑陋不堪。每次舞会，他总是穿着一件镶着金色纽扣的蓝色燕尾服、白色马裤和裤袜，佩戴着硕大的奥地利利奥波德勋章。大多数时间，他都是独自站在壁炉旁边观看别人翩翩起舞。我注视着这个曾经在法兰西帝国时期权倾朝野的大臣，现在是如此孤独，如此遭人嫌弃；似乎这时有哪个官员经过和他说句话或者邀他一起下象棋，他都会很高兴。我不禁想起那句话，尘世间的权力和荣耀最是变化莫测。"

支撑着他那理智的激情燃烧到最后的只有一样：那就是希望，他希望在政治舞台上东山再起。他已经筋疲力尽，无论是精神还是肉体都接近油尽灯枯，但还是心存幻想，终有一天，无所不能的他被召回到他的岗位上；命运会像以前多次发生的那样，再一次召回他这个无名小卒，直接放在赌桌旁，参与神圣的世界政治赌局。他仍然和法国的朋友保持着秘密联系；这只老蜘蛛，仍不知疲倦地编织着蛛网，但它们都挂在林茨的房椽上，无人问津。他还用笔名发表了《奥特朗托公爵小传》。这是一本匿名的颂文,以生动活泼的笔触,充满感情地描述了他的才智和性格。同时,为了吓唬他的敌人们,富歇一再地在信件中宣称,他正在撰写回忆录,甚至说要在布罗克豪斯出版社出版,并将此书献给国王路易十八。他想以此提醒某些人,前任警务大臣富歇还有箭留在箭筒中,而且还都是有毒的。但真是奇怪,不再有人惧怕他了,也没人来林茨解救他,没人请他回去,更没人寻求他的帮助或者征求他的建议。当法国议会讨论召回流放者的问题时,无人对富歇显示出特别的兴致,甚至怀着仇恨提起他的人都没有。退出世界政治舞台才仅仅3年,这个出色地扮演过很多重要角色的伟大演员,就被彻底遗忘了。沉默将他紧紧包裹。公众人物奥特朗托公爵已不复存在,这里有的只是一个老人,他满身疲惫、焦虑烦躁、形单影只,一边步履蹒跚地穿过林茨的街道,一边自言自语。时不时有一些商人谦恭地跟他打招呼,除此之外,世界上没有人认识他、想起他。历史,这位永恒的律师,对这个只顾眼前利益的人进行了可怕的报复,生生将他活埋了。

奥特朗托公爵被遗忘到如此地步,以至于1819年梅特涅批准他移居的里雅斯特的时候,除了奥地利的几个警官,竟无人留意此事。梅特涅之所以这么做,是因为他通过可靠消息了解到,这不过是给一个濒死之人的最后恩典。3年的无所事事,使这个不知疲倦的工作狂心力交瘁,健康遭到极大损害,比做了30年的苦役还要严重。他的肺日益衰竭,已经抵御不了上多瑙河的严寒天气。因此梅特涅让他住到一个阳光明媚一点的地方等待死亡。人们会经常在那里看到一个失魂落魄的政治家步履蹒跚地去做弥撒;他跪在地上,双手合十。这就是约瑟夫·富歇,25年前他亲手将圣坛上的十字架拆毁;现在,他在"荒谬的迷信象征"面前低下白发苍苍的头颅,或许还会勾起他对度过了青葱岁月的修道院的思念之情。他彻底改变了,不再自命不凡,不再野心勃勃;他唯一的愿望就是和以前的敌人和解。他生平最大的对手拿破仑的兄弟姐妹们早已落下权坛、被世界遗忘,也会过来看望他,和他一起回忆陈年旧事。他们惊讶地发现,年迈的富歇变得温柔平和。在这个如同影子的可怜人身上,没有什么可以让人想起他曾经令人恐惧和危险,曾经在20年时间里持续制造各种麻烦,并且威逼恫吓最强大的人。他现在所求的只有和平——和平和"善终"。确实,在最后的日子里,他与上帝、与人们讲和了。与上帝讲和:是因为这个曾经激进的无神论者、基督教的迫害者、圣坛的破坏者,在1820年12月末,将其中一个"可恶的骗子"(他还是早期雅各宾主义者的时候,曾这样称呼他们),一个神父,请到自己的身边;他虔诚地双手合十,接受了临终涂油礼。与人们讲和:是因为在临死的前几天,他吩咐自己的儿子打开他的书桌,将里面的文件都拿出来,点了一把火,将成百上千封信件全部投入火中,这里可能就有那部令某些人感到极端恐惧、一想到它就胆战心惊的回忆录。这是濒死之人的软弱?还是迟来的一丝良善?是害怕后来人的谴责?还是只是一种漠不关心?人们已经无从得知了。不管怎样,在临终之际,他前所未有地为别人着想了一次,将可能连累他人、将自己可能用来死后向对手复仇的所有文件全部销毁。他生平第一次不为寻求名誉和权力,而是尝试让他人快乐;

他对人和人生已感到厌倦，只求忘却一切。

这个开始于北方海港、奇特而又跌宕起伏的人生，终于在1820年12月26日，在南方海港——的里雅斯特画上了句号。12月28日，那具总是不知疲倦、焦躁不安的躯体终于躺在墓中，获得了最后的安宁。大名鼎鼎的奥特朗托公爵去世的消息，并没有引起人们多少好奇。或许，他的名字也唤起了人们某些晦暗不明的关联记忆，但很快就消散在时代平静的天空里，没有留下一丝痕迹。

4年后，又有人被搅得心神不宁。有传言说那个相当可怕的人的回忆录就要面世了。一些身居高位的人、一些在富歇下台后大肆对他落井下石的人，后背泛起阵阵寒意。难不成那张嘴在坟墓里还要说什么话？难不成这个家伙担任警务大臣时挖空心思搜集来的有失体面的文件、私人信件和其他暗藏丑闻的文件真的要大白于天下，损害很多人的名誉吗？但是，富歇即便死了也要忠于自己。1824年，一个大胆的书商在巴黎出版的富歇回忆录和富歇一样，十分不可靠。即便进了坟墓，这个顽固的沉默者依旧不肯泄露事情真相。即便躺在冰冷的地下，他仍满心嫉妒地死守着这些秘密，把自己变成最神秘的所在，忽明忽暗，让人永远看不清他的全貌。但是，正是因为他的神秘，才吸引着后来的人们想要尝试他曾经精通的破解谜题的技巧：小心翼翼地追寻着他的足迹，通过他复杂曲折的人生和几经浮沉的命运，抽丝剥茧，勾勒出这个世界上目前已知最独特的政治家的肖像。